스포츠 인문학

국립중앙도서관 출판예정도서목록(CIP)

스포츠 인문학 / 지은이: 김현용. -- 서울 : 안티쿠스, 2016
p. ; cm

ISBN 978-89-92801-36-2 03690 : ₩14800

무도(무예)[武道]
철학(사상)[哲學]

698-KDC6
796.8-DDC23 CIP2016010299

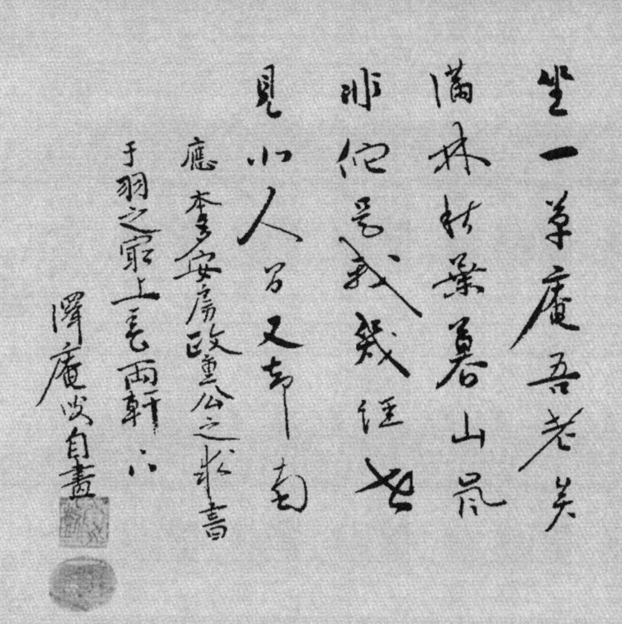

스포츠 인문학

다쿠앙 소호의 '부동지신묘록' 연구

이 책은 『부동지신묘록』을 번역하고 인문학적 입장에서 해석한 책이다. 원저자 다쿠앙 소호는 무술을 인격 완성을 목적으로 하는 무도로 승화시킨 인물로 평가받고 있다. 오늘날 우리들은 치열한 경쟁사회 속에서 시간, 돈, 정보 등에 압박을 받으면서 살고 있다. 또한 이로 인해 생기는 불만과 불안으로 고통받고 있다. 우리는 우리를 속박하는 모든 것들로부터 어떻게 자유로워질 수 있을까?

김현용 지음

안티쿠스
ANTIQUUS

추천글

운동을 통한 정신력 강화를 꿈꾸는 사람과
비즈니스 세계의 성공을 바라는 사업가들이 읽어야 할 책

부끄럽게도 나에게 다쿠앙과 『부동지신묘록』은 생소한 내용이었지만, 책 내용이 너무 흥미로워 시간 가는 줄 모르고 읽었다. 나와 김현용 선생은 일본에서 검도로 인연을 맺었다. 김현용 선생은 체구에 비해 큰 동작의 검도를 구사하고, 일본 무도사 관련 지식이 풍부한 것이 매우 인상적이었다. 또한 젊은 사람이 무도에서 말하는 심법心法의 세계를 잘 숙지하고 있어서 의아스럽게 생각했었다.

나는 검도를 하면서 점차 마음의 중요성을 깨닫게 되었고, 이를 이해하기 위해 여러 심법 관련 서적들을 읽어 왔다. 종래의 서적들은 그 내용이 추상적이고 어려워 마음에 와 닿지 않았다. 하지만 이 책을 읽고 난해한 무도의 정신세계를 쉽게 이해할 수 있었다. 또한 다쿠앙의 생애와 사상을 알기 쉽게 정리한 점도 이 책의 매력이라 할 수 있다.

나는 재일동포로 평생 일본에서 사업을 해왔다. 사업은 오늘을 알 수 없고, 내일을 예측할 수 없는 생사존망生死存亡의 세계이다. 그래서 사업가는 평소 예민한 감각을 길러야 하고, 다가오는 일들을 그때그때 현명하게 대처하지 않으면 안 된다. 즉 자신의 마음을 어떻게 단련하는가에 따라서 사업의 흥망이 결정된다. 이 책은 예민한 감각과 날카로운 직관直觀을 가지고 살았던 승려 다쿠앙과 검술가 무네노리의 정신세계를 다루고 있다. 책을 읽으면서 그들의 한 마디 한 마디가 비지니스를 업으로 삼고, 검도밖에 모르는 나에게 매우 무게감 있게 다가왔다. 여러 번 반복해서 읽으며 천천히 곱씹어 볼 참이다.

한일 관계는 과거의 여러 요인들이 얽히고 설켜 매우 복잡하게 작용한다. 오늘날 양국의 위정자들은 서로의 차이점만을 나열하고, 이를 지나치게 부각시키는 것 같아 마음이 아프다. 이래서는 양국이 발전지향적으로 나아갈 수 없다. 상이성相異性이 있다면 동일성同一性도 존재한다. 다쿠앙 사상의 근저에는 '사리일체론'이 있었다. 책을 읽으면서 상이성과 동일성은 사실 하나라는 지혜를 주는 것 같아 또한 이 책의 매력이었다. 정말 생각할 거리로 가득 찬 책이다. 운동을 통해 정신적으로 강해지고자 하는 모든 분들과 나처럼 비지니스 세계를 살아가는 많은 분들에게 일독을 권한다. 김현용 선생의 비상을 기대한다.

재일본대한검도회 고문 손경익

추천글

기술만 수련하고 마음은 닦지 못한 무도인과 스포츠 선수들이 꼭 읽어야 할 책

2013년 서울대학교 전태원 교수로부터 일본 히로시마대학의 김현용 교수를 처음 소개받았을 때 무척이나 반가웠다. 이렇게 반가웠던 이유는 무도의 역사와 철학에 관심이 많아서 서로가 서로를 알아보는 이심전심의 마음이 통했기 때문일 것이다. 선비는 자기를 알아주는 사람을 위해서 목숨을 걸고, 여인은 자신을 사랑해주는 사람을 위해서 화장을 한다는 『사기』열전의 예양豫讓의 고사처럼, 김현용 교수의 추천사 부탁에 거절할 수 없는 그런 끌리는 마음으로 꼼꼼히 글을 읽어보고 추천사를 쓰게 되었다.

우리나라 무도계에는 『무예도보통지武藝圖譜通志』를 제외하고는 이렇다 할 고전이 없다. 그러나 무도를 세계에 알린 일본의 경우에는 여러 편의 고전이 있다. 다쿠앙 소호澤庵宗彭의 『부동지신묘록不動智神妙錄』, 야규 무네노리柳生宗矩의 『병법가전서兵法家傳書』, 미야모토 무사시宮本武藏의 『오륜서五輪書』와 같은 책은 대표적인 검술의 무도서이자 심신수양서로 널리 읽히는 고전이다. 일본에서는 무도인들은 물론 일반인들까지도 이 책들을 많이 읽히고 있다. 이들 고전은 심신수양서로서뿐만 아니라 몸과 마음의 문제를 다루는 철학책이고 일본 무도의 대표적인 경전經傳이라고 할 수 있다. 이런 책들이 우리에게는 단편적으로만 소개되어 항상 아쉬움이 있던 차에 김현용 교수의 글을 만나게 되었다.

일반적으로 경전은 종교의 믿음 또는 교리의 근간을 이루는 문서로서 예수나 부처, 공자의 언행을 기록한 책을 말한다. 경전은 성현의 말씀 그 자체인 경經과 그 말씀을 풀어쓴 전傳으로 이루어져 있다. 경을 제대로 번역하고 그 이후에 전을 펼쳐 나가야하는데, 그렇지 못한 경우에는 사이비 종교와 사이비 무도가 판을 치게 된다. 사이비는 처음의 줄거리는 비슷하나 끝이 달라 무엇이 옳고 그른지를 보통사람들의 수준에서는 알 수가 없기 때문이다. 그런 점에서 이 책은 경과 전을 적절히 구분하면서 일본 무도의 경전을 잘 해석하고 있는 정통 무도서이다.

이 책은 종교적인 색채가 두드러지는 것이 특징이다. 아마도 이것은 저자가 신학을 전공하였던 특별한 경력이 묻어나왔기 때문일 것이다. 이 책은 저자가 일본에서 검도수련을 하고 학생들에게 가르치면서 느낀 몸과 마음의 문제를 종교적인 관점에서 깊이 사색하고 고민한 흔적이 잘 나타나있다. 저자는 선불교는 물론 유교 그리고 기독교와 가톨릭의 신비주의에 이르기까지 동서고금을 종횡하여 여러 경전을 인용하며 내용을 전개하고 있다. 이는 저자의 개인적인 내면의 세계가 갖는 깊은 수행의 결과에서 나온 것일 것이다.

일본의 무도는 선불교를 바탕으로 발전하였다. 그런 점에서 일본 무도는 몸으로 표현되는 기술의 문제를 어떻게 마음과 함께 수련할 수 있는지 그리고 그 궁극의 과정을 종교로 승화시킬 수 있을 것인가 하는 문제를 주요한 핵심과제로 생각했다. 오늘날에도 이러한 주제는 무도계와 스포츠계에서는 중요한 윤리적 과제이기도 하다. 무도를 선불교로서만 해석할 경우에는 중세시대에 확립된 무사도 중심의 일본 무도를 해석하는데 한계가 있을 수밖에 없는데, 저자는 근대를 넘어 탈근대화의 시대에 일본 무도의 편협함을 넘어 세계화되고 다양한 종교관을 가진 무도인들에게 열린 시각을 제시하고 있다.

저자는 일본의 검도수련생들이 일본의 대표적인 무도경전인 다쿠앙 소호澤庵宗彭의 『부동지신묘록不動智神妙錄』을 읽어보지도 않았다는 사실에 놀라면서 일본뿐만 아니라 우리나라에도 기술만 수련하고 마음은 닦지 못한 수많은 무도인과 스포츠 선수들도 많다는 사실을 떠올리며 한국의 독자들에게 무도경전의 엑기스와 향기를 전하고자 하였다.

『감옥으로부터의 사색』이란 글을 쓴 신영복은 고전 공부는 인류가 지금까지 쌓아온 지적 유산을 물려받는 것으로 역사와 대화하는 것이라고 하였다. 그리고 모든 고전 공부는 먼저 텍스트를 읽고, 다음으로 그 텍스트의 필자를, 최종적으로 독자 자신을 읽는 삼독三讀이어야 한다고 하였다. 이 책 역시 삼독을 해야만 다쿠앙 소호와 저자의 깊은 생각을 제대로 이해할 수 있을 것이다.

수많은 경전을 읽기만 하고 행함이 없다면, 글은 글대로 나는 나대로 '서자서아자아書自書我自我 무슨 유익함이 있겠는가.'라고 이율곡이 말한 것처럼, 저자는 행함을 우선으로 하는 무도인들과 스포츠인들이 마음 수양은 하지 않고 기술만 닦는다면 정말로 무슨 유익이 있을까 싶은 마음으로 이 책을 썼을 것이다. 그런 점에서 이 책은 수많은 무도인과 스포츠인들에게 그리고 지식인들에게도 큰 일깨움을 주는 소중한 책이다.

서울대학교 교수 나영일

추천글

선종을 바탕으로 화엄경, 유학을 아우른 삶의 지침서

2011년 히로시마대학에서 김현용 선생과 고토다 도시사다의 『잇토사이 선생검법서』(1653)를 함께 읽은 기억이 난다. 중세 일본어라 그런지 참 난해했다. 여기서 고전 읽기가 끝나는가 보다 하고 생각했다. 그런데 김 선생은 에도시대 초기를 대표하는 무도 전서 무네노리의 『병법가전서』(1632), 미야모토 무사시의 『오륜서』(1645) 등을 읽어 내리고, 이 책들의 기본 텍스트인 다쿠앙 소호의 『부동지신묘록不動智神妙錄』을 번역하고 그에 대한 분석을 하고 있다. 일본에서 김 선생과 같이 일본 무도계의 거장 교수들의 연구 논문도 같이 읽은 적이 있다. 그런데 이들 거장들도 검법서 고전들에 대한 정통한 지식이 없다는 사실을 발견하고 놀란 적이 있다. 대체로 권위에 의존해서 명성을 누리고 있다는 느낌을 받았다. 일본은 실증주의적 방법에 의한 연구가 대세이다. 전반적인 나의 느낌은 검도는 일본을 상징하는 도道라는 느낌보다 검도를 상품화하고 미화하는 데, 일본인들은 더 익숙하다는 것이었다. 이런 가운데 쓰인 김 선생의 『부동지신묘록 연구』는 선생의 피나는 노력의 산물로 보인다.

『부동지신묘록』은 1638년 선승 다쿠앙 소호가 검술사 야규 무네노리에게 건네 준 서간이다. 그의 선승다운 면모는 '아무런 흔적도 남기지 말고, 시체를 처리하라.'는 그의 죽음 직전의 유언에서 잘 드러나고 있다. 『부동지신묘록』의 주요 내용은 마음을 어디에도 매이지 않게 하라는 것이다. 칼에도, 몸에도, 상대에도, 삶에도, 죽음에도 마음을 두지 말라는 것이다. 그래서 마음이 자유로워지면, 그때그때 맞추어 몸이 저절로 움직인다는 것이다. 이런 점을 미루어 볼 때, 이 책은 기본적으로 무념無念을 종宗으로 삼고, 무상無相을 체體로 삼고, 무주無住을 본本으로 삼는 중국 선불교의 효시인 육조 혜능의 『육조단경』에 바탕하고 있다고 추정된다. 무념은 무엇인가. 생각을 하면서도 특정 생각에 매이지 않는 것이다. 무상이란 무엇인가. 상을 보면서도 특정한 상에 매이지 않는 것이다. 무주란 무엇인가. 생각이 흘러가는 데로 놓아두어서 특정 생각에 머물지 않는 것을 말한다. 만약 한 생각에라도 머물면, 모든 생각에 있어서 머무는 것이나 마찬가지여서, 그 생각에 구속받게 된다는 것이다. 한마디로 말하면, 공空을 주장하고 있다. 어디에도 매이지 않는 마음이 바로 공이다. 선불교의 주장은 다음과 같다. 내가 생각하는 그러한 자아도, 내가 생각하는 그러한 대상도, 내가 생각하는 그러한 부처도 없다. 만약 내가 이런 것들에 사로잡히지 않는다면, 대상이 대상을 보듯이, 내가 대상을 볼 것이다. 대상이 나를 보듯이, 내가 대상을 볼 것이다. 그래서 나와 대상의 차이가 없어질 것이다. 이때 있는 대로 세상이 제대로 보인다. 선불교는 서양의 사상과 달리 초월적이 아니라, 세계 내재적인 사상이다. 선불교는 초월적인 신이 없는 종교이다. 나의 마음이 자유롭게 되면, 오랫동안 살아왔던 세상이 다시 새롭게 다가올 뿐이다. 이 점에서 선불교는 초월적인 사유와 거리가 먼 일본에 쉽게 정착했을 것이다. 또한 깊은 사색과는 다소 거리가 있는 무사 계급에 쉽게 접목되었을 것이다.

또한 『부동지신묘록』은 『화엄경』에도 기대고 있다. 이는 이 경전에 나오는 주요 개념인 사事와 리理개념 때문일 것이다. 『화엄경』에서 사는 서양 사람들이 생각하는 내 바깥에 있는 객관적 데이터로서 대상 세계가 아니다. 오히려 나의 감정과 마음에 드러나는 사물 세계色를 뜻한다. 리는 사물 세계의 법칙을 가리키는 말로 공空과 상통한다. 세상의 법칙은 비어 있음이다. 그래서 온갖 사물들이 서로 의존inter-dependence하고 상호침투inter-penetration할 수 있다. 그리고 하나의 털끝에도 시방세계十方世界가 다 들어갈 수 있다. 이는 공이 세계의 본질이라는 것을 말하고자 하는 것이다. 그래서 사와 리는 서로가 서로를 방해하지 않는다. 사와 사도 서로에게 장애가 되지 않는다. 이러한 사와 리의 개념이 선승 다쿠앙에게 왜 필요했을까. 검술은 마음이 어디에도 매이지 않는다고 되는 것은 아니다. 기술도 필요하다. 충분한 반복 연습과 마음가짐이 되어 있어야, 활인검이 될 것이다. 여기서 다쿠앙은 사를 기술로, 리를 텅 비어 있어 어디에도 매이지 않는 마음으로 바꾸어 쓰고 싶었을 것이다. 따라서 그가 사용하고 있는 사와 리라는 개념은 검술에 적용된 비유적 또는 은유적 표현으로 보면 될 것 같다. 그리고 다쿠앙은 유교 개념들도 사용하고 있다. 충忠, 경敬이 대표적이다.

한마디로 다쿠앙의 사상은 선종에 바탕을 두고, 필요에 따라 『화엄경』과 유학을 끌어다 쓰고 있다고 할 수 있다. 또한 김 선생은 서양의 M. 에크하르트, 타울러, 소이세 등도 선종과 유사하다고 말하고 있다. 그는 동서양을 통하여 자유로운 마음이 무엇인지를 찾고 있다. 하지만 이들 서양인들은 초월적 신을 배경으로 하여 이론을 전개하고 있다는 점에서 선종과 다르다. 하지만 자아에 벗어나야 한다. 버리고 떠나야 한다. 손에서 모든 것을 놓아야 한다고 말하는 점에서는 선종과 대단히 가깝다. 차이점은 서양 사람들을 세계의 초월적 근원으로 되돌아가고자 하는 반면, 선종은 '지금'과 '여기'를 바로 '여기 지금 이 세상'에서 새롭게 보고자 한다는 점이다. 아무튼 김 선생의 끝없는 방랑의 여정이 계속 이어졌으면 한다. 마쓰오 바쇼의 하이쿠를 하나 보낸다. "방랑에 병들어 꿈은 시든

들판을 헤매고 돈다." 바쇼는 끊임없이 방랑했다. 그것이 그의 인생이었다. 사랑하는 제자이기도 한 김 선생, 가끔은 마음 푹 놓고 쉬기도 하시오. 그래야 또 방랑할 수 있을 터이니까.

부산가톨릭대학교 교수 이부현

들어가는 말

본서는 1638년경 선승 다쿠앙 소호澤庵宗彭가 검술가 야규 무네노리柳生宗矩에게 준 서간 『부동지신묘록不動智神妙錄』을 번역하고, 인문학적 관점에서 분석한 책이다. 『부동지신묘록』은 검술의 극의極意를 익히는데 필요한 몸과 마음의 상관관계를 설명하고, 마음을 수련하는 구체적인 방법들을 제시하고 있기에, 일차적으로 운동선수들에게 도움이 되는 책이다. 하지만 몸과 마음의 일치, 마음을 비우는 법 등을 골자로 하는 내용은 만사에 적용되는 보편적인 진리로 마음 혹은 정신을 수련하고자 하는 모든 이들의 지침서이다.

『부동지신묘록』은 에도 초기 이후 등장하는 각 유파들의 무도전서에 지대한 영향을 준 서간으로 야규 무네노리柳生宗矩의 『병법가전서兵法家傳書』(1632), 미야모토 무사시宮本武藏의 『오륜서五輪書』(1645), 고토다 도시사다古藤田俊定의 『잇토사이선생검법서一刀齊先生劍法書』(1653) 등 에도 초기를 대표하는 무도전서들을 이해하기 위해서는 반드시 참고해야 한다. 필자는 『잇토사이선생검법서』, 『병법가전서』 등을 연구하면서 『부동지신묘록』이 다른 무도전서들의 기본 텍스트라는 것을 알았고, 이에 대한 번역과 분석이 필요하다고 생각하게 되었다.

다쿠앙의 서간을 제대로 파악하기 위해서는 먼저 다쿠앙이 살던 '삶의 자리'를 이해해야 한다. 이를 위해 다쿠앙 시대를 둘러싼 주요 사건들을 개략했다. 또한 『부동지신묘록』의 중심사상인 화엄종사상, 특히 사리론事理論에 대해서 간략하게 설명했다. 또한 『부동지신묘록』의 내용과 상관관계가 있는 무도전서들과 다쿠앙이 인용했다고 여겨지는 동양의 고전들을 제시했다.

모든 운동선수들은 대회에서 최상의 연기를 펼치고자 노력한다. 하지만 선수들은 시합에서 자신이 평소에 연습해 온 연기를 제대로 펼치지 못하는 경우가 허다하다. 이때 우리는 그 선수의 마음이나 정신력에 문제가 있다고 지적한다.

운동학에 '운동감각적 카르마Kinesthetic Karma'라는 말이 있다. 이는 마음과 몸이 완전하게 하나가 되었을 때 최상의 연기를 펼칠 수 있다는 운동이론으로, 오늘날 신경근육학Neuromuscular 및 신경심리학Neuropsychology에서도 상당한 지지를 받고 있다. 예를 들어, 피겨스케이팅의 김연아 선수가 경기 전에 마음을 안정시키기 위해 음악을 듣거나, 연기 바로 직전에 성호를 긋는 장면을 본 적이 있을 것이다. 또한 육상의 세계신기록 보유자인 우사인 볼트 선수가 시합에 몰입하기 위해 하는 특이한 행동들과 시합 직전에 성호를 긋는 장면을 기억할 것이다. 둘은 전혀 다른 분야의 선수이지만, 시합 전에 하는 행동의 목적이 '마음을 비우기 위한 것'이라는 점에서 일치한다. 두 선수는 자신들이 할 수 있는 모든 노력을 다 기울였고, 나머지는 신에게 맡김으로서 '비움의 상태'에 도달했다고 볼 수 있다.

마음을 비우는 행위는 운동뿐만 아니라, 고도의 예민한 감각을 가지고 살아가는 모든 사람들에게 매우 중요한 역할을 한다. 예를 들어, 회사를 경영하는 기업인이 회사의 사활이 걸린 판단을 내려야 할 때, 그 사람의 마음 상태는 인생을 좌지우지하는 중요한 열쇠가 될 수 있다. 이 세상이 매뉴얼대로만 돌아가지 않는다는 것을 우리는 경험을 통하여 잘 알고 있다. 이론적으로 논리적으로 설명할 수 없는 일들이 일어날 때, 평소 마음을 수련하지 않은 사람은 패닉 상태에 빠지기 쉽다. 오늘날 우리들은 치열한 경쟁사회 속에서 시간, 돈, 정보 등에 압박을 받으면서 살고 있다. 또한 이로 인해 생기는 불만과 불안으로 고통받고 있다. 우리는 우리를 속박하는 모든 것들로부터 어떻게 자유로워질 수 있을까? 다쿠앙의 『부동지신묘록』은 그 방법을 제시하고 있다.

본서는 무도전서인 『부동지신묘록不動智神妙錄』을 번역하고 인문학적 입장에서 해석한 책이다. 한국, 일본, 중국을 중심으로 하는 동아시아의 무예는 문화 교류를 통하여 서로에게 영향을 주면서 발전해왔다. 무예와 무기가 철기의 발달과 상응하면서 발달해왔다는 점을 고려하면, 그 정확한 시기는 알 수 없으나 고대의 일본 무예와 무기는 한반도의 영향을 크게 받았을 것이다. 『일본서기日本書紀』는 284년 8월 백제를 통해 말이 일본에 전해진 양상을 기록하고 있다. 말의 전래는 일본의 전투 양상, 무예 기법, 무기 형태에 큰 변화를 가져왔다. 하지만 중세 이후 일본의 무예와 무기는 크게 발전하여, 임진왜란 때 우리를 크게 놀라게 했고, 조선 중기 이후에는 오히려 우리가 일본의 무예와 무기를 배우게 되는 시기도 있었다. 문화 전파에 일방통행이란 없다. 상대의 좋은 점을 먼저 받아들여 자기 것으로 만드는 나라가 금후 동아시아의 무도(무예)를 이끌어 갈 것이다.

본서의 가장 중심이 되는 키워드는 무도, 무예, 무술이다. 일반적으로 무도武道는 일본에서 무예武藝는 한국에서 사용하는 용어, 무술武術은 중국에서 사용하는 용어이다. 조선시대에 편찬된 한교韓嶠의 『무예제보武藝諸譜』, 사도세자思悼世子의 『무예신보武藝新譜』, 이덕무李德懋·박제가朴齊家

등의 『무예도보통지武藝圖譜通志』에서 볼 수 있듯이 우리는 전통적으로 무예라 불러왔다. 일반적으로 술術은 그 실용적인 목적을 강조한 말이고, 예藝는 기술의 추구 혹은 그 극치의 추구를 강조한 말이며, 도道는 기술을 통한 도(인격)의 추구를 강조한 말이다. 즉 술術→예藝 →도道라는 발전단계로 해석하는 경우도 있지만, 무술, 무예, 무도의 개념은 아직 명확히 정해지지 않았다. 본서에서는 무술, 무예, 무도를 하나의 발전단계로 보지 않고 같은 의미로 파악했다.

다쿠앙 소호는 일본무도사에 지대한 영향을 끼친 인물이다. 그는 종래의 전투법으로서의 무술에 철학을 부여함으로서 무술을 인격 완성을 그 목적으로 하는 무도로 승화시킨 인물로 평가받고 있다. 지나친 비약일지는 모르지만, 필자는 다쿠앙의 생애와 저서를 연구하면서 다쿠앙의 유전자 속에는 한민족의 피가 흐르고 있을지도 모른다고 생각하게 되었다. 그렇게 생각하게 된 이유는 다음과 같다.

첫째, 다쿠앙의 사상에 지대한 영향을 준 『화엄경華嚴經』은 원래 신라의 심상審祥 스님이 일본에 건너가 강의하고 전해 준 것이다. 즉 초기 일본 불교의 등불을 밝히고, 그 사상을 심어 준 것은 우리의 선조들이었기 때문이다. 둘째, 다쿠앙이 태어나고 자란 이즈시出石는 신라왕자 천일창天日槍이 일본으로 건너가 세운 지역이기 때문이다. 셋째, 다쿠앙은 임진왜란 때 일본에 끌려간 조선인 이문장李文長과 깊은 친교를 맺었다. 다쿠앙이 조선인에게 마음이 끌린 것은 그의 유전자 속에 한반도인의 피가 흐르고 있었기 때문이 아닐까? 이는 근거 없는 주장일지는 모르지만, 다쿠앙이란 인물의 조각을 맞추어 가면서 필자 속에 떠오른 바람이다. 다쿠앙은 약 443년 전 가깝고도 먼 나라 일본에서 태어난 스님이었지만,

그의 삶과 사상은 시대와 국가를 초월하여 스트레스 많은 현대를 살아가는 우리들에게 마음 수련 지침서가 될 것이다.

본서의 내용은 다음과 같다. 본서의 전반부에 해당하는 Ⅰ장에서는 무도사상에 대한 이해를 돕기 위한 내용을, Ⅱ장에서는 『부동지신묘록』을 비롯하여 동 시대의 무도전서를 읽어 가는데 있어서 반드시 이해해야 한다고 생각하는 '사리일체론事理一體論'의 대강을 설명했다. 또한 Ⅲ장에서는 다쿠앙을 둘러싼 시대적 배경과 생애를 다루었고, Ⅳ장에서는 『부동지신묘록』의 원문과 번역문을 함께 실었다. 나아가 인문학적 관점에서 해석(보족)을 시도했다. 이 책은 편의상 Ⅰ장·Ⅱ장·Ⅲ장·Ⅳ장으로 구성되어 있지만, 어디서부터 읽어도 상관은 없다. 시간이 없는 분들은 Ⅳ장 『부동지신묘록』 번역 및 보족을 먼저 읽기를 권한다.

본서의 내용은 부산가톨릭대학교의 이부현 교수님의 애정 어린 지도와 편달을 많이 받았음을 밝힌다. 2011년 이부현 교수님께서 히로시마대학에 1년간 객원교수로 오셨을 때, 교수님의 지도를 받을 수 있었다. 동·서양을 두루 섭렵한 이부현 교수님의 풍부한 지식과 자상한 가르침이 없었다면, 필자는 무도를 그저 실용적인 측면에서만 이해했을 것이다. 또한 본서의 저술에 영감을 주신 서울대학교 사범대학장 전태원 교수님과 이 책의 주요 논지를 형성하는데 큰 도움을 주신 서울대학교 체육교육학과 나영일 교수님께 깊은 감사의 마음을 전한다. 필자는 검도를 통해 많은 분들을 만났고, 많은 것을 배웠다. 초고를 읽고 좋은 논평을 해주신 제일본대한검도회 손경익 회장님과 필자를 검도의 세계로 이끌어 준 부산 청무관 김덕주 7단에게 감사드린다.

마지막으로 어려운 출판 환경에도 불구하고 선뜻 출판을 승낙해 주신 안티쿠스의 김종만, 고진숙 사장님께 깊이 감사드린다.

2016년 2월

김현용 배상

일러두기

1. 본서는 다쿠앙 소호가 야규 무네노리에게 준 서간 『부동지신묘록不動智神妙錄』을 수록했다. 원문은 다쿠앙화상전집간행회澤庵和尙全集刊行會가 1928년 발행한 『다쿠앙화상전집澤庵和尙全集』 제1권에 수록된 細川家藏版을 사용했다. 市川白弦, 『日本の禪語錄』 第13巻, 講談社, 1978, 199~238쪽. 이치카와市川는 다쿠앙화상전집간행회가 수록한 호소카와가장판 『부동지신묘록』의 잘못된 문자와 어구, 구두점 등을 수정하고, 한자는 일본 현행 한자로 고쳤다. 본서에서는 한자 표기는 호소카와가장판을 따르고 이치카와가 수정한 문자와 어구, 구두점 등은 각주로 처리하여 표기했다.
2. 『부동지신묘록』의 원문을 앞에, 번역문과 보족을 뒤에 수록했다.
3. 원문은 단락을 구분하지 않았으나, 본서는 문맥 흐름과 내용상 단락을 구분하여 이해를 돕도록 했다.
4. 원칙적으로 번역은 원문에 충실하게 옮기되, 문맥상 부연 설명이 필요한 경우는 괄호( )로 표시하여 설명을 덧붙였다.
5. 인용, 참고, 어려운 용어는 의미전달을 위해 각주로 처리하여 이해를 돕도록 했고, 한자는 이해를 돕기 위한 수준에서 넣었다. 각주는 1), 2), 3) …으로 표시했다.

차례

I. 다쿠앙의 선禪과 무도武道

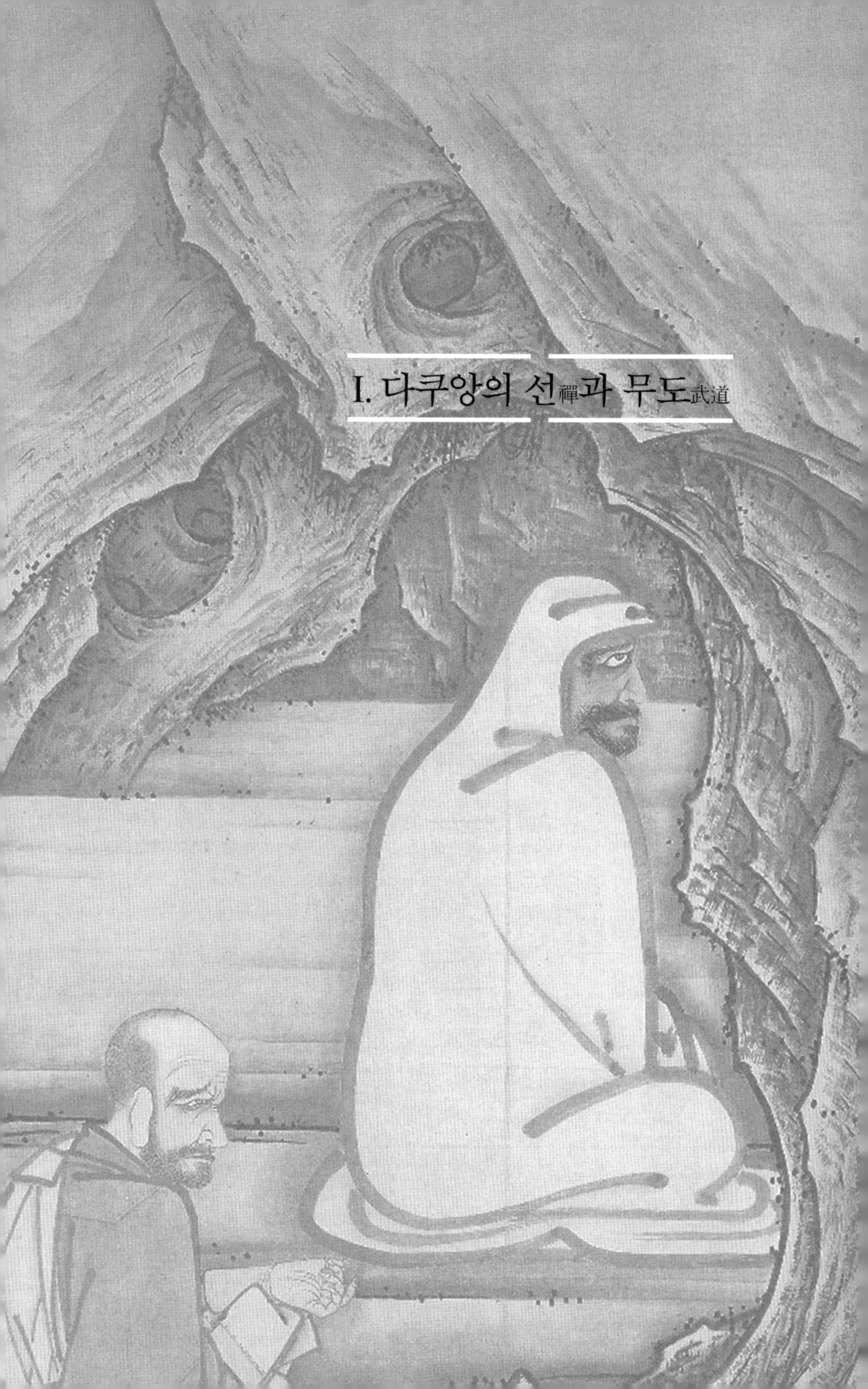

I. 다쿠앙의 선禪과 무도武道

1. 다쿠앙과 단무지

다쿠앙 소호澤庵宗彭는 일본 불교사의 한 획을 그은 선사禪師 중 한 명이지만, 선사로서보다는 단무지(다쿠앙)을 만든 인물로 잘 알려져 있다. 다쿠앙은 도쿠카와德川 제3대 쇼군인 이에미츠家光와 친밀한 관계를 가지고 있었다. 다쿠앙을 이에미츠에게 연결시켜준 것은 도쿠카와 가문의 병법사범이자 도쿠카와 정권의 중역을 맡았던 야규 무네노리柳生宗矩였다. 쇼군 이에미츠는 다쿠앙을 위해 도카이지東海寺를 세워줄 정도로 다쿠앙을 존경했다. 단무지의 유래는 다음과 같다.1)

어느 날 이에미츠는 다쿠앙을 만난 자리에서 취향이 색다른 음식을 먹고 싶다고 청했다. 다쿠앙은 부탁을 들어주는 대신 세 가지 조건을 붙였다. 첫째 열 시경에 올 것, 둘째 주인은 다쿠앙이고 쇼군은 손님이라는 점을 잊지 말 것, 셋째 절대 도중에 일어서지 말 것 등을 약속 받았다. 다음 날 약속 시간에 이에미츠가 도착하자 다쿠앙은 세상에서 가장 진귀한 음식을 준비했다며 먼저 다도를 대접했다. 그리고는 방을 나가 한참이 지나도 돌아오지 않았다. 점심시간이 지나도 식사가 들어오지 않자 이에미츠는 점차 허기를 느끼기 시작했다. 오후 두 시경이 지나도 음식이 들

1) 泉田宗健, 『澤庵』, 淡交社, 2010, 125~126쪽. 단무지(다쿠앙)의 유래에 대해서는 『미미부쿠로(耳囊)』(1800)에 소개되어 있다(126쪽).

어오지 않고 아무런 연락도 없자, 이에미츠는 더 이상 허기를 참을 수 없어 그만 돌아가려고 했다. 바로 그때였다. 다쿠앙이 음식을 가지고 들어왔다. 이에미츠는 너무 허기졌던 탓인지 정신없이 먹기 시작했다. 처음 보는 노란색 음식은 씹는 맛도 좋고 적절한 소금맛에 향기도 좋았다. 이에미츠는 처음 먹은 음식의 정체가 궁금해 다쿠앙에게 물었다. 다쿠앙은 무를 쌀겨에 담은 음식이라고 대답했다. 새로운 음식에 만족한 이에미츠는 이를 군용 음식에 사용하려고 만드는 법을 물은 후 이름을 다쿠앙이라 명명했다. 이것이 오늘날 우리가 먹는 단무지(다쿠앙)의 유래이다.

필자는 처음 일본에 와서 식당에서 우동을 먹을 때 단무지가 너무 적게 나와 더 달라고 한 적이 있다. 우리 같으면 한 접시 가득 담아 줄 터인데, 접시에는 겨우 네 조각뿐이었다. 당연히 무료라고 생각하고 더 달라고 한 것인데, 네 조각에 100엔을 달라고 해서 그냥 우동만 먹고 나왔다. 일본과 우리의 음식 문화 차이를 실감하는 순간이었다. 단무지가 원래 절에서 만들어진 음식이고, 절은 검소한 생활을 하는 곳이라는 점을 생각하면 적게 먹는 것은 어쩌면 당연한 일인지도 모를 일이다.

2. 선불교와 무도武道

일본에 불교를 전파한 것이 백제라는 것은 주지의 사실이다.[2] 역사는 538년경 백제 제26대 성왕(聖王, ?~554)이 일본 제29대 긴메이천황(欽明天皇, 509~571)에게 처음으로 불교를 전한 것으로 기록하고 있다.[3] 일본에

2) 鎌田茂雄 · 田村圓澄, 『韓國と日本の佛教文化』(古代の日本と韓國 10), 學生社, 1989, 14~42쪽. 鎌田茂雄는 일본을 대표하는 불교학자 중 한 명이다. 鎌田茂雄는 일본 불교는 백제, 신라에서 온 승려들에 의해 소개되고 그 기반을 다졌다고 주장하고 있다.

3) 전게서, 16쪽. 『일본서기(日本書紀)』에 성명왕(聖明王)으로 표기되어 있는 관계로 鎌田는 성명왕으로 표기

서 가장 중요한 절 중 하나는 나라奈良현에 있는 도우다이지東大寺이다. 사실 이 절은 우리나라 신라의 스님이 와서 그 기초를 다진 절이다. 나라奈良 긴쇼지金鐘寺의 스님 로벤(良弁, 689~773)은 화엄종을 일으키고자 다이안지大安寺에 머물고 있던 신라 스님 심상(審祥, ?~742)을 초빙해 3년간 『화엄경華嚴經』과 그 주석에 대한 강의를 들었다. 심상이 강의하는 동안 나라奈良의 하늘에는 자색빛 구름이 와카쿠사야마若草山에 길게 뻗쳐져 있었다고 한다.[4] 신라 심상 스님의 강의를 듣고 크게 감동한 제45대 쇼무천황(聖武天皇, 701~756)은 화엄경에 나오는 비로자나불毘盧遮那佛을 존경해 대불大佛를 세우기로 결심했다.[5] 대불 건립의 중심이 된 인물은 경주 사람 현방玄昉이었다.[6] 일본 나라현奈良縣의 나라라는 이름은 이 시기 우리말인 '나라 국國'이 수입되어 붙여진 이름이다.[7] 이처럼 초기의 일본 불교, 특히 일본 화엄종은 신라, 백제의 영향을 크게 받으면서 성장했다.

그 후, 12세기경 에이사이(榮西, 1141~1215)에 의해 일본에 전파된 선불교는 무사 계급의 생활과 긴밀하게 밀착되고 그들의 정신세계를 형성했다.

원래 선불교는 6세기초 남인도에서 중국 남조의 양梁나라로 온 달마達磨 대사에 의해 시작되어 당唐나라 초기 중국에서 자리를 잡은 불교의 한

했다. 『삼국사기(三國史記)』에 성왕으로 표기되어 있는 관계로 필자는 성왕으로 고쳐 표기했다.

4) 鎌田茂雄, 『華嚴の思想』(講談社 學術文庫), 2003(15쇄), 21쪽. 전게서, 鎌田茂雄 · 田村圓澄, 30~31쪽.

5) 전게서, 鎌田茂雄, 『華嚴の思想』, 21쪽. 玉城康四郎, 『華嚴入門』, 春秋社, 2003(新裝版), 160~163쪽. 심상은 당나라에 유학해 화엄종 제3조인 법장(法藏, 643~712)에게 직접 가르침을 받았다(玉城康四郎, 162쪽). 법장의 호는 현수(賢首)이다. 699년 10월 측천무후의 청으로 불수기사에서 새로 번역된 『화엄경』을 강의하고, 측천무후로부터 현수라는 호를 받았다. 『화엄경탐현기(華嚴經探玄記)』, 『화엄오교장(華嚴五教章)』, 『화엄지귀(華嚴旨歸)』, 『유심법계기(遊心法界記)』, 『금사자장(金獅子章)』, 『망진환원관(妄盡還源觀)』, 『기신론의기(起信論義記)』 등의 저서가 있다.

6) 전게서, 22쪽.

7) 전게서, 22쪽.

종파이다. 달마 대사를 보면 그리스도교를 이방인들에게 선교한 사도 바울로가 떠오른다. 바울로는 오늘날 터키의 타르소스Tarsus에서 태어난 유대인으로 로마 제국의 시민권을 가지고 있었다. 그는 유럽과 동방의 경계 지역에서 태어난 덕택에 여러 나라의 언어를 구사할 수 있었다. 만일 그가 유럽과 동방의 경계 지역에서 태어나지 않았더라면, 그리고 만일 여러 나라 언어를 구사할 수 없었다면, 그리스도교는 오늘날처럼 세계적인 종교가 되지 않았을지도 모를 일이다. 선불교도 마찬가지였다. 달마 대사가 중국 남조의 양梁나라와 가까운 남인도 지역에서 태어났기 때문에 중국어를 구사할 수 있었고, 중국 문화를 어느 정도 이해하고 있었기에 중국에 선불교를 전할 수 있었을 것이다.

일반적으로 검劍은 전투에서 잔인한 살육의 도구로 사용되는 것이기에 이를 수련하는 검술을 종교와 연결시키는 것은 공감하기 힘들다. 그런데 자비의 종교인 선불교는 왜 자비와는 동떨어진 삶을 살던 사무라이들에게 필요했을까? 그들이 살았던 '삶의 자리'에서 그 해답을 찾아야 할 것이다. 그들이 살았던 봉건시대는 언제 죽음이 닥칠지 모르는 긴장감의 나날이었고, 전투는 싸우는 양쪽에게 죽음을 의미하는 것이었다. 죽음이 언제 어디에서 찾아올지 모르는 공포와 긴장감 속에 살았던 사무라이들은 죽음에 대한 두려움을 극복하는 것이 가장 큰 과제였다. 한 순간의 잘못된 선택이 생사를 좌지우지할 수 있었기 때문이다. 즉 그들은 생사의 경계에서 고도의 예민한 감각을 가지고 살아가고 있었다. 선불교는 생사의 문제를 학문이나 도덕적 수양 혹은 예의를 통해 해결하려 하지 않고, 마음의 통찰洞察이라는 구체적인 해결책을 제시했다.[8)]

『선과 일본문화禪と日本文化』의 저자 스즈키 다이세츠(鈴木大拙,

8) 鈴木大拙 · 北川桃雄 譯, 『禪と日本文化』, 岩波新書, 1964, 48~49쪽(改訂版).

1870~1966)는 일본의 무사 계급이 선불교를 받아들인 이유를 다음과 같이 설명하고 있다.9) 첫째, 선불교는 의지를 요구하는 종교로 사변적인 철학보다 실천적인 도덕으로 무사 정신에 호소했기 때문이다. 둘째, 선 수행은 단순, 직재直裁, 자신감自恃, 극기 등이 요구되며, 이러한 계율적 경향이 무사들의 전투 정신과 일치했기 때문이다. 셋째, 선불교는 가마쿠라 시대부터 무사 계급과 밀접하게 연결되어 왔기 때문이다. 즉 선불교는 즉각 행동에 옮기고, 한 번 결심한 이상 뒤돌아보지 않고, 앞으로 나아갈 것을 가르친다는 점에서 무사들에게 절실한 가르침이었다고 볼 수 있다.

사변적인 학문은 무쌍하게 변하는 인간의 마음을 완벽하게 담아낼 수 없다. 우리 속담에 '열 길 물속은 알아도 한 길 사람 속은 모른다'는 말이 있다. 그 만큼 사람의 속을 읽기가 어렵다는 말이다. 과학적인 학문은 데이터를 기초로 관찰, 실험, 분석, 추리해 인간을 해석해 내려고 하지만 과학적 지식이 완벽하지 않다는 사실을 우리는 경험을 통해 잘 알고 있다. 데이터에 기록되지 않은 이변이 발생했을 때 과학과 논리가 그다지 도움이 되지 않을 경우가 많기 때문이다. 생사의 갈림길에서 예민한 감각을 가지고 살았던 사무라이들은 이를 직감적으로 알았던 것이다.

선불교의 핵심적인 가르침은 무엇인가? 스즈키는 북송 때의 임제종 승려 법연(法演, ?~1104)의 설화를 통해 선불교의 가르침의 정수精髓를 다음과 같이 소개하고 있다. 이 설화는 밤도둑이 도둑이 되고자 갈망하는 아들에게 기술의 극의極意를 가르치는 내용이다.

어느 날 밤도둑의 아들이 아버지가 연로하신 것을 알고,

9) 전게서, 35~36쪽.

"아버지가 앞으로 일을 못 하시게 되면, 내가 집안을 책임질 수밖에 없다."고 마음먹었다. 아들은 자신의 생각을 아버지에게 몰래 흘렸고, 아버지는 아들의 마음을 알아차렸다. 어느 날 밤 아버지는 아들을 어느 부잣집에 데리고 가서 담에 구멍을 내고 집안으로 잠입했다. 그리고 방안으로 데리고 들어가 큰 장지長持10) 중 하나를 열어 아들에게 옷을 벗고 들어가라고 명령했다. 아들이 장지에 들어가자 아버지는 장지 뚜껑을 닫고 자물쇠로 잠가버렸다. 그리고 정원으로 달려 나가 "도둑이다"라고 소리 치고는 대문을 두드려 집안사람들을 모두 깨운 뒤 담 구멍을 빠져나와 유유히 사라졌다. 집안사람들은 등불을 켜고 집 안팎을 샅샅이 찾았지만 도둑은 보이지 않았다. 그 사이 장지에 갇혀있던 아들은 부모의 무정함을 원망했다. 아들은 아버지에 대한 원망이 커지는 만큼 장지에서 나가야겠다는 마음이 절실해졌다. 번뇌와 고민 끝에 묘안이 떠올랐다. 아들은 장지 안에서 쥐가 물건을 갉아먹는 소리를 내기 시작했다. 장지 안에서 이상한 소리가 나자 집주인은 하인에게 그것을 열어 확인해 보도록 명령했다. 하인이 뚜껑을 열자 안에 갇혀있던 도둑의 아들이 뛰쳐나와 하인이 들고 있던 등불을 끄고 하인을 들이받고 달아났다. 하인들은 그를 뒤쫓았다. 도둑의 아들은 도망가다가 길가에 우물이 있는 것을 보고 큰 돌을 들어 올려 우물 속에 던졌다. 사람들은 어두운 우물 속에 도둑이 숨어들었다고 생각하고 우물 주위를 포위했다. 그 사이 도둑의 아들은 무사히 집으로 돌아갈 수 있었다. 살아 돌아온 아들은 죽을 뻔한 위기일발의 순간을 겨우 면했다며 아버지의 박정함을 비난했다. 이에 아버지는 입을 열었다.

"아들아! 그렇게 분개하지 말고 어떻게 빠져나왔는지 자세히 설명해 보아라."

10) 의류나 침구를 수납하기 위해 사용된 정방형의 상자.

아들의 모험담 이야기가 끝나자, 아버지가 입을 열었다.

"바로 그것이다. 너는 드디어 밤도둑 기술의 극의極意를 터득했다."11)

이 이야기는 기술의 극의極意를 전하는 교수법은 말로 표현할 수 없고, 수업 받는 자의 절실함 없이는 불가능하다는 것을 암시한다. 그래서 선불교에서는 이심전심以心傳心과 불립문자不立文字를 주장한다. 극도로 예민한 감각적 부분을 어떻게 말과 글로 설명할 수 있을 것인가? 이론적으로 공부하고 외운 사람은 매뉴얼에 없는 상황이 발생했을 때 패닉 상태에 빠지기 쉽다. 밤도둑의 아버지는 말로 설명하고 글로 표현할 수 없는 진리를 아들에게 전하고 싶었던 것이다. 이순신 장군도 "살고자 하면 죽을 것이고 죽고자 하면 살 것이다必死卽生 必生卽死."고 말하지 않았던가? 이순신 장군의 명언은 생生과 사死라는 이원론에 갇히지 말라는 뜻이다. 일본의 무도전서 『묘지묘술猫之妙術』에 이순신 장군의 명언을 상기시키는 이야기가 있다.

'쥐도 궁지에 몰리면 고양이를 문다'라는 속담이 있듯이, 그 궁지에 몰린 쥐를 한번 생각해 보십시오? 궁지에 몰린 쥐는 기댈 구석이 전혀 없어서 사는 것도 죽는 것도 잊고 욕심마저 잊어버려서 이기고 지는 것에 대해서는 전혀 생각하지 않습니다. 심지어 자신을 버리고 지키고자 하는 마음도 없지요. 그래서 그 의지는 강철과 같이 강하다고 할 수 있습니다. 이러한 상대가 어떻게 기세에 질 수 있겠습니까?12)

이와 같이 절박함과 절실함만이 그 사람을 성장시킬 수 있다. 매년 입

11) 전게서, 3~4쪽.

12) 잇사이쵸잔시·김현용 번역·해설, 『고양이대학교』, 안티쿠스, 2011, 42~43쪽.

시철이 되면 한국의 학부모들은 입시생과 함께 몸살을 앓는다. 유치원부터 학원에 다니는 아이들, 학원이나 독서실에서 밤늦게 돌아오는 학생들을 보면 안쓰러울 따름이다. 초등학교 때부터 대학 입시 때까지 수많은 돈을 들인 아이들이 원하는 대학에 들어가지 못하는 경우가 많다. 문제는 무엇일까? 이는 우리 아이들에게 절박함과 절실함이 부족하기 때문일 것이다.

3. 유교와 무도武道

유교는 선불교 다음으로 일본 무도에 큰 영향을 주었다. 선불교가 사무라이들에게 직관적인 사고와 즉각적인 행동을 가르쳤다면, 유교는 무도사상에 형이상학적이고 이론적인 기초를 만들어 주었다고 볼 수 있다. 역설적으로 들릴지 모르지만 유교는 송나라에 유학 간 일본 승려들이 가지고 들어와 소개했다.[13] 불교가 인도에서 남중국으로 처음 소개되었을 때 이미 공자와 맹자의 가르침뿐만 아니라 노장사상이 사회에 널리 퍼져 있었던 점을 고려하면 순수 불교사상, 순수 유교사상을 논하기는 어렵다.

필자는 이탈리아 로마에서 유학할 때, 바티칸 박물관의 한국 관련 자료를 보고 충격을 받은 적이 있다. 박물관 지하 아시아관에는 한국을 비롯한 아시아 각국의 그리스도교에 대한 설명이 있다. 그 설명에 의하면 한국의 그리스도교는 토템신앙, 무속신앙, 유교 등이 접목된 한국적 그리스도교라고 적혀 있었다. 즉 서양인들은 한국의 그리스도교를 유럽의

13) 전게서, 鈴木大拙 · 北川桃雄 譯, 101~107쪽. 가마쿠라 시대 송나라에 간 학승이 일본에 유교를 소개했다. 교토와 가마쿠라의 오산(五山)을 중심으로 시단(詩壇)이 형성되었다. 무소 소세키(夢窓疎石, 1275~1351), 고칸 시렌(虎関師錬, 1278~1346), 츄간 엔게츠(中嚴円月1300~1375), 기도 슌신(義堂周信, 1321~1388) 등 개성적인 선승들이 나타나, 선불교정신에 입각해 유교 경전들을 연구했다.

그리스도교와는 다른 토착화된 그리스도교로 보고 있었다. 이와 같이 동아시아의 불교, 유교, 노장사상은 토착화되는 과정에서 서로 영향을 주면서 발전되어 갔다고 보는 것이 옳을 것이다. 이는 일본도 마찬가지였다. 14세기에서 15세기에 걸쳐 왕성한 활동을 한 교토의 오산五山학파 선승들은 절에서 지덕을 쌓을 목적으로 유교경전들을 편찬하기 시작했다.[14] 자연히 공부를 하고 싶은 사람들은 절에 모이기 시작했다. 이곳을 데라고야寺小屋라 불렀다.[15] 데라고야는 조선시대의 향교鄕校나 서원書院과 같은 기능을 수행한 교육기관이었다. 오산학파 선승 중 무소 소세키(夢窓疎石, 1275~ 1351)는 무도전서에 자주 인용된다. 무소는 "눈 속에 먼지가 들어가면 눈을 뜨기가 힘들고 사물을 제대로 볼 수 없으므로 눈 속에 먼지가 들어가지 않도록 조심하라. 이 먼지가 잡념이니 마음에 잡념이 들어가지 않으면 평온한 마음으로 세상을 살아갈 수 있다."고 말한다.[16] 이와 같이 일본에서 명망이 높은 선승들은 선불교 정신에 입각해 유교경전 연구에 몰두했고, 유교는 선승들에 의해 소개되었고 그 기초를 닦았다.[17] 이를 본받아 일본 황실과 쇼군가에서도 참선을 하면서 동시에 선승들로부터 유교경전에 대한 강의를 듣는 것이 유행했다.[18]

무도전서에 평상심平常心이라는 말이 자주 나온다. 평상심이란 어떠한 상황에서도, 가령 그것이 생사를 다투는 진짜 칼의 경우에 있어서도 마

14) 전게서, 105쪽.

15) 전게서, 106쪽.

16) 전게서, 잇사이 쵸잔시 · 김현용, 『고양이 대학교』, 124쪽. 夢窓國師語錄·下「山居韻十首」其八「青山幾度か黃山と変ず. 浮世の紛紜總て干らず. 心頭無事なれば一床寛し.」

17) 전게서, 鈴木大拙 · 北川桃雄 譯, 107쪽.

18) 전게서, 107쪽.

음이 동요되지 않고 평상시의 감정 상태로 있는 것을 말한다.[19] 미야모토 무사시는 그의 저서 『오륜서』「수지권水之券」'병법의 마음가짐兵法心持の事'에서 평상심을 다음과 같이 설명하고 있다.

> 병법에서 마음가짐은 평소와 같아야 한다. 평상심이란 싸울 때도 조금도 바뀌지 않아야 하고, 마음을 넓고 곧게 하여 긴장하지 말며 조금이라도 마음을 느슨하게 하지 않는 것이다. 또한 평상심은 마음을 어느 한 쪽에 치우치지 않게 한 가운데 두고, 마음의 흐름이 자유자재하게 한 순간도 멈추지 않도록 주의하는 것이다.[20]

원래 평상심이란 사서四書 중 하나인 『중용中庸』에 주희(朱熹, 1130~1200)가 붙인 해석이다. 주희(주자)는 "중자中者는 일에 있어서 마음이 흔들리지 않고 평소와 같은 마음을 가지고 있으며 한 쪽에 마음이 치우치지 않는다."고 했다.[21] 이처럼 유학은 선불교의 가르침과 혼동될 정도로 융합되어 사용되기 시작했다.

이러한 분위기는 에도 초기까지 이어졌고, 다쿠앙 소호도 오산학파 선승인 분세이 도징文西洞仁 밑에서 유학과 시가詩歌를 배웠다.[22] 다쿠앙 소호가 『부동지신묘록』을 비롯하여 수많은 저술을 남길 수 있었던 것도 유

---

19) 이태신, 『체육학대사전』, 민중서관, 2000.

20) 宮本武藏 · 渡部一郎 校注, 『五輪書』, 岩波書店, 1985, 43쪽. 「兵法の道におゐて, 心の持ちやうは, 常の心に替る事なかれ. 常にも, 兵法の時にも, 少しもかわらずして, 心を廣く直にして, きつくひぱらず, 少しもたるまず, 心のかたよらぬやうに, 心をまん中におきて, 心を靜かにゆるがせて, 其ゆるぎのせつなも, ゆるぎやまぬやうに, 能々吟味すべし.」

21) 朱熹, 『新刻改正. 中庸 全』, 佐土原藩, 1870, 7쪽. 中者. 不偏不倚. 無過不及之名. 庸. 平常也.

22) 鎌田茂雄, 『禪の心 劍の極意』, 拍樹社, 1986, 16쪽.

교적 학문이 그 발판이 되었을 것이다.[23]

4. 일본 무도武道의 글로벌화

오늘날 유도柔道, 검도劍道, 가라테도空手道, 아이키도合氣道, 나기나타薙刀, 궁도弓道 등을 대표하는 일본 무도는 세계적으로 큰 성공을 거두었다. 일본 문화 수출품 중 가장 성공한 것은 무도라 할 수 있다.[24] 표1은 오늘날 글로벌화된 일본무도단체의 약식 명칭, 결성 연도, 발족 시 가맹국, 현재 가맹국, 회장국을 나타내고 있다. 일본은 패전 후 각 무도단체들의 글로벌화를 추진했으며, 특히 유도는 1964년 동경 올림픽에서 남자부 종목으로 채택된 이후, 오늘날 199개국에서 행해지고 있는 초글로벌 스포츠 종목 중 하나로 성장했다.[25]

표1 일본무도단체와 글로벌화

약식 명칭	결성 연도	발족시 가맹국	현재 가맹국	회장국
IJF(유도)	1951	11개국	199개국 · 지역	오스트리아
IKF(검도)	1970	17개국 · 지역	47개국 · 지역	일본
WKF(가라테도)	1970	33개국	173개국	스페인
IAF(아이키도)	1976	29개국	42개국 · 지역	일본
INF(나기나타)	1990	7개국	13개국	일본
IKYF(궁도)	2006	17개국	17개국	일본

출전 : Alexander Bennett, 現代武道が國際ステージで果たす役割, 國學院大學人間開發學研究, 3, 2012, 46쪽.

---

23) 다쿠앙의 저작은 澤菴和尙全集刊行會,『澤菴和尙全集』, 市川白弦,『日本の禪語錄』등에 수록되어 있다.

24) Alexander Bennett,「現代武道が國際ステージで果たす役割」,『國學院大學人間開發學硏究』第3號, 2012, 46쪽.

25) 여자부 경기는 1992년 바로셀로나 올림픽에서 정식 종목으로 채택 되었다.

어떻게 일본 무도는 글로벌 물결을 탄 것일까? 이는 청일전쟁(1894~1895), 러일전쟁(1904~1905)과 깊은 관계가 있다. 조선이 서구 세력에 맞서 쇄국 정책을 펴고 있을 무렵, 일본은 1867년 메이지유신을 통해 봉건사회를 무너뜨리고 천황을 구심점으로 왕정복고王政復古 체제를 구축했다. 이와 더불어 서구의 무기, 기술뿐만 아니라 문물과 제도까지 받아들였다. 전쟁이 일어나자 서구인들은 동양의 작은 섬나라 일본이 대국인 청나라와 러시아를 상대로 이기리라고는 아무도 생각하지 않았다. 하지만 예상은 빗나갔다. 일본은 러일전쟁의 승리로 제국주의 국가로 부상하게 되고, 서구인들의 관심의 대상이 되었다. 메이지유신을 전후해 일본에는 이미 많은 서구인들이 들어 와 있었다. 이들이 본 일본은 어떤 나라였을까? 이를 잘 알려주는 그림이 있다.

Humbert, Aimé, Le Japon Illusté, Paris 삽입그림, 1870

The Illustrated London News 삽입그림, 1873

40쪽 아랫 그림은 1863년 스위스의 시계협회회장 에메 앙벨Aim Humbert이 일본과 수호통상조약을 체결하기 위해 일본에 와서 10개월 동안 체류하면서 수집한 자료를 바탕으로 귀국 후 프랑스에서 출판한 책의 삽화 그림이다. 그리고 윗 그림은 '더 일러스트레이티드 런던뉴스The Illustrated London News'라는 영국의 삽화신문에 실린 그림이다.

이 그림들을 이해하기 위해서는 당시의 시대적 배경을 간단히 설명할 필요가 있다. 1867년 메이지유신으로 도쿠카와 막번幕藩체제가 무너지자 각 번藩의 막병幕兵이나 병법사범으로 활약하던 많은 무술가들이 직장을 잃고 밖으로 쏟아져 나왔다. 직업을 찾을 수 없었던 무술가들은 생계를 유지하기가 힘들었다. 이들을 구제하기 위해 검술가 사카키하라 겐키치(榊原鍵吉, 1830~1894)는 1873년 2월 격검擊劍부흥회를 개최하게 된다.[26] 이 부흥회는 대성공을 거두었다. 사카키하라의 성공은 무술가들이 격검

26) 中村民雄, 『劍道事典 技術と文化の歷史』, 島津書房, 1994, 155쪽.

회擊劍會, 유술회柔術會, 마술회馬術會 등을 개최하는 직적적인 계기를 만들었다.[27] 이 부흥회가 바로 오늘날 무도대회의 원형이다. 이후 1877년 메이지시대 최대의 반정부 반란을 종결 짓는 세이난西南전쟁이 일어났다.[28] 세이난전쟁에서 검을 찬 경찰관들이 큰 활약을 펼치면서 무도는 사회적인 위치를 확보하고 학교 체육으로까지 자리잡게 된다.[29] 두 그림은 이러한 시대적 흐름을 반영하고 있다.

5. 니토베 이나조의 저서 『무사도』

이 무렵 니토베 이나조(新渡戶稻造, 1862~1933)가 1899년 11월 미국의 The Leeds and Biddle Company에서 출판한 『무사도Bushido, The Soul of Japan』가 서구사회에서 큰 성공을 거두게 된다.[30] 그가 책을 출판한 1899년은 청일전쟁 후 4년, 러일전쟁이 일어나기 5년 전으로 일본을 알고자 하는 서구인들의 관심이 무르익던 시기였다.[31]

니토베는 1862년 남부번南部藩 사무라이의 아들로 태어나, 동경외국어

---

27) 井上俊, 『武道の誕生』, 吉川弘文館, 2004, 5쪽.

28) 樺山紘一 · 木村靖二 · 窪添慶文 · 湯川武, 『クロニック世界全史』, 講談社, 1994, 849쪽. 가고시마(鹿児島) 시로야마(城山)에 숨어 든 사이고(西鄕)군은 정부군의 총공격을 받고 괴멸하게 된다. 지도자 사이고 다카모리(西鄕隆盛)는 자결해 49세의 나이로 생을 마감했다. 이로 세이난 전쟁은 종결되었다.

29) 전게서, 165~172쪽.

30) 新渡戶稻造 · 奈良元辰也, 『對譯 武士道』(ビジュアル版), 三笠書房, 2004. 일본에서는 1900년 10월 櫻井鷗村이 번역본을 裳華房에서 출판했다. 이 책은 세계적인 반향을 불러 독일어, 프랑스어, 폴란드어, 노르웨이어, 헝가리어, 루마니아어, 러시아어, 중국어등 다양한 언어로 번역되어 세계 각국에서 지금도 읽혀지고 있다(1쪽).

31) 新渡戶稻造 · 山本博文 譯, 『現代語 譯 武士道』(ちくま新書), 2010, 11쪽. 新渡戶稻造 · 失內原忠雄 譯, 『武士道』, 岩波文庫, 2009, 3쪽. 『Bushido, The Soul of Japan』는 요양차 미국에 간 니토베가 벨기에의 법학자 드 라베레(M.de Laveleye)를 만난 것을 계기로 출판하게 된 책이다. The Leeds and Biddle Company(Philadelphia)에서 출판했다. 1905년 제10판(개정판)은 G.P.Putnam's Sons(New York)에서 출판되었다(新渡戶稻造 · 失內原忠雄 譯, 3쪽).

구(舊) 오천 엔 권의 니토베 이나조

대학, 삿뽀로농학교, 동경제국대학 등에서 수학한 후 미국으로 건너가 공부했다. 그는 귀국 후, 삿뽀로농학교, 대만총독부 근무를 거쳐 교토제국대학 교수, 제일고등학교 교장, 동경제국대학 겸임교수, 동경여자대학 초대학장 등을 역임했다.[32)] 니토베는 『무사도』의 성공으로 일약 베스트셀러 작가가 되었고, 그 성공 덕분에 1920년 국제연맹이 설립될 때 국제연맹사무국차장(1920~1926)으로까지 선출되었다.[33)] 또한 1984년 11월1일 발행된 오천엔 권의 인물이 되기도 했다.[34)]

니토베는 『무사도』를 저술한 이유를 다음과 같이 밝히고 있다.

약 10년 전 나는 벨기에의 법학대가 드 라베레M.de Laveleye 씨의 환대를

---

32) 전게서, 新渡戸稲造 · 山本博文 譯, 9쪽.

33) 전게서, 9쪽.

34) 니토베 이나조의 오천 엔 권은 2007년 4월 2일부로 지불 중지되었다. 그 후 2004년 11월 1일, 일본의 여류 소설가 히구치 이치요(樋口一葉)가 오천 엔 권의 주인공이 되었다. 또한 니토베는 1911년 『수양(修養)』을 출판했다. 이는 일본인을 위한 계몽서적으로 일본 국내에서 베스트셀러가 되었다. 新渡戸稲造, 『修養』(たちばな出版), 2002 참조.

받아, 그의 집에서 며칠을 지낸 적이 있다. 어느 날 산보를 하면서 우리들의 이야기는 종교 문제로 주제가 바뀌었다.

"당신 나라 학교에는 종교 교육이 없다는 말입니까?"

라고 존경하는 교수가 질문했다.

"없습니다."

라고 대답하자, 그는 너무 놀라서 걸음을 멈추고,

"종교가 없다! 그럼 어떻게 도덕교육을 시킵니까?"

하고 몇 번이나 되물었던 그 목소리를 나는 잊을 수 없다. 당시 이 질문은 나를 당황하게 만들었다. 나는 대답할 수 없었다. 그 이유는 내가 어릴 때 배운 도덕교육은 학교에서 배운 것이 아니었기 때문이다. 나는 나의 옳고 그름의 관념을 형성하고 있는 각종 요소를 분석해, 이러한 관념을 나에게 심어준 것이 무사도임을 알게 되었다.35)

이와 같이 서문을 보면 일본인으로서의 정체성 확립이 『무사도』의 저술 동기였음을 알 수 있다. 니토베는 이 책에서 무사도를 옹호하고 일본인의 도덕의식의 근저에는 인仁, 의義, 예禮, 지智, 신信 등의 오상五常과 충군애국정신忠君愛國精神이 있음을 설파하고 있다.36) 하지만 니토베의 『무사도』는 메이지시대에 의도적으로 고취된 가치관에 기초한 '메이지무사도'였다.37) 근대 이전의 무사도로는 병법학자 야마가 소코(山鹿素行, 1623~1685)의 사도론士道論이 그 효시이다.38) 그는 저서 『야마가어류山鹿語類』「사도편士道篇」에서 위정자로서의 무사는 유교적 가르침에 따라 충

35) 전게서, 新渡戸稲造 · 失內原忠雄 譯, 11쪽.

36) 전게서, 新渡戸稲造 · 山本博文 譯, 10쪽.

37) 菅野覺明, 『武士道逆襲』, 講談社, 2004, 13쪽.

38) 魚住孝至, 『宮本武藏』(岩波新書), 2008, 219쪽.

효의예를 중심으로 도의적 선비士가 되어야 한다고 주창했다.[39] 그는 무사를 선비라 칭하고, 이익을 추구하는 농공상農工商 삼민三民의 지도자로서 무사는 유교의 오륜을 실현해야 한다고 주장했다.

그리고 야마모토 쵸쵸(山本常朝, 1659~1719)의 '무사도론武士道論'이 있다. 야마모토는 그의 저서 『하가쿠레葉隱』에서 죽음의 각오와 주군에 대한 몰아적인 헌신을 강조했다. 그는 전쟁을 모르는 젊은 세대가 증가한 시대에 전국시대 무사들의 행장行藏을 전하고 무사란 죽을 각오를 하는 사람임을 강조했다.[40] 일본문화가 낳은 가장 유명한 표어 중 하나인 무사도란 용어는 『하가쿠레葉隱』에 처음 등장한다.[41] 야마가의 사도론士道論과 야마모토山本의 무사도론은 전국시대 무사들의 사상을 이론화시킨 것으로, 공무원이 되어 탁상공론에 빠진 무사들에게 경종을 알리는 내용으로 구성되어 있다. 니토베는 이들을 참고했지만 니토베의 『무사도』는 근대 이전의 것과는 다른 것이었다.

일본의 교육학자 이리에入江는 일본 근대의 체육사상이 국가주의적이고 군국주의적인 체육이었다고 지적하고 있다.[42] 특히 무도는 1931년 만주사변 이후 군국주의의 도구로 전락하게 된다.[43] 과거 메이지 정부가 충군애국을 표어로 내걸면서 니토베의 『무사도』는 군국주의에 이용된 측면도 있다.[44] 즉 니토베가 무사도의 심연으로 제시한 의義, 용勇, 인

---

39) 전게서, 219쪽.

40) 전게서, 220쪽. 『하가쿠레(葉隱)』는 1716년경의 작품이다.

41) 小池喜明, 『葉隱』(講談社學術文庫), 2005, 9쪽. 무사도란 죽을 각오를 하는 것이다(武士道といふは, 死ぬことと見つけたり)라는 이 말은 『하가쿠레(葉隱)』 서두에 나오는 말로, 일본문화사에서 가장 유명한 표어 중 하나이다.

42) 入江克己, 『日本ファシズムの體育思想』, 不昧堂出版, 1986, 15~27쪽.

43) 전게서, 井上俊, 152~153쪽.

44) 岬龍一郎, 『新裝普及版 いま, なぜ『武士道』か』, 致知出版社, 2004, 25쪽.

仁, 예禮, 성誠, 명예名譽, 충의忠義, 무사교육 및 훈련, 극기克己, 자살 및 할복제도 등은 군국주의를 합리화한 측면이 강하다. 니토베의 『무사도』는 이러한 시대적 한계점을 가지고 있음에도 불구하고, 일본 무도의 글로벌화에 큰 공헌을 했다.

34 AMERICAN WRESTLING vs. JUJITSU

of his vision and to teach him to read with despatch and accuracy, almost by instinct, the many and rapidly shifting conditions of the minds of men called moods—these are some of the main objects of wrestling."

"And what is jujitsu?"

Mr. Higashi—"What we always keep in view as the end and aim of the art of jujitsu is quite distinct from wrestling. To be sure, all that has just been mentioned is the goal toward which one aspect of jujitsu training also strives. But there are three stages in jujitsu. Between the first and wrestling there is not much difference. Wrestling, both in Nippon and in the West, has the distinct ends in view that you have just described; it forms a distinct program of gymnastics in itself; it is not a part of something else—a means to an end. With jujitsu, the holds and tricks of wrestling are an elementary step to lead a man to something else. Naturally you have developed to a greater extent than we have done in the first and elementary stage of jujitsu, and to a higher state of perfection, those holds and tricks which are confined to wrestling. Whoever would understand the true meaning of the art of jujitsu must always keep this in mind—that the end of jujitsu is self-defense. The science and practice of jujitsu both end in discovering and attaining as effective and relatively perfect a means of self-defense as possible under all manners of attacks.

"In jujitsu training many conditions are imposed upon us which are out of place with any other athletic sports. When you are attacked on the street, for instance, you would rarely find yourself or the assailant stripped to the skin, and so we require the students of jujitsu to go through their exercises in their street costume, and those of us who can hardly afford to spoil a suit every time we come upon the training-mat wear these jackets and girdles, which would take the place, to all practical purposes, of the street costumes of Tokyo. This also is the reason why in jujitsu we do not put a fence about the style of tricks and attacks and call any of them foul. When you are abroad at night—and on such occasions it is that a training in jujitsu is most likely to serve you—you can

FIG. 2—JUJITSU METHOD OF BREAKING THE ARM

유도에 관한 기사(American Wrestling vs. Jujutsu)
『코스모폴리탄Cosmopolitan』 1905년 5월호45)

45) 전게서, 井上俊, 70쪽. 미국의 대중 잡지 『코스모폴리탄Cosmopolitan』 1905년 5월호에 실린 기사 내용. 청일전쟁(1894~1895)과 러일전쟁(1904~1905) 이후 일본 문화와 무도에 대한 관심이 급증하는 가운데 레슬링과 비슷한 종목으로 유술을 소개하고 있다.

6. 스즈키 다이세츠鈴木大拙의 저서 '선과 일본문화'

일본 무도의 글로벌화에 큰 공헌을 한 또 다른 인물이 있다. 일본의 불교학자 스즈키 다이세츠(鈴木大拙, 1870~1966)가 그 주인공이다. 스즈키는 일본을 대표하는 철학자 니시타 기타로(西田幾多郎, 1870~1945)의 친한 친구였다. 일명 교토학파 철학자로 불리는 이들은 일본 무도를 해외에 마케팅하는데 지대한 공헌을 했다.

1897년 27세의 스즈키는 불교학자 폴 케라스Paul Caruso의 초청으로 미국으로 건너가 동양학 관련 서적 출판에 열정적으로 관여했다.46) 그는 1900년 『대승기신론大乘起信論』을 1908년에는 『대승불교개론』을 영문으로 번역해 서양인들에게 소개했다.

스즈키 다이세츠
D. T. Suzuki Museum 소장품46)

46) 鈴木大拙 · 北川桃雄 譯, 서문, 『禪と日本文化』(岩波新書), 岩波書店, 1964.

47) D. T. Suzuki Museum 소장품.

그 후, 스즈키는 1921년 교토의 오오타니大谷대학 교수가 되어 돌아왔다. 그리고 오오타니대학에 동방불교도협회The Eastern Buddhist Society를 설립했다. 이 협회의 설립 목적은 일본의 대승불교와 문화를 서구에 소개하는 것이었다. 스즈키는 설립 초기부터 영어 잡지 『동방불교Eastern Buddhist』를 통해 불교 연구의 성과와 불교의 교의를 서구에 소개했다. 그리고 1938년 동방불교도협회에서 『일본문화와 선불교의 영향Zen Buddhism and Its Influence on Japan Culture』을 출판했다. 이 책은 대성공을 거두어 1959년 프린스턴대학출판부에서 개정판 『선과 일본문화Zen and Japanese Culture』가 출판되었다.[48] 이 책의 인기는 그가 1963년 노벨평화상 후보로 추천될 정도로 대단했다. 스즈키는 일본인의 성격과 문화를 선불교적 입장에서 해석하고 있다. 이 책 속에서 스즈키는 다쿠앙이 야규 무네노리에게 준 『부동지신묘록』을 영어로 번역해 소개하고 있다.[49]

니토베 이나조와 스즈키 다이세츠의 성공은 일본문화와 일본무도가 서구사회에 정착되는데 큰 공헌을 했다. 이들은 일본무도를 포함한 일본문화를 서양사회에 마케팅하는 기초를 마련했다고 볼 수 있다.

7. 오이겐 헤리겔Eugen Herrigel의 저서 『활쏘기 기술과 선』

일본의 궁술을 유럽 사회에 소개해 일본무도의 글로벌화에 지대한 공헌을 한 인물로 독일의 철학자 오이겐 헤리겔(Eugen Herrigel, 1884~1955)을

---

48) Daisetz T. Suzuki, Preface, Zen and Japanese Culture, Tuttle Publishing, 1988.

49) 전게서, 95쪽. Takuan sōhō, Translated by William Scott Wilson, The unfettered mind-Writings from a Zen master to a master swordsman, Shambhala, 2012. 스즈키는 『부동지신묘록』을 'The Mystery of prajna Immovable'로 번역하고 있다. 한편 William Scott Wilson은 'The Mysterious Record of Immovable Wisdom'으로 번역하고 있다.

빼놓을 수 없다. 헤리겔은 신칸트 학파Neukantianismus 중 하이델베르크 Heidelberg 학파를 대표하는 철학자 중 한 명이다. 그가 동시대의 독일 실존주의 철학자 칼 야스퍼스(Karl Jaspers, 1883~1969)와 강연회에서 논쟁한 일화가 전해진다. 그 일화는 다음과 같다. 어느 날 헤리겔은 같은 강연회에서 야스퍼스와 강연을 하게 되었다. 먼저 야스퍼스가 강연을 했다. 이어서 강단에 오른 헤리겔은 "지금 막 강연을 한 강사는 칸트Kant의 '제1비판Kritik der reinen Vernunft'을 읽은 적이 있는가?"라고 질문했다. 그러자 야스퍼스는 "그러한 무례한 질문에는 답변할 의무가 없다"고 일축했다. 이에 헤리겔은 "제1비판을 읽었다는 자가 어떻게 그렇게 유치한 강연을 할 수 있는가? 당신은 강사로서 자격이 없다"고 핀잔을 주었다. 이 핀잔 사건이 있은 후, 헤리겔은 강연 의뢰를 받으면 야스퍼스와 동석하지 않는 것을 조건으로 내세웠다고 한다.[50]

헤리겔은 칸트를 전공한 합리주의자이자 논리주의자였다. 그런 그가 어떻게 동양의 비합리적이고 직관直觀적인 신비주의적 사고를 받아들일 수 있었을까? 우리는 헤리겔이 하이델베르크 대학에서 신학을 먼저 배운 신학도였다는 점에 주목할 필요가 있다. 그는 신학을 배울 때 독일의 신비주의 신학에 심취해 있었다.[51] 일반적으로 동양인들은 비합리적이고 직관적인 신비주의적 사고는 서양에는 없고 동양에만 존재하는 사고라는 편견과 선입견을 가지고 있다. 하지만 중세 독일에도 마이스터 에크하르트Meister Eckhart, 요하네스 타울러Johannes Tauler, 하인리히 소이세 Heinrich Seuse와 같은 신비주의 신학을 전개한 인물들이 있었다.[52] 헤리겔은 특히 에크하르트와 소이세의 사상에 심취해 있었다. 그가 일본대학

---

50) Eugen Herrigel · 稲富榮次郎 · 上田武 譯, 『弓と禪』, 福村出版, 154~155쪽, 1981.

51) 전게서, 161쪽.

의 초빙에 흔쾌히 응한 이유에 대해서, 1936년 초고 『활을 쏘는 기사적 기술Die ritterliche Kunst des Bogenschiessens』에서 다음과 같이 밝히고 있다. "…… 마이스터 에크하르트가 그처럼 칭송하면서도 그 곳에 도달하는 길을 제시하지 않았던 버리고 떠나 있음Abgeschiedenheit의 본질에 대해서 상세히 알 수 있지 않을까 생각하는 것만으로 기뻤다."[53]

서양의 신비주의 사상

여기에서 서양의 신비주의 사상에 대해서 간단히 언급할 필요가 있다. 독일의 신비주의 신학자 에크하르트는 일본의 불교학자 스즈키 다이세츠鈴木大拙에게 큰 영향을 주었다. 스즈키는 "내가 처음으로 …… 마이스터 에크하르트의 설교가 실린 어떤 소책자를 읽게 되었는데, 그의 설교들은 나를 크게 감동시켰다. 왜냐하면 나는 과거에서 현재까지 어떠한 그리스도교 사상가도 그가 설파했던 그런 대범한 사상을 품고 있으리라고는 상상조차 할 수 없었기 때문이다. …… 그 안에 표현된 사상들이 불교의 생각과 너무도 가까워서 그 사상들이 불교적 사변에서 흘러나왔을 것이라고 단정했던 사실은 지금도 뚜렷하게 기억한다. 나에게 에크하르트는 범상치 않은 그리스도인으로 보인다."고 말한다.[54]

에크하르트에 의하면 인간은 자신의 주관에 이미 갖추어져 있는 감각능력, 사추능력, 기억능력, 의지를 매개로 상相을 만들지만, 인간이 만든

---

52) 정달용, 『중세독일 신비사상』, 분도출판사, 6~7쪽, 2007. 이부현, 『마이스터 에크하르트』, 안티쿠스, 2009, 7~11쪽.

53) Eugen Herrigel · 柴田治三郎, 『日本の弓術』, 岩波書店, 1982, 24쪽. 전게서, 이부현, 16~17쪽. 에크하르트는 신을 알기 위해서는 자신을 버리고 신께 자신을 온전히 내맡겨두고 있어야 한다(Gelassenheit)고 주장하고 있다. 에크하르트는 버리고 떠나 있음(Abgeschiedenheit))을 최상의 것으로 평가한다.

54) 전게서, 이부현, 10쪽. 원문은 Daisetz T. Suzuki, Der westliche und der östliche Weg(Mysticism:Christian und Buddhist, 1957), Frankfurt a.M., 1960. Ullsteinbücher 299, 13쪽(232쪽).

상들은 인간의 제한된 능력이 만든 상에 지나지 않는다.55) 또한 신과 합일合一하기 위해서는 '모든 것에서 버리고 떠나 있는 사람gelassener' 즉 모든 것에서 해방되고 이탈되어 자유로워진 사람만이 있는 그대로의 신을 만날 수 있다고 말한다.56) 에크하르트의 제자 하인리히 소이세Heinrich Seuse는 모든 것에서 해방되고 이탈되어 자유로워진 사람의 일상생활을 다음과 같이 설명하고 있다. 내용은 스승과 제자가 나누는 질문과 대답 형식으로 이루어져 있다.

Ⅷ 모든 것에서 버리고 떠나 있는 사람은 얼마나 고귀한가!57)

영원한 진리에 대해 알고자 하는 제자는 다시 한 번 참으로 버리고 떠나 있는 사람의 외적 특징에 관해서 질문했다. (도대체) 영원한 진리는 무엇입니까? 또한 (영원한 진리를 사는) 사람은 만사에 어떻게 처신합니까?

(스승의) 대답 : 그는 자기 자신을 잊고 자신과 함께 만사를 잊은 사람이다.

55) 上田閑照, 『エックハルト』, 講談社, 1998, 18~19쪽. 에크하르트는 '탈각(脫却)한 자유'를 강조했다. 아성(我性)에서 완전히 탈각하면 영혼의 근저가 열려 순수한 생명이 근원에서 쏟아져 나온다. 그것도 지금 바로 이 자리에서 쏟아져 나온다는 자유를 설파했다. 이는 인간의 아성을 죽이고 신의 생명에로 다시 태어난다는 신과의 합일, 신이 인간의 영혼 그 자체가 되는 것이다. 에크하르트에 의하면 신이라고 생각하는 신은 있는 그대로의 신이 아니었다. 우에다(上田)는 교토학파의 마지막 철학자로 여겨지고 있는 인물이다.

56) 전게서, 上田閑照, 5쪽. gelassenheit는 에크하르트의 근원어 중 하나인 lassen에서 온 말이다. lassen이란 놓다, 버리다는 뜻으로, gelassenheit는 참으로 버리고 떠나 있는 것을 의미한다. 마이스터 에크하르트 지음 · 요셉 퀸트 편역 · 이부현 옮김, 『마이스터 에크하르트 독일어 논고』, 누멘, 2009, 126쪽 ; 259~262쪽. 이부현, 「왜 금강경인가?-인식이론의 관점에서-」, 『韓國禪學』20, 2008, 69쪽. 에크하르트에 의하면 있는 그대로의 신을 만나기 위해서는 참된 버리고 떠나 있음(abgeschiedenheit)과 참된 놓아두고 있음(gelassenheit)의 상태에 도달해야 한다. 버리고 떠나 있음은 최고의 덕목이다. 이는 사랑(minne)보다 드높고, 겸손, 자비보다 드높다. 왜냐하면 다른 모든 덕목들처럼 이 덕목들은 어떠한 피조물적인 외양을 지니고 있지만, 버리고 떠나 있음은 모든 피조물로부터 벗어나 있기 때문이다(260쪽). 또한 에크하르트이 말대로 하면 감각 기관과 이성과 기억 그리고 의지들이 만들어내는 낯선 상들로부터 벗어나는 것이 있는 것을 있는대로 볼 수 있는 조건이다(69쪽).

(제자의) 질문 : 그는 시간에 대해서 어떻게 처신합니까?

(스승의) 대답 : 그는 어떠한 의도도 갖지 않고, 지금 이 순간을 살며 가장 큰 것 가운데 그러한 것처럼 가장 작은 것 가운데에서도 최고의 것(신)을 파악한다.

(제자의) 질문 : 바울로는 의로운 사람에게는 어떠한 율법도 주어지지 않았다고 말합니다.

(스승의) 대답 : 의로운 사람은 자신이 피조물임을 알고, 다른 사람보다 겸손하게 처신한다. 그것은 그가 내적에서 근저에 이르기까지 누구에게 무엇이 가장 적합한지를 알고 있기 때문이다. 이처럼 그는 모든 것을 파악하고 있다.

즉 있는 그대로의 신을 보기 위해서는 자기 자신으로부터 그리고 모든 사물로부터 벗어나 완전히 자유롭게 되어야 한다. 이처럼 에크하르트와 소이세가 말하는 '모든 것에서 버리고 떠나 있는 사람'에서 동방 종교의 공空 사상, 제법무아諸法無我, 무위無爲 사상과 비슷한 점을 발견할 수 있다.[58] 즉 서양의 신비주의 신학의 영성적인 경험에서 동양 종교의 신

57) Seuse, Heinrich, Das Buch der Wahrheit : mittelhochdeutsch-deutsch = Daz buechli der warheit, Kritischhrsg. Von Loris Sturlese und Rüdiger Blumrich. Mit einer Einl. Von Loris Sturlese. Übers. Von Rüdiger Blumrich. -Hamburg:Meiner, 1993, 67쪽. 에크하르트의 버리고 떠나 있음(Von abegescheidenheit), 놓아두고 있음(Gelassenheit)에 대해서는 전게서, 마이스터 에크하르트 지음 · 요셉 퀸트 편역 · 이부현 옮김, 『마이스터 에크하르트 독일어 논고』, 228~246쪽 참조. 에크하트트와 그의 제자 소이세의 신비주의 연구로는 川崎幸夫, 『エックハルトとゾイゼードイツ神秘主義研究—』, 關西大學東西學術研究所研究叢刊 四, 1986. 참조.

58) 전게서, 上田閑照, 5쪽. 이부현, 「왜 금강경인가?-인식이론의 관점에서-」, 『韓國禪學』20, 2008, 41~74쪽. 이부현은 『금강경』의 제법무아 사상과 에크하르트와 소이세의 사상을 비교하고, 그 유사점을 지적하고 있다. 『금강경』 사상의 기본은 제법무아이다. 내가 무엇이 이러 저러하게 있다라고 판단하는 것은 나의 인식 기관(안, 이, 비, 설, 신, 의 등의 육근 또는 색, 수, 상, 행, 식 등의 오온)에 의해 형성되는 한갓된 법, 곧 인식 주관에 나타나는 인식 형상에 지나지 않는다. 『금강경』은 육근에 의해 형성된 육경에도 머물지 말고, 육경에 의해 형성된 극히 주관적인 생각들에도 머물지 말라고 한다(74쪽).

비적인 체험과 비슷한 점을 발견할 수 있다. 우리는 흔히 서양무도에는 동양무도에서 발견할 수 있는 철학이 없다고 생각하지만 사실은 그렇지 않다. 유럽인 무도가는 유럽의 펜싱 철학에 대해서 다음과 같이 설명하고 있다.

> 원래 펜싱은 젊은 귀족들이 기사도騎士道의 예의를 배우기 위해 행해졌으며, 그 철학은 서양사회에서 오래된 것이다. 고대 그리스 때부터 행해진 펜싱은 단순한 무술수행이 아니라, 그 이상의 사려분별을 얻기 위해 행해졌다. 수행자는 펜싱을 수행함으로서 수행자의 성격, 궁지에 빠졌을 경우의 침착함, 임기응변, 빠른 결단력, 예의 그리고 미혹되지 않는 빠른 행동을 형성하고 발전시키고자 했다. …… 서양의 펜싱 지도자는 단순히 무기 사용법만을 가르치는 것이 아니라, 올바르고 효과적으로 살아가는 삶의 기술을 지도하는 인간 양육자들이었다.[59]

다시 헤리겔 소개로 돌아가자. 헤리겔은 1924년 5월 도후쿠제국대학의 초빙으로 일본에 와서 동 대학에서 철학 및 고전어을 강의하면서 5년간 일본에 체류했다. 이때 헤리겔은 부인 구스티Gusty와 함께 일본문화를 적극적으로 배웠다.[60]

59) 小川忠太郎, 『劍と禪』(人間禪叢書 第8編), 人間禪出版, 2008(改訂版), 118쪽. 1971년 잡지 『武道』12월에 실린 내용이다.

60) 전게서, 148~165쪽, 1981. 철학은 신칸트 학파, 특히 하이델베르크 학파의 가치철학 문제를 강의했고, 로체(Lotze)와 라스크(Lask)의 저작을 강독했다. 고전어로는 라틴어, 그리스어, 히브리어 등을 강의했다. 헤리겔 부인은 이케바나(生花)를 배워 『이케바나의 길(Zen in der Kunst der Blumenzeremonie)』을 출판했다. 이 책은 헤리겔의 일본인 제자 이나도메(稲富 榮次郎)에 의해 1961년 일역본이 福村出版에서 출판되었다. Eugen Herrigel · 柴田治三郎, 『日本の弓術』, 岩波書店, 1982. 부인 구스티는 다케다 보쿠요(武田朴陽)에게 이케바나와 수묵화를 배웠다(114쪽). 헤리겔은 1929년 도후쿠제국대학에서 "형이상학적 형상(Die metaphysische Form)"으로 문학박사 학위를 받았다(115쪽).

헤리겔은 1925년 궁술가 아와 겐조阿波研造 범사範士를 만나 그의 지도 하에 궁술을 수련해 3년 만에 5단 칭호를 받았다. 아와阿波 범사는 궁도뿐만 아니라 검술, 유도, 거합도居合道, 발도술拔刀術, 치도薙刀 등을 지도하고 대일본무덕회大日本武德會를 대표하는 세 명의 범사 중 한 명이었다.61)

1929년 도후쿠제국대학에서 문학박사 학위를 받은 헤리겔은 프리드리히 알렉산더 에를랑겐 뉘른베르크대학교Friedrich Alexander Universität Erlangen Nürnberg의 정교수가 되어 귀국했다. 귀국 후, 그는 동 대학교에서 일본사상을 강의하면서 선불교 연구에 몰두했다. 더불어 아와 범사에게 배운 궁술를 더욱 심화 발전시켰다.62) 1936년 2월 25일 베를린 독일협회獨日協會의 의뢰를 받아, '활을 쏘는 기사적 기술Die ritterliche Kunst des Bogenschiessens'이라는 주제로 독일인들을 대상으로 강연을 했는데, 강연 내용이 잡지 '일본'에 게재되어 큰 반향을 불러 일으켰다. 강연 내용은 1937년 일본어, 1938년에는 네델란드어로 번역되었고,63) 1941년 헤리겔의 제자 시바타 지사부로柴田治三郎에 의해 일역본 『일본의 궁술日本の弓術』이 정식으로 출판되었다.64) 헤리겔은 일본인 제자 시바타의 일역본을 바탕으로 새로운 사색思索을 첨가해 1948년 개정판을 출판하게 되는데, 이것이 바로 『활쏘기 기술과 선』이다.65) 개정판은 스즈키의 저서 『선과 일본문화Zen and Japanese Culture』에서 직접적인 영향을 받아, 궁술뿐만 아니라 일본의 예도藝道 에서 검술에 이르기까지 일본문화 전반을 다루고

61) 전게서, Herrigel · 柴田治三郎, 119쪽.

62) 전게서, Eugen Herrigel · 柴田治三郎, 115쪽.

63) 전게서, 13쪽. 1937년 도호쿠제국대학문과회 편집잡지 『문화(文化)』에 일역본이 처음 소개되었다(107쪽).

64) Eugen Herrigel · 柴田治三郎 譯, 『日本弓術』, 岩波書店, 1941. 이 책은 일본의 고전으로 오늘날까지 베스트셀러이다.

65) 전게서, 4~15쪽.

시오가마(鹽釜) 해안의 고산(高山)에서 활을 쏘는 헤리겔66)

있다. 특히 헤리겔은 스즈키 다이세츠가 소개한 『부동지신묘록』에서 많은 영감을 받았다.

헤리겔은 궁술가 아와阿波 범사에게 무아無我가 되었을 때 완전한 활을 쏠 수 있다는 것을 배웠다. 헤리겔은 이를 논리적으로 설명하기 위해 일본 궁도와 선불교 사이에 존재하는 밀접한 관계를 명확히 밝히고 있다.67) 헤리겔의 제자 이나도메稲富는 헤리겔의 저서에 대해 “논리주의자인 저자가 궁술 수련을 통해 논리의 세계에서 신비적 체험의 세계로 비약한 영혼의 기록”이라고 적고 있다.68)

66) 전게서, 삽입 사진.

67) 전게서, 13쪽.

68) 전게서, 111쪽.

이 책은 1953년 영어본 및 1956년 일역본을 포함해 오늘날 12개 국어로 번역되었고, 소설 『연금술사』의 저자 파울로 코엘료Paulo Coelro에게 영감과 주는 등 전 세계적으로 수많은 독자를 일깨워준 고전으로 평가받고 있다.[69]

8. 루스 베네딕트Ruth Benedict의 저서 『국화와 칼』

일본인의 행동과 문화를 서양에 소개한 인물로 루스 베네딕트(Ruth Benedict, 1887~1948)를 빼놓을 수 없다. 베네딕트의 저서 『국화와 칼The Chrysanthemum and the Sword』은 우리나라에서도 이미 여러 번 번역되었으며, 최근에는 초등학생을 위한 인문고전 학습만화[70]로 간행될 정도로 인기가 높다. 그녀의 저서는 일본 무도의 글로벌화와 무관하지 않기에 간단히 소개하고자 한다.[71]

루스 풀톤Ruth Fulton은 1887년 6월5일 미국 뉴욕 주 뉴욕시에서 태어났다. 1909년 뉴욕 주의 명문 배서 대학Vassar College에서 영문학을 공부하고 수석으로 졸업한 후, 1911년 여학교 국어교사로 취직되었다. 1914년 생화학자 스탈렌 베네딕트와 결혼해 루스 베네딕트 부인이 되었다. 아이를 가질 수 없었던 그녀는 학문 세계에 심취하게 되었다. 우연한 기회에 사회 연구를 위한 뉴스쿨New School for Social Research에서 인류학 강

---

69) 오이겐 헤리겔 · 정창호 역, 『활쏘기의 선』, 삼우반, 2004. 정창호는 '활쏘기의 선'으로 번역했다. Eugen Herrigel · 稲富榮次郎 · 上田武 譯, 『弓と禪』, 福村出版, 4~15쪽, 1981. 稲富榮次郎 · 上田武 譯은 '활과 선'으로 번역했다. 1941년 시바타 지사부로는 '일본의 궁술'로 번역했다.

70) 김성훈 글 · 송회석 그림, 『Why? 루스 베네딕트 국화와 칼』, 예림당, 2014.

71) ベネディクト · 角田安正 譯, 『菊と刀』, 光文社, 2008, 504~527쪽. ルースベネディクト · 長谷川松治 譯, 『菊と刀』, 岩波書店, 2005, 389~414쪽을 참조했다.

루스 베네딕트, 1937년

의를 접하고 매료된 그녀는 1921년 34세의 나이로 콜롬비아대학대학원 박사과정에 들어가 미국 인류학의 아버지 프란츠 보아즈(Franz Boas, 1858~1942)의 지도를 받았다. 1923년 콜롬비아대학 인류학 강사를 거쳐 1931년 동 대학 조교수가 되었다.

1934년 출판한 『문화의 형태Patterns of Culture』와 1940년 출판한 『민족-과학과 정치성Race-Science and Politics』이 큰 성공을 거두었다. 두 저서의 성공을 계기로 1943년 전후 유럽의 정책준비에 착수하려던 전시정보국 해외정보부의 제의를 받아 유럽문화연구를 시작했다. 1944년 일본과의 전쟁이 본격화 되면서 미군 피해의 최소화, 일본군을 항복시킬 필요성, 전후의 대일본점령정책, 천황의 처우 문제 등이 새로운 과제로 떠오르자 베네딕트는 일본 연구로 전향했다.

1945년 외국전의조사과外國戰意調查課의 자료를 바탕으로 3개월 만에 『일본인의 행동 형태』라는 보고서를 제출했다. 흔히 베네딕트의 저서를 소개할 때, '일본에 한 번도 가 본 적이 없는 그녀가'라는 수식어가 붙는다. 하지만 그녀의 보고서는 외국전의조사과가 수집한 일본인 포로 심문조사서, 일본의 신문, 잡지, 영화, 라디오 방송, 소설 등의 자료와 이를 영어로 번역한 일본계 연구원, 특히 로버트 하시마羽島의 공헌이 없었다면 불가능했다. 특히 베네딕트는 일본인의 심리 구조를 파악하는데 있어서, 스즈키 다이세츠(鈴木大拙, 1870~1966)의 저서를 많이 참고했다.[72)]

그녀는 태평양전쟁이 끝나자 장기 휴가를 받아, 『일본인의 행동 형태』의 가필, 수정 작업에 착수했다. 완성한 일본인론은 1946년 11월 『국화와 칼』이라는 제목으로 미국에서 출판되었다. 일본을 한 번도 방문한 적이 없는 그녀는 일본을 직접 관찰한 연구자에 의해 10년 안에 『국화와 칼』을 뛰어넘는 새로운 내용의 책이 출판될 것이라 예측했다. 하지만 그녀의 예측은 빗나가고 말았다. 그녀의 책은 오늘날까지 일본인을 분석한 고전으로 여겨지고 있다.

『국화와 칼』은 13개의 테마로 구성되어 있다. 그 중 11번째 테마는 단련鍛錬[73)]에 대해서 설명하고 있다. 그녀는 일본인들이 생각하는 단련의 개념을 두 가지로 나누어 설명하고 있다. 단련에는 기술을 숙달하는 것과 기술을 초월한 것을 익히는 단련이 있다. 베네딕트는 일본인들은 기술을 숙달하더라도 이를 단순한 기능이라 생각하고, 그것에 만족하지 않고 더 나아가 무아無我의 경지에 도달하려고 노력한다고 생각했다.[74)] 특

72) 전게서, ベネディクト · 角田安正 譯, 391~392쪽. 베네딕트는 스즈키 다이세츠를 일본 선불교의 대가로 소개하고 있다. 베네딕트가 인용한 선문답집, 선승언행록, 공안 등은 스즈키 다이세츠의 저서를 인용한 것 같다(383~384쪽).

73) 전게서, ベネディクト · 長谷川松治 譯, 하세가와(長谷川)는 수양(修養)으로 번역했다.

74) 다쿠앙은 기술을 익히는 단련을 사(事)라 하고, 기술을 초월한 것을 익히는 단련을 리(理)라 표현했다. 사(事)는 눈에 보이는 영역 즉 기술이고, 이(理)는 눈에 보이지 않는 영역 즉 마음이다. 다쿠앙은 사리일체(事理一體)를 주장했다.

히 후자는 서양인이 이해하기 어렵고 마치 구름 잡는 소리 같지만, 이 문제를 자세히 검토하면 일본인들의 심리 구조를 명확히 파악할 수 있다고 밝히고 있다.[75]

베네딕트는 일본의 선불교는 12세기경 에이사이(榮西, 1141~1215)에 의해 전파된 후, 무사 계급을 중심으로 퍼져나갔다고 설명하고 있다. 또한 그녀는 무사들은 정치가의 길을 가거나 승려로서 수행을 하거나 스승으로 가르치는 등 일본 사회의 중심 역할을 수행했고, 이들의 정신을 지탱시킨 것이 선불교였다고 지적하고 있다.[76] 기술을 초월한 것을 익히는 단련은 다른 말로 무아無我의 경지이다. 이는 인간의 의지와 행동 사이에 머리카락 한 올 들어갈 여지도 허락하지 않는 경지이다.[77] 특별한 훈련을 거쳐 이 경지에 도달하면 의지와 행동이라는 회로가 주객합일主客合一 상태 혹은 명경지수明鏡止水의 상태가 되어 특별히 노력하지 않아도 의지가 행동으로 저절로 연결된다. 베네딕트는 모든 일본인들이 이와 같은 경지를 얻고자 한다고 생각했다. 물론 이는 베네딕트의 오해이다. 하지만 그녀의 이러한 설명은 일본인들의 의식 구조와 일본무도를 신비화시키는데 큰 공헌을 했다고 볼 수 있다.

9. 일본 무도武道에 매료되는 서양인들

도대체 서양인들이 일본 무도에서 느끼는 매력은 구체적으로 무엇일까? 먼저 잡지 『검도일본劍道日本』에 소개된 기사를 소개한다.

---

75) 전게서, ベネディクト · 角田安正 譯, 373~374쪽. 머리카락 한 올 들어갈 여지도 허락하지 않는 경지는 다쿠앙의 『부동지신묘록』에도 언급되고 있다.

76) 전게서, 383~384쪽.

77) 전게서, 382쪽.

2007년 헝가리의 지방자치개발성 스포츠국은 (일본) 무도를 헝가리 청소년의 도덕교육으로 활용하려는 흥미로운 프로젝트를 시작했다. 헝가리를 포함한 동유럽 국가들은 사회주의 체제에서 자유주의 경제로 급속히 전환되면서 사회전체에 물질만능주의 풍조가 만연해지고, 청소년들의 도덕의식이 극단적으로 저하되었다. 이를 개선하기 위해 헝가리 스포츠국은 일본무도를 활용하기로 결정했다. 헝가리 스포츠국은 무도문화포럼이라는 일본의 NPO법인에 무도를 헝가리의 청소년육성프로그램에 이용하는 유효성에 대한 조사를 의뢰했다. 그리고 스트리트 파이터나 상업주의와 직결되는 것은 배제하고 실시할 종목을 선정했다. 검도가 그 한 종목으로 뽑혔다.[78]

헝가리의 스포츠별 등록 경기자 현황(2015)을 보면 축구가 274,777명으로 가장 인기가 많고, 가라데가 31,685명으로 2위를 차지하고 있다. 유도, 검도 등도 인기가 많다. 바르샤바 제26 공립 초등학교Spoleczna Szkola Podstawowanr26는 유도를 필수과목으로 채택하고 있을 정도이다.[79]

일본무도는 서양뿐만 아니라 중동 지역에서도 인기가 많다. 예를 들어 이란은 문부성 체육국에 무도과가 있을 정도로 일본무도는 인기가 높다.[80] 이슬람 국가에서 일본무도가 성행하고 있는 이유는 도대체 무엇

78) 酒井利信, 劍道の現狀とグローバル化, スキージャーナル, 2009, 152쪽. 결국 헝가리 정국의 혼란으로 프로젝트 자체는 중단되었지만, 동유럽 국가가 청소년의 도덕 교육에 일본 무도를 도입하고자 한 것은 글로벌화된 일본 무도의 힘을 느끼게 하는 내용이다.

79) 曾我部晉哉, 「ポーランド共和國の教育システムと武道教育」, 『武道學研究』48(1), 2015, 29~33쪽. 스포츠별등록경기자수현황에 의하면, 배구가 26,212명으로 3위, 사격이 15,917명으로 4위, 농구가 15,857명으로 5위이다. 유도는 8,101명으로 11위이다(30쪽).

80) Alexander Bennett, 「現代武道が國際ステージで果たす役割」, 『國學院大學人間開發學研究』第3號, 2012, 47~49쪽. 태권도도 인기가 많다(49쪽).

일까? 무도 연구가 알렉산더 베넷Alexander Bennett은 그들이 무도를 정신과 육체를 강화시켜주는 일종의 영양제로 생각하고 있다고 지적하고 있다.[81] 즉 그들은 정신과 육체를 강화시켜 더 훌륭한 이슬람교도가 되기 위해 무도를 수행하고 있다.

베넷은 서양인들이 무도를 시작하는 동기와 목적을 다음과 같이 소개하고 있다.[82]

① 스포츠로써 : 일반 스포츠 중 하나.

② 격투기술 및 호신술로써 : 주로 경찰이나 군대에서 훈련의 일환 또는 개인의 호신술로 도입했다.

③ 건강법으로써 : 평생 스포츠로서의 의미, 나이가 들어도 고도의 기술과 고단자가 될 수 있고, 고령자가 20대의 젊은층과 대등하게 승부할 수 있는 것은 서양의 다른 스포츠에서는 없는 매력이다.

④ 일본문화로써 : 일본계 외국인이나 주재원이 모국과의 연계를 위해 애호하거나 자식들에게 배우게 하는 경우와 일본 문화 전반에 흥미를 가진 비일본계 외국인이 배우는 경우로 나눌 수 있다.

⑤ 제2차 세계대전 중 혹은 그 이전에 일본정부의 강제로 : 일본의 식민지였던 조선과 대만의 경우, 학교교육으로 배운 무도를 해방 후에도 계속하고 있다. 한국의 경우, 일본 무도에서 새로운 경기를 파생시키는 움직임이 보인다.[83]

81) 전게서, 50쪽.

82) Alexander Bennett, 「グローバル時代の武道」, 『武道論集』III, 國際武道大學武道・スポーツ研究所, 2012, 216~218쪽.

83) 金炫勇, 「韓國における劍道の導入期に關する一考察」, 『武道學硏究』第46卷(2), 2014, 87~98쪽. 일반적으로 한국의 검도 도입 과정에 대해 일본의 학자들은 알렉산더의 견해와 같이 일본에 의해서 강제적

⑥ 사무라이 정신을 몸에 익혀 경영이나 비지니스 전략에 활용하기 위해 : 이는 주로 일본 버블경제기에 일본인을 배워 비지니스 업적을 올리려는 의도로 무도를 시작한 경영자나 영업가 등에 보여지는 동기이다. 이는 '일본인의 경제 발전은 사무라이 정신의 결과'라는 논조의 미디어나 무사도 책 등에서 영향을 받았다. 예를 들어, 니토베 이나조의 『무사도』, 미야모토 무사시의 『오륜서』, 다이도지 유잔大道寺友山의 『무도초심서』, 야마모토 츠네토모山本常朝의 『하가쿠레葉隱』 등 에도시대에 쓰여진 무도전서들이 영어판으로 출판돼 베스트셀러가 되었다.

⑦ 정신 수양 및 인격 형성으로써 : 이는 일본의 무도관련 단체의 주장이기도 하다. 예의를 중시하고 잔심殘心 등 다른 스포츠에는 없는 규칙에 따라 수련과 시합을 함으로써 인내와 극기라는 높은 정신력을 키우고 인간적으로 성숙하기 위해 무도를 즐기는 경우이다.

⑧ 종교적 각성으로써 : 정신성을 중시한다는 점에서는 ⑦과 닮았지만 ⑦이 일상적 수준의 정신 수양을 말하는 것이라면 ⑧은 더욱 높은 상태 즉 신비적이고 신적인 체험을 통해 정신성을 높이는 것을 의미한다. 동양의 신비를 무도에서 찾고자 하는 서양인들은 대부분 이 경우에 해당된다.

베넷Bennett은 서양인들은 정신수양 및 인격형성과 종교적 각성을 위해 무도에 입문하는 경우가 많다고 지적하고,84) 그 이유에 대해 탈그리스도교주의를 언급하고 있다. 즉 기성 종교에 불만을 가진 서양인들이

으로 이식되었다고 주장한다. 하지만 검도는 대한제국이 근대화 정책의 일환으로 스스로 일본에서 도입한 것이 그 시초이다. 1895년 경무청의 교습과목으로 도입된 것이 오늘날 검도의 효시라 볼 수 있다(96쪽).

84) 전게서, 218쪽.

새로운 정신적 세계의 터전으로 선택하는 것이 무도이며, 그 철학적 지주가 무사도라고 보고 있다.[85] 오늘날 서양에서는 에도시대에 적힌 무도전서들이 영어로 번역되어 베스트셀러가 되어 있다.[86] 베넷의 설명을 들으면 왜 헝가리가 청소년들의 도덕교육을 그들의 전통적인 종교에 맡기지 않고 일본 무도에 맡기려고 했는지 조금이나마 이해할 수 있다. 이와 같이 서양의 무도가들은 일본 무도를 스포츠와는 다른 영적인 운동문화로 여기고 있다. 이는 일본 무도가 글로벌화의 물결을 타고 잘 포장된 결과일 것이다.

그럼 한국인들은 무도를 어떻게 생각하고 있을까? 일본의 무도 연구자들은 한국인이 일본 무도를 스포츠화 시키고 있다고 지적한다. 과연 그럴까? 필자는 한국 청년 2,026명(고등학생, 대학생)을 대상으로 검도에 대한 의식 조사를 실시한 적이 있다.[87] 한국 청년을 '검도에 대한 경험이 전혀 없는 군', '검도 수업만 받은 군', '검도를 정기적으로 실시하고 있는 군'으로 나누어 검도를 스포츠로 생각하고 있는지 무도로 생각하고 있는지를 조사했다. 그 결과, 한국 청년들은 검도를 스포츠로도 무도로도 인식하고 있었지만, 경험이 증가할 수록 무도로 인식하는 경향이 높았다. 하지만 무도로 인식하면서도 올림픽 종목이 되어야 한다고 생각하는 응답자가 많았다. 이러한 모순 때문에 일본 연구자들은 한국 검도를 '검도

---

85) 전게서, 218~219쪽.

86) Alexander Bennett, 「現代武道が國際ステージで果たす役割」, 『國學院大學人間開發學研究』第3號, 2012, 50쪽.

87) 金炫勇 · 草間益良夫, 「韓國の青年における劍道の捉え方に關する研究：劍道の經驗度による比較から」, 『廣島體育學研究』第37卷, 2011, 1~10쪽. 金炫勇, 「韓國劍道ナショナルチーム選手の劍道に對する意識―韓國劍道大學選手比較―」, 『廣島大學大學院教育學研究科紀要』第59號, 2010, 345~352쪽. 金炫勇, 「韓國青年の劍道に對する意識に關する一考察：男女比較を中心に」, 『武道學研究』第45卷(1), 2012, 57~69쪽. 金炫勇 · 磨井祥夫, 「韓國青年(高校生)における劍道の捉え方に關する一考察―劍道がいやになる理由について―」, 『廣島體育學研究』第41卷, 2015, 39~50쪽.

계의 흑선黑船'이라고 지적하고, 금후 한국에 의해 무도로서의 검도가 스포츠로 전락할 수 있다고 오해하고 있다.[88] 하지만 필자는 그렇게 생각하지 않는다. 한국 청년들은 검도의 무도적 특성은 잘 보존되어야 한다고 생각하고 있으며, 검도 본래의 정신, 사상, 철학, 역사 등에 대해 일본 청년들보다 높은 관심을 가지고 있기 때문이다. 일반적으로 일본의 무도가들은 무도의 역사, 철학에 대한 지식이 많고, 무도전서武道傳書를 애독하는 사람이 많다고 생각한다. 하지만, 현실을 그렇지 않다. 필자는 일본의 H 국립대학 검도부원 60명을 대상으로 무도전서를 읽은 적이 있는지를 조사한 적이 있다. 놀랍게도 결과는 전무였다. 조사 대상자들의 대부분은 초등학교 저학년 때 검도를 시작해 10년 이상 검도를 해왔으며, 검도 특기생으로 대학에 입학한 경우가 대부분이다. 이들 중에는 무도를 가르치는 체육교사로 현장에 나갈 학생도 있다. 이를 생각하면 기술과 예의라는 미명하에 외형에 치중하는 일본 무도계가 오히려 걱정이다.

10. 무도전서武道傳書의 활용

무도전서란 '무도비전서武道秘傳書' 혹은 '극의서極意書'라 불리며 무술 유파에서 스승과 제자 사이에 비밀스럽게 전해지는 문서를 말한다.[89] 그 내용을 보면 유파 성립에 관한 전설, 유파의 근본정신, 기법의 명칭, 기법에 대한 해설, 정신 수련의 이론과 실체, 유파 계승자의 마음가짐 등으로 구성되어 있다.[90] 유파 성립에 관한 전설들은 신불神佛의 가호加護로 깨

88) Alexander Bennett, 『日本の教育に武道を21世紀に心氣體を鍛える』, 明治書店, 2005, 336~358쪽.

89) 吉田豊, 『武道秘伝書』, 德間書店, 1968, 17쪽.

90) 전게서, 17~18쪽.

달음을 얻었다는 내용이 대부분이다. 유파의 근본정신과 정신 수련의 이론과 실체에 대해서는 그 시대의 풍조와 설립자의 철학이 반영되어 있는데, 선불교 사상을 중심으로 유교와 노장사상의 영향을 많이 받았다.[91) 특히 에도초기의 무도전서들은 다쿠앙 소호의 영향이 지배적이다.

그럼 무도전서를 어떻게 활용할 것인가? 무도전서는 일차적으로 태권도, 유도, 검도, 합기도, 종합격투기 등 무도를 수행하는 무도가들의 동기부여Motivation에 효과적이다.[92) 서양에서는 무도전서를 읽고 무도에 입문하는 사람들이 많다. 또한 무도전서를 통해 운동 기술, 교육, 경영 및 관리법, 사상, 삶의 방식, 인간관계 등을 배울 수 있다.[93) 무도전서는 일대일의 진검 승부 기법技法과 심법心法을 다루고 있으며, 조직적인 전투 전략의 원리와 법칙을 설명하고 있다.[94) 그래서 서양인들은 일본 버블 경제기에 무도전서를 통해 일본인들의 경영기법을 배우고자 했다. 또한 무도전서는 스포츠 선수들의 코칭에도 도움이 된다.[95) 예를 들어, 무도전서는 기술과 마음이 하나가 되어야 최고의 퍼포먼스를 실행할 수 있다고 말하고, 그 구체적인 방법들을 제시하고 있다.

오늘날 무도 연구가들은 무도학의 교과내용 개발이 중요하다고 강조하고 있다. 신승윤 등은[96) 현재 한국의 무도교육이 실기교과목을 중심

91) 전게서, 19쪽.

92) Alexander Bennett, 「現代武道が國際ステージで果たす役割」, 『國學院大學人間開發學硏究』第3號, 2012, 50쪽.

93) 湯淺晃, 『武道傳書を讀む』, 2001, 7쪽.

94) 전게서, 9쪽.

95) Kim, H.Y and Watanabe, K.H. The origin of coaching in Budō in Budō in the light of a martial arts book of Secrets:Focusing on "Ittosai Sensei Kenpousyo", 1stAsia-Pacific Conference on Coaching Science (Proceeding), 2014, 49~50쪽.

96) 신승윤 · 김주연 · 김중헌 · 류병관 · 임태희, 「무도학의 교과목과 교과내용 개발」, 『대한무도학회지』13, 2011, 10~11쪽.

으로 체육학의 이론교과목을 차용하고 있음을 지적하고, 예禮, 무도 정신의 개념과 가치, 무도 수련과 정신 건강, 명상과 이완, 부동심과 평정심, 집중, 자신감, 몰입, 존경, 용맹과 충, 무도 인성, 자기 조절과 절제, 무도인의 길(깨달음)적 요소를 갖춘 무도서가 필요하다고 지적하고 있다. 우리나라의 무예 연구는 일본이나 중국에 비해 상대적으로 취약한 것이 현실이다.[97] 이는 우리 역사에서는 일본무도사상과 다르게 개인적인 관점에서 기술한 무도저술이 상대적으로 빈약하기 때문이다.[98] 손자孫子는 '적을 알고 나를 알면 백 번 싸워도 위태롭지 않다知彼知己 百戰不殆'고 말했다. 일본의 무도전서를 공부하는 것은 우리나라의 무예에 대한 연구를 활성화시키는 계기를 마련할 것이다.

이와 같이 무도전서는 일차적으로 태권도, 유도, 검도, 합기도, 종합격투기 등 무도(무예)를 수련하는 사람들과 승부의 세계에 직면하는 스포츠 선수들에게 큰 도움이 될 수 있다. 또한 자기가 한 의사 결정이 기업의 승패를 좌우하는 경영자들에게 많은 영감과 통찰洞察을 줄 것이다. 또한 일반인들에게는 삶을 돌아보는 계몽서이자 교양서가 될 것이다.

97) 나영일, 『무과총요 연구』, 서울대학교출판부, 머리말iv. 朴周鳳, 「韓國政府による〈傳統武藝〉の創造 : 2008年 〈傳統武藝振興法〉の制定をめぐって」, 『體育學硏究』55(1), 2010, 127쪽. 『전통무예진흥법안검토보고서』에 의하면, 우리나라에서는 무술은 중국식 명칭, 무예는 한국식 명칭, 무도는 일본식 명칭으로 이해하는 것이 일반적이다. 무술, 무예, 무도의 개념은 각자 그 발전적 단계를 갖고 있다. 실용적 목적만을 중시하는 술(術)에서 기(技)의 극치를 추구하는 예(藝)로, 그리고 기(技)를 통해 철학적 정신을 추구하는 도(道)에로 발전되었다(朴周鳳, 127쪽).

98) 이상호, 「『화랑세기』에서 보이는 검도(劍道)의 해석학적 함의」, 『대한무도학회지』15, 2013, 67~82쪽. 이상호는 우리나라의 『화랑세기』에도 사상과 철학이 있다고 주장한다. 이 논문은 우리나라의 무도철학을 생각해 볼 수 있는 자료이다.

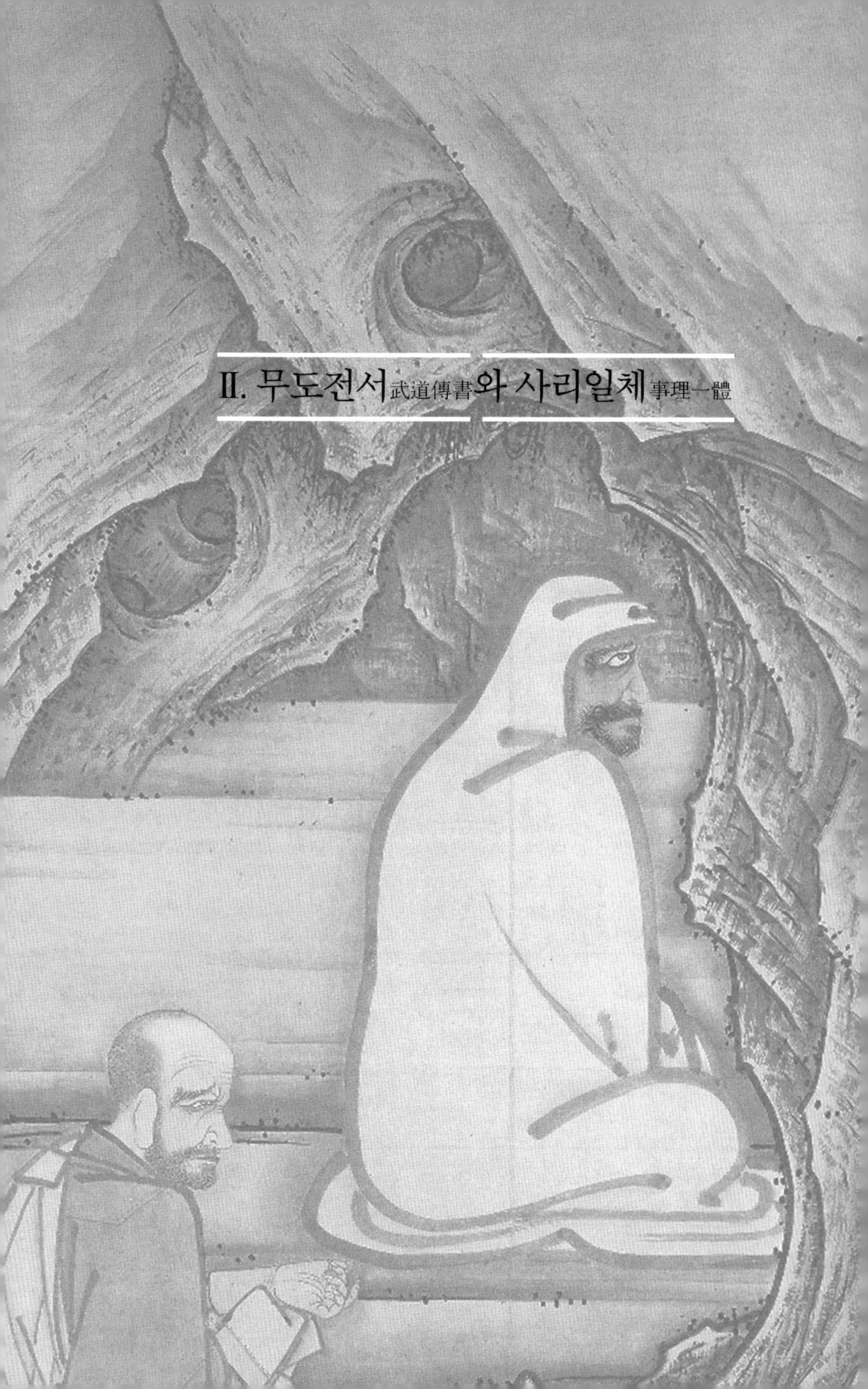

II. 무도전서武道傳書와 사리일체事理一體

Ⅱ. 무도전서武道傳書와 사리일체事理一體

1. 무도전서武道傳書와 사리일체事理一體

일본 무도에 보여지는 선불교 사상은 다쿠앙 소호라는 선승에 의해서 도입되어 오늘날까지 이어지고 있다.[1] 일본무도사에 대한 다쿠앙의 공헌에 대해 불교학자 가마타鎌田는 일본 무도사에서 무도 철학을 형성시킨 장본인은 야규 무네노리를 지도한 다쿠앙 선사였다고 지적하고 있다.[2] 즉 스님 다쿠앙 소호와 검술가 야규 무네노리 두 사람의 만남으로 인해 검술과 선불교의 관계가 깊어지고, 무술武術이 무도武道로 승화되는 사상적 · 철학적 토대를 마련했다는 점에서 그 의의가 있다. 또한 다쿠앙의 사상은 야규의 신카게류新陰流를 비롯하여 동 시대의 미야모토 무사시宮本武藏, 이토 잇토사이伊藤一刀齋, 유술가柔術家들의 저서에도 직접적인 영향을 주었다.[3]

---

1) E.J.Harrison, The fighting Spirit of Japan, Overlook Press, 1982, 123~141쪽. G. Priest, The Martial Arts and Buddhist Philosophy, Philosopy and Sport, 2013, 17~28쪽. 나영일 · 노영규 · 양정호 · 최복규, 『조선중기 무예서 연구』, 서울대학교출판부, 2006, 3쪽. 일본은 전국시대 말기에서 에도시대 초기의 무가(武家) 사상이 에도시대의 대표적인 병법서인 다쿠앙(澤庵)의 『부동지신묘록(不動智神妙錄)』과 미야모토무사시(宮本武藏)의 『오륜서(五輪書)』, 그리고 야규무네노리(柳生宗矩)의 『병법가전서(兵法家傳書)』 등에서 잘 묘사되고 있다. 『부동지신묘록』의 경우는 『병법가전서』와 더불어 에도시대의 무사도 교의 형성에 기초가 되었다.

2) 鎌田茂雄, 『禪の心 劍の極意』, 拍樹社, 1986, 139~141쪽.

3) 金炫勇 · 矢野下美智子, 武道における事理一致に關する一考察 : 華嚴思想に着目して, 廣島文化學園短期大學紀要, 47, 2014, 38쪽. 동 시대의 유술가인 데라다 요리시게(寺田賴重)의 저서 『無明住地煩惱諸佛不動智』(1649)와 데라다 미츠시게(寺田滿英)의 저서 『無明書』(1649)에 직접적인 영향을 주었다. 이들은 다쿠

그럼 다쿠앙이 무도에 심어준 극의極意는 무엇일까? 야규 무네노리의 『병법가전서兵法家傳書』를 비롯하여 당시대의 무도전서에 공통되는 용어는 '사리일체事理一體'이다. 사리일체는 무도전서를 해석하는데 있어서 가장 중요한 키워드이지만, 이는 그 해석이 난해하여 무도전서를 추상적으로 만드는 용어이다. 사리일체에 대해 무도연구가 유아사湯淺는 무도전서를 읽어 가는데 있어서 피해갈 수 없는 용어이며, 이를 이해하게 되면 다른 무도전서들을 비교적 쉽게 읽을 수 있다고 지적하고 있다.[4)]

원래 사리일체란 불교용어이다. 『일본불교어사전』에 의하면,[5)] 사事란 인연因緣에 의해서 생기는 것, 즉 우리들이 눈으로 보는 차별된 현상 세계, 리理는 인연의 작용을 초월한 보편적 진리의 세계를 말한다. 즉 사리事理는 원래 『화엄경華嚴經』에 등장하는 용어로, 인연에 의해서 생기는 사事와 인연의 작용을 초월한 리理가 아무런 장애 없이 서로 융합되고, 일一과 다多가 완전히 합일한다고 말한다. 가마타鎌田는 다쿠앙의 『부동지신묘록』에는 『화엄경華嚴經』의 영향이 많이 보인다고 지적하고 있다.[6)] 즉 임제종臨濟宗 승려 다쿠앙은 화엄종華嚴宗사상에서 사리일체 개념을 빌려와 무도철학을 형성시켰다. 『부동지신묘록』에 나오는 '사리일체事理一體'의 내용은 다음과 같다.

> (수행에는) 리理의 수행과 사事의 수행이 있다. 理(마음, 정신, 영성)를 수련해 그 극의에 도달하면, 그 무엇에도 마음을 빼앗기지 않게 된다. 즉 무

앙이 제시한 사리일체에 입각해 유술(柔術)을 논하고 있다.

4) 湯淺晃, 『武道傳書を讀む』, 日本武道館, 2001, 107~117쪽.

5) 岩本裕, 『日本佛教語辭典』, 平凡社, 1988, 452쪽.

6) 전게서, 鎌田茂雄, 139~141쪽. 鎌田茂雄, 『いのちの探求』, NHK出版, 2000, 244~245쪽. 다쿠앙이 말하는 한 곳에 멈추지 않는 마음은 『금강경(金剛經)』의 「應無所住, 而生其心」을 인용한 것이다.

심無心에 도달할 수 있다. 하지만, 먼저 事(기술, 형)를 수련하지 않고 도리만을 내세운다면, 손도 신체도 마음먹은 대로 움직일 수 없다. 병법兵法의 경우, 事(기술, 형)의 수행이란 (검술 수련의 기본이 되는) 다섯 가지 자세 등 다양한 기술이나 형을 연습稽古하는 것이다. (그래서) 理를 잘 알고 있다 하더라도 事(기술, 형)를 몸에 익히지 않으면 무용지물이라고 말하는 것이다. 반대로, 아무리 칼을 잘 다룬다 하더라도 理(마음, 정신, 영성)의 극의極意를 모른다면 事(기술, 형)를 제대로 발휘할 수 없다. (그래서) 事(기술, 형)와 理(마음, 정신, 영성)는 차의 양쪽 바퀴와 같은 것이다. 그러므로 양쪽이 다 구비되지 않으면 아무 소용이 없다.[7]

즉'사리일체事理一體'란 기술과 마음을 같이 수련해야 한다는 뜻이다. 이 이치를 모르는 자는 기술은 뛰어나지만 인성이 부족하고, 금메달은 목에 걸었지만 삶의 의미와 목적에 대해서는 아무 것도 얻지 못한 스포츠 전문인이 될 수 있다.[8] 사리일체 개념은 『부동지신묘록』을 비롯하여 무도전서를 제대로 이해하는 데 있어서 중요한 열쇠이다. 그러므로 '사리일체'의 기본 개념과 현대적 의미에 대해서 간단히 설명할 필요가 있겠다.

『화엄경華嚴經』은 진리의 세계, 진여眞如의 세계, 리理의 세계를 중심으로 보살菩薩행을 설한 경전으로 비로자나불품계毘盧遮那佛品界로 시작된다.[9] 비로자나불품계에는 석가모니가 깨달음 속에서 본 불가사의한 광경이 설명되어 있다. 그 묘사에 의하면 현실이라는 거대한 세계는 무애無

7) 澤庵和尚全集刊行會 編, 『澤庵和尚全集』第1卷, 澤庵和尚全集刊行會, 1928, 7~8쪽.

8) 최의창, 『가지 않은 길 인문적 스포츠교육론 서설- 』, 무지개사, 2006, 11쪽.

9) 竹村牧男, 『華嚴とは何か』, 春秋社, 2004, 26쪽, 40쪽.

礙와 연기緣起의 이법理法에 의해 성립되는 세계이다.10) 비로자나불품계는 공空과 무자성無自性을 근본으로 설명하고 있다. 무도전서의 사리일체를 제대로 파악하기 위해 먼저 연기緣起의 세계가 무엇인지에 대해 설명할 필요가 있다.

2. 무한한 연기緣起의 세계

비로자나불품계가 깨달음 속에서 본 세계는 다음과 같이 묘사되어 있다.

> 하나의 모공에 십만삼세十萬三世의 부처가 존재하고, 그 각각의 부처에는 헤아릴 수 없이 많은 보살들이 법을 설하고 있다. 또한 한 올의 털끝에 헤아릴 수 없는 불국토佛國土가 존재하고 그 불국토는 광대한 공간에서도 전혀 비좁지 않다. 모든 불찰佛刹은 작은 먼지와 같고, 부처는 하나의 모공에 앉아 헤아릴 수 없이 많은 보살과 중생들을 위해 보현행普賢行을 설한다. 또한 수없이 많은 사찰의 바다刹海가 하나의 털 속에 있고, 모든 보살이 연꽃 위에 앉아 모든 법계에 두루 존재하면서 모든 모공에도 자유롭게 나타난다. 과거, 현재, 미래가 현재인 바로 이 순간에 융통融通 포섭包攝되고, 삼세(과거, 현재, 미래)가 동시에 일어난다.11)

비로자나불품계에는 이러한 광경이 표현을 바꾸어 반복되어 설해지고 있다. 비로자나불품계가 설명하고자 하는 세계는 우리의 일상생활을

10) 鎌田茂雄 · 上山春平, 『思想無限の世界』, 角川書店, 1996, 118쪽.

11) 전게서, 竹村牧男, 13~14쪽.

초월한 거대한 세계이자 비로자나부처의 거대한 마음이다.12) 또한 이러한 초월적 세계를 바탕으로 중중무진重重無盡, 상즉상입相卽相入이라는 화엄철학을 낳았다. 이 세계는 서로 다른 사물과 사물이 방해되지 않고 융합하는 사사무애事事無礙, 사리무애事理無礙의 세계이다. 이 세계는 사법계四法界에서 상세히 전개되고 있다.

3. 사법계四法界

사법계四法界란 『화엄경華嚴經』을 해석하는 가운데 화엄종의 교리로 정착한 교의이다. 사법계 교의가 나오기까지의 과정을 간단히 설명하면 다음과 같다. 사법계의 세계에 대해 처음 착안한 이는 두순(杜順, 557~640)이었다. 두순은 저서 『법계관문法界觀門』에서 진공眞空, 사리무애事理無礙, 주편함용周遍含容이라는 삼법계를 제시했다.13) 그 후, 두순의 법계관은 화엄종 제4대조 징관(澄觀, 738~839)에 의해 계승되어 사법계체계가 확립되었다. 징관은 자성청정自性淸淨한 인간의 심리상태를 일심一心으로 표현하고 현실세계에 존재하는 모든 관계를 사법계를 통해 설명했다.14)

사법계四法界에는 사법계事法界, 이법계理法界, 이사무애법계理事無礙法界, 사사무애법계事事無礙法界가 있다. 사법계四法界는 석가모니가 깨달은 후에 본 세계를 단계적으로 다음과 같이 설명하고 있다.

---

12) Garma C. C. Chang, The Buddhist Teaching of Totality, London and Aylesbury Compton Printing, 1972, 8쪽

13) 사법계(四法界)가 두순의 저술인지 아니면 그의 제자 중 누군가가 두순의 진의를 받아 그 위덕을 선양하기 위해서 적은 것인지는 알 수 없다.

14) 전게서, 鎌田茂雄 · 上山春平, 116~117쪽. 일심(一心)은 무도전서에서 자주 사용되는 용어이다.

사법계事法界의 세계

먼저 사법계事法界를 살펴보자. 이는 눈에 보이는 사事의 세계이자 다른 것과 구별되는 세계를 말한다. 예를 들어 우리가 소나무, 대나무, 매화나무, 벚꽃나무를 보고 휘파람새와 두견새의 울음소리를 들었다고 하자. 이들은 서로 차별적이고 상이하다. 이는 내가 어느 때 어느 장소에서 본 소나무, 대나무, 매화나무, 벚꽃나무이고, 내가 어느 때 어느 장소에서 들은 휘파람새와 두견새의 울음소리이다.[15] 즉 사법계란 어느 특정 장소나 특정 시간에 내가 구체적으로 체험하는 다양한 세계를 의미한다. 이를 운동에 비유해 말하면, 운동을 배울 때의 자세, 기술, 그 운동에 대한 이론적 지식이 바로 사법계이다. 즉 사법계란 우리 눈에 보이는 개별적인 사상事象의 세계를 말한다.

이법계理法界의 세계

반면 이법계理法界는 눈에 보이지 않는 개개의 사상의 본질本質 혹은 본성本性의 세계이다. 일반적으로 리理란 사事와 대립되는 용어로, 사事의 도리道理 혹은 법리法理를 의미한다. 하지만 화엄종에서 말하는 리理란 일반적인 개념을 초월한 것으로, 모든 법에 대한 법성法性 혹은 진성眞性의 세계를 의미한다.[16]

사법계事法界와 이법계理法界의 차이점은 다음과 같다. 사법계가 개개의 사상事象이자, 일반에 대한 개별 혹은 보편에 대한 특수라고 한다면,

15) 전게서, 竹村牧男, 185~186쪽.

16) 전게서, 185~186쪽.

이법계는 일반 혹은 보편에 상당하는 세계라 할 수 있다. 하지만 그 보편은 어디에도 한정되지 않는 무한히 넓은 세계이다. 즉 리理를 상대에 대한 절대라고 한다면, 사事는 절대에 대한 상대라 할 수 있다.[17]

이처럼 화엄종사상에서 이법계는 우리들의 개념적 사고를 초월한 세계이자, 그 본성은 자성自性이 없고 공空이라는 입장을 취하고 있다.[18] 이 이법계에 존재하는 리理는 『반야심경般若心經』의 말을 빌리면 '색즉시공 공즉시색色卽是空, 空卽是色'의 공空에 해당되는 용어이다. 즉 이법계에서 말하는 리理와 『반야심경』에서 말하는 공空은 모든 상相에서 완전히 자유로워진 '정중동 동중정靜中動, 動中靜'의 경지를 말한다. 모든 상相에서 완전히 자유로워진 경지를 화엄종에서는 무애無礙라고 말한다.[19] 즉 이법계는 개별적으로 존재하는 사事 혹은 색色의 보편적 원리인 공성空性의 세계에 대해서 설하고 있다. 이 공성의 세계는 우리들의 개념적 사고가 아닌 직관直觀을 통해서만 깨달을 수 있는 세계이다. 이를 운동에 비유해 말하면, 정신 혹은 마음을 단련하는 것이다. 오늘날 체육학에서는 강한 정신력과 마음이 경기력을 강화시킨다고 생각하고 '운동감각적 카르마Kinesthetic Karma'에 주목하고 있다.[20] 운동감각적 카르마란 운동선수의 정신mind, 감정emotions, 신체body가 조화를 이룬 상태를 말한다. 랜드럼Landrum은 운동선수가 이 상태에 이르렀을 때 최고의 퍼포먼스를 행할

---

17) 전게서, 186쪽.

18) 전게서, 186쪽.

19) 爪生津隆眞, 『龍樹 空の論理と菩薩の道』, 大法輪閣, 2004, 183쪽.

20) Jun, T.W. 「Body-mind Connection in Korea Athletic Eminence」, 『大會プログレム · 予稿集』, 日本コチング學會第24回大會, 20~31쪽. 운동 감각의 카르마(Kinesthetic Karma)는 진 랜드럼(Gene N. Landrum)의 저서 Empowerment: The Competitive Edge in Sports, Business & Life에서 제시한 용어이다. 랜드럼은 13가지의 Empowerment 법칙을 제시하고 있다(27쪽). 랜드럼의 번역서로는 진 랜드럼, 양영철 역, 『신화가 된 사람들 경쟁에서 이기는 10가지 법칙』(말글빛냄, 2007)이 있다.

수 있다고 말한다.21) 하지만 정신과 감정을 어떻게 수행할 것인지가 문제이다. 화엄종사상의 말을 빌리면 정신과 마음은 머리로 이해하는 것이 아니라 직관直觀을 통해 깨달아야 하는 것이다.

이사무애법계理事無礙法界의 세계

다음으로 이어지는 이사무애법계理事無礙法界는 리理와 사事가 서로 방해받지 않고 융합하는 세계이다. 사법계四法界는 사법계事法界와 이법계理法界를 서로 구별해서 설명했지만, 이사무애법계에 도달하면 리理와 사事가 서로 방해받지 않고 융합한다. 『반야심경般若心經』의 말을 빌리면 '색즉시공 공즉시색色卽是空, 空卽是色'의 세계이다. 서로 다른 색色과 공空이 하나가 되는 것이 아니라 원래 '색즉시공 공즉시색色卽是空, 空卽是色'인것처럼 리理와 사事의 관계도 마찬가지이다. 예를 들어, 벚꽃을 특수라고 한다면 나무는 보편이다. 벚꽃은 벚꽃나무에 붙어있다. 이러한 측면에서 벚꽃과 나무는 하나라고 할 수 있다. 물론 벚꽃나무는 특정 종류의 나무이고 나무에는 여러 종류의 나무가 있다. 이 점에 있어서는 둘은 다르지만 벚꽃나무는 나무 중 하나이기 때문에 전혀 다른 나무라고 말할 수 없다. 이처럼 양자는 같다고도 말할 수 없고非一 다르다고도 말할 수 없다非異. 즉 리理와 사事 혹은 사事와 리理사이에서 유식唯識사상이 주장하는 비일非一, 비이非異의 관계를 볼 수 있다. 그 결과, 이사무애법계에서는 사즉이事卽理 이즉사理卽事의 관계가 성립된다. 즉 상즉相卽, 상입相入의 관계가 성립된다.22) 여기에서 우리는 현상세계를 벗어난 원리의 세계 혹은 원리의

21) 전게서, 28쪽.

22) 전게서, 竹村牧男, 186쪽

세계를 벗어난 현상의 세계나 그 존재를 철저하게 부정하는 화엄종사상의 기본입장을 확인할 수 있다.

이는 개별 사상事象을 벗어난 이데아의 세계가 존재한다고 생각하는 플라톤철학이나 주자학의 이기이원론理氣二元論과는 전혀 다른 입장이다. 그래서 다쿠앙의 『부동지신묘록』을 비롯하여 무도전서들을 주자학의 이기이원론의 입장에서 해석하는 것은 잘못이다. 이를 운동에 비유하자면, 운동의 기술과 마음 중 어느 한 쪽에 치우쳐서는 안 된다는 것이다. 기술위주의 운동 혹은 마음 혹은 정신 강화 위주의 훈련은 잘못되었다는 것이다. 기술과 마음은 차의 양륜兩輪과 같은 것이기 때문이다.

사사무애법계事事無礙法界의 세계

사법계四法界의 마지막 단계는 사사무애법계事事無礙法界이다. 여기에 도달하면 진여眞如, 법성法性 혹은 상대相對에 대한 절대絶對로 불리는 리理는 사라져 버리고 남은 사事의 세계의 각각의 사상事象이 서로 방해받지 않고 융합한다. 본래 사事는 시간적, 공간적이며 개별, 특수이고 그 각각의 특수성에는 한계가 있다. 하지만 사사무애법계에 도달하면 사事는 사물도 아니고 실제적으로 존재하는 것도 아니다. 그것은 공성空性을 본성으로 하지만 그 공성은 궁극의 보편과 다르지 않다. 게다가 사事와 리理가 하나가 되어 있기 때문에 본성을 통해 다른 모든 사事와 융합할 수 있게 된다. 또한 개개의 사事는 독립된 것이 아니라 다른 사事와 다양한 관계緣起, 性起 속에서 성립된다. 이러한 관계가 성립되는 이유는 개개의 사事가 공성空性과 무자성無自性을 본질으로 하기 때문이다.[23] 즉 사사무애

23) 전게서, 189~190쪽.

법계에 의하면 소나무가 대나무가 되고, 대나무가 소나무가 된다. 또한 바닷속의 물고기가 천상의 별이 되고, 천상의 별이 산사의 감나무에 달린 감이 되기도 한다. 또한 네가 내가 되고 내가 네가 되는 세계가 펼쳐진다. 즉 여러 종류의 사事가 교류하고 교향交響하는 생명의 세계가 눈앞에 펼쳐진다. 사사무애법계에서는 외관상으로 멀리 떨어진 것끼리라도 실상은 깊고 긴밀한 관계에 있다는 사실을 설명하고 있다.[24)]

이처럼 화엄종 사상은 사법계四法界를 통해 진리의 세계는 개개의 사상事象의 본질 혹은 본성인 리理마저 사라지고 시간적으로도 공간적으로도 개별, 특수이자 한계가 있는 각각의 사事가 서로 방해받지 않고 융합할 수 있다고 설하고 있다. 즉 화엄종 사상의 기본 입장은 현상에 대한 직관에서 출발해 그 궁극의 원리를 깨닫고 다시 현상으로 돌아오는 현상절대론現象絶對論이라 말할 수 있다.[25)] 이를 운동에 비유해서 말하자면, 마음이 기술을 컨트롤하기에 마음 혹은 정신을 수련하는 것이 중요하지만, 기술을 익히지 않으면 마음도 무용지물임을 시사하고 있다.

화엄종 사상의 깨달음의 과정을 일목요연하게 정리해 주는 것으로 중국 북송 말기에 곽암廓庵이라는 스님이 지은 『십우도十牛圖』가 유명하다.[26)] 십우도는 소를 등장시켜 인간의 의지대로 말을 잘 듣는 소로 만드는 방법 즉 선수행의 단계적 과정을 그림으로 묘사하고 있다.[27)] 곽암은

---

24) 전게서, 190쪽.

25) 鎌田茂雄, 『華嚴哲學の根本的立場』, 法藏館, 1960, 436쪽. 출발점과 종착점이 현상(現象)이다.

26) 유재주, 『검』, 영림카디널, 1995, 226쪽. 유재주의 장편소설은 선불교적 입장에서 검술의 세계를 설명하고 있다. Eiko Hanaoka, Zen and Christianity From the Standpoint of Absolute Nothingness, Maruzen Kyoto Publication Service Center, 2008, 36~37쪽. 십우도는 화엄종 사상의 핵심을 잘 묘사하고 있다. 일본에서는 임제종의 선수행법으로 널리 사용되었다. 임제종 승려인 다쿠앙도 십우도를 자주 명상했을 것이다.

27) 현각 스님, 『선학강의』, 보명, 2008, 119쪽.

『벽암록碧巖錄』으로 유명한 원오극근(圓悟克勤, 1063~1135)과 동문인 대수원정(大隨元靜, 1065~1135)의 제자로 임제종 양기파楊岐派에 속한다. 양기파는 중국, 한국, 일본의 불교에 막대한 영향을 끼쳤다.[28]『벽암록』과 『십우도』는 일본의 무도전서에 자주 인용되는 경전들이다. 무도전서의 이해를 돕기 위해 『십우도』를 간단히 설명하겠다.

4. 『십우도十牛圖』

『십우도十牛圖』는 '소 찾아 나서다尋牛'에서'저자에 들어가다入廛垂手'에 이르기까지 열 가지 그림으로 이루어져 있는 작품이다.

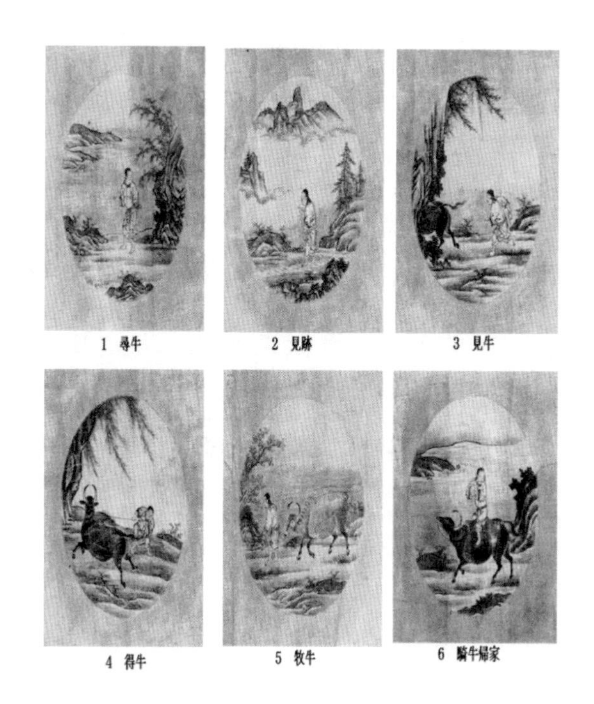

28) 전게서, 119쪽.

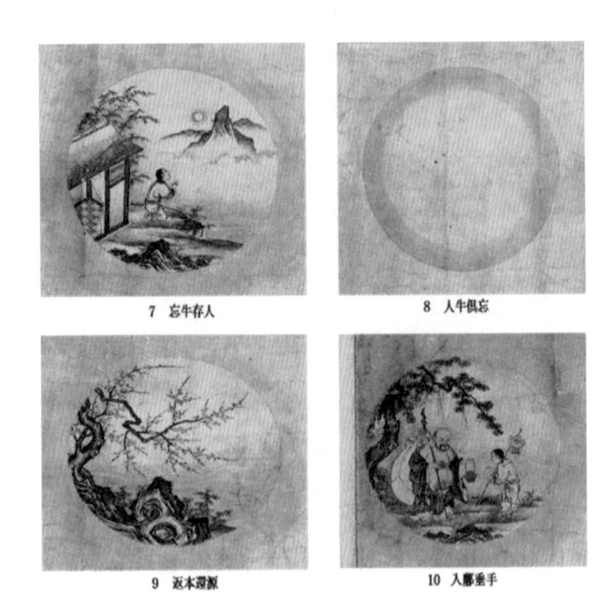

곽암의 『십우도(十牛圖)』29)

예로부터 선시禪詩 문학의 백미를 자랑하는 십우도는 불교 수행의 진면목을 상징하고 있다.30) 이는 크게 ①에서 ⑧과 ⑨ ⑩로 구성되어 있다. 전자는 원리에 즉합함이요, 후자는 현실이 사실에 계합하는 것이다. 즉 이상을 현실에 적용하는 철학을 그리고 있다.31) 곽암의 『십우도』는 1960년 스즈키 다이세츠鈴木大拙가 뉴욕에서 출판한 『선불교의 매뉴얼 Manual of Zen Buddhism』에 의해 서양사회에 처음으로 소개되었다.32) 소설

29) 京都市相國寺承天閣美術館 소장품.

30) 전게서, 현각 스님, 126쪽.

31) 전게서, 121쪽.

32) Eiko Hanaoka, 『Zen and Christianity From the Standpoint of Absolute Nothingness』, Maruzen Kyoto Publication Service Center, 2008, 31쪽. D.T.Suzuki, 『Manual of Zen Buddhism』, Grove Press, 1960. 스즈키는 십우도를 다음과 같이 번역했다. 1. Searching for the Ox. (Alone in the Wilderness, lost in the jungle, the boy is searching.), 2. Seeing the Traces. (By the stream and under the trees, scattered are the traces of the lost.), 3. Seeing the Ox. (The boy finds the way by the sound he hears; he sees

가 유재주는 장편소설 『검』에서 주인공 무운이 도달한 검술의 경지를 『십우도』로 표현했다.33) 스즈키는 선불교의 정수를 쉽게 이해할 수 있는 텍스트로서 『십우도』를 소개하고 있다. 즉 『십우도』는 선불교의 가르침뿐만 아니라 무도의 경지를 설명하는데 유용한 그림이다. 열 가지 그림을 간략히 살펴보자.

소를 찾아 나서다尋牛

'소를 찾아 나서다'의 요지는 소 즉 자기 마음을 찾아 나서는 수행자의 첫걸음을 표현하고, 소를 찾아 나서는 행위는 수행 과정의 어려움을 표현한다.34) 진리는 저 높은 곳이나 산 너머에 있는 것이 아니라, 우리 눈앞에 있음을 시사하고 있으며, 이를 운동에 비유하면, 운동의 첫걸음은 올바른 자세와 기술 습득에 있다고 말한다.

소의 자취를 발견하다見跡

'소의 자취를 발견하다'의 요지는 수행에 있어서 알 듯 말 듯한 경지를

thereby into the origin of things, and all his senses are in harmonious order.), 4. Catching the Ox. (With the energy of his whole being, the boy has at last taken hold of the ox.) 5. Herding the Ox. (The boy is not to separate himself with his whip and tether.), 6. Coming Home on the Ox's Back. (Riding on the animal. he leisurely wends his way home.), 7. The Ox Forgotten, Leaving the Man Alone. (Riding on the animal, he is at last back in his home, the Ox is no more; the man alone sits serenely.), 8. The Ox and the Man Both Gone out of Sight.(All is empty~the whip, the rope, the man and the ox.), 9. Returning to the Origin, Back to the Source. (The Waters are blue, the mountains are green.), 10. Entering the City with Bliss~bestowing Hands.(Bare~chested and bare~footed he comes out into the market~place.)

33) 전게서, 유재주, 225~237쪽.

34) 전게서, 126~127쪽.

말한다. 우리는 이 때 조그만 지식을 가지고 결론을 내리는 경우가 많다.[35] 즉 소의 자취를 발견하다에서는 어설프게 안 지식으로 자신과 주위를 망치는 어리석은 자를 경계하고 있다. 이를 운동에 비유하면, 자신의 기술이 뛰어나다고 착각하고 남의 말을 듣지 않고 오히려 가르치려는 자의 모습을 말한다.

소를 보다見牛

'소를 보다'의 요지는 소를 비로소 보는 단계로 깨달음의 시작을 말한다.[36] 이를 운동에 비유하면 운동의 진미를 조금 맛본 단계라 할 수 있다. 하지만 운동의 진미를 조금 맛보았다고 해서 그것은 아직 완전히 자기 것이 아님을 지적하고 있다.

소를 얻다得牛

'소를 얻다'의 요지는 어떻게 마음을 써야 옳은지를 인식하게 된 경지를 말한다.[37] 야규 무네노리柳生宗矩의 저서 『병법가전서兵法家傳書』는 크게 살인도殺人刀와 활인검活人劍으로 구성되어 있다.[38] 살인도와 활인검은

35) 전게서, 132쪽.

36) 전게서, 138쪽.

37) 전게서, 143쪽.

38) 柳生宗矩 · 渡辺一郎 校注, 『兵法家傳書』(岩波文庫), 岩波書店, 2003. 야규는 다쿠앙의 사상적 영향을 받았다. 무네노리의 사위 武藤理兵衛安信에게 보낸 다쿠앙의 편지가 발견되었다. 이 편지에 의해 무네노리가 『병법가전서(兵法家傳書)』을 적는데 있어서 다쿠앙의 전면적인 지도를 받은 것이 밝혀졌다. 이 편지에 살인도와 활인검에 대한 말이 나오고 있다(184쪽).

원래 『벽암록碧巖錄』 제13칙 '동산마삼근洞山麻三斤'에 나오는 말[39]로 선적 가르침이 어떤 사람에게는 살인도殺人刀가 될 수 있고 반대로 같은 가르침이 어떤 사람에게는 활인검活人劍이 될 수도 있음을 암시하고 있다. 즉 칼은 그 사람의 마음에 따라서 살인도가 될 수 있고 사람을 살리는 활인검이 될 수 있다는 말이다. 이는 운동뿐만 아니라 모든 것에 적용되는 보편적인 진리이다.

소를 기르다牧牛[40]

'소를 기르다'의 요지는 실천이 중요함을 말한다. 오늘날 무도는 '인격완성의 길'라는 목표를 내세우고 있다. 이는 스포츠도 마찬가지이다. 하지만 인격완성은 그냥 이루어지는 것이 아니다. 인문적 스포츠교육론을 주창하는 서울대학교 사범대학 체육교육과 최의창 교수는 "오늘날 현실은 기술은 뛰어나지만 인성은 부족한 체육지도자가 난무하고, 금메달을 목에 걸었지만 삶의 의미와 목적에 대해서는 아무 것도 얻지 못한 스포츠 전문인이 만연한 것이 오늘날 우리 체육계의 실정이다."고 지적하고 있다.[41]

소를 타고 집에 돌아가다騎牛歸家

'소를 타고 집에 돌아가다'의 요지는 소(주체)와 나(객체)가 하나로 일치

---

39) 안동림 역주, 『벽암록』, 현암사, 1999.

40) 전게서, 현각 스님, 148쪽.

41) 최의창, 『가지 않은 길, 인문적 스포츠교육론 서설』, 무지개사, 2006, 11쪽.

된 경지를 말한다.[42] 달리 말해, 말과 행동이 일치를 이루어야 한다는 것이다. 이를 운동에 비유하면, 선배나 지도자는 언행이 올바르고, 말과 행동이 일치해야 한다는 것을 의미한다. 권위는 자신이 만드는 것이 아니라 주위에서 그렇다고 인정해 주는 것이어야 한다. 존경도 마찬가지이다. 학생들에게 선수들에게 존경받으려면 먼저 자신이 존경받을 언행을 해야 하는 것이다.

소는 잊고 사람만 있다忘牛存人

'소는 잊고 사람만 있다'의 요지는 진리와 깨달음을 소에게서 찾았지만, 결국 깨달음은 자신에게 있는 것임을 의미한다. 견성見性은 『육조단경六祖檀經』의 중심내용 중 하나이다. 견성은 생명체라면 누구나 본래 갖추고 있는 부처와 같은 깨끗하고 변하지 않는 자성自性을 바로 보고, 분명히 깨닫는 것을 의미한다.[43] 하지만 이는 누가 대신 해 줄 수 있는 것이 아니라, 스스로 자득自得해야 한다.[44] 이는 운동뿐만 아니라 만사에 적용되는 보편적인 이야기이다. 예를 들어 피겨스케이팅의 김연아 선수는 부모가 억지로 이끈 것이 아닐 것이다. 물론 부모의 노력도 컸겠지만 무엇보다 스스로 하려는 의지가 강했기에 피겨계의 전설로 남을 수 있었을 것이다. 일방통행식의 떠미는 교육, 강요는 그 사람을 성장시킬 수 없다.

42) 전게서, 현각 스님, 154쪽.

43) 정은주, 『육조단경』, 풀빛, 2010, 10쪽.

44) 退翁性徹, 『敦煌本 六祖檀經』, 대원사, 1988, 173~175쪽. 견성(見性)은 스스로 도달할 수밖에 없다.

사람도 소도 다 잊다人牛俱忘

'사람도 소도 다 잊다'의 요지는 사람도 소도 모두 잊어버린 공空의 본질에 도달한 대오大悟의 경지를 말한다.[45] 이 경지에 도달한 사람에게는 일체의 대립이나 상대相對도 없어진다.[46] 또한 선도 없고, 악도 없다. 넘침도 없고 모자람도 없으며, 옳음도 그름도 없다. 오로지 공空일 뿐이다.[47] 『부동지신묘록』의 저자 다쿠앙 소호는 임종 전에 가르침을 청하는 제자들의 간곡한 부탁에 원圓을 그리고 한 가운데 점을 찍었다고 한다. 이 에피소드에는 인생은 공空이며 꿈夢에 지나지 않음에도 불구하고 집착하는 제자들을 깨치려는 다쿠앙의 의도가 담겨 있다.

근원으로 돌아오다返本還源

근원으로 돌아오다의 요지는 세상은 깨치기 전이나 깨친 뒤에나 마찬가지 모습임을 의미한다. 큰 깨우침에 이르면 놀라운 세계가 나타날 것이라 생각하지만, 동쪽에서 해가 뜨고 서쪽에서 해가 지는 늘 내가 보던 세계와 같다는 것을 의미한다.[48] 화엄종 사상의 말을 빌리면 사事와 리理는 전혀 다른 존재라고 생각했는데 사실은 그 둘이 일여一如하다는 것이다. 무도전서에 자주 등장하는 검선일여劍禪一如의 가르침은 화엄종 사상의 가르침이자 『십우도』의 핵심사상이기도 하다. 『오등회원五燈會元』 17권에

45) 전게서, 현각 스님, 165쪽.

46) 전게서, 165쪽. 일여(一如)의 상태를 말한다. 사람도 소도 다 잊다는 일원상(一圓相)을 나타내고 있다.

47) 유재주, 『검』下, 영림카디널, 1995, 233쪽.

48) 전게서, 235쪽.

다음과 같은 법문이 있다.

> 내가 참선하지 않을 때는 산을 보니 산이요 물을 보니 물이었다. 나중에 참선해 깨달은 바 있고 나서는 산을 봐도 산은 산이 아니요 물을 봐도 물이 아니었다. 그런데 지금 이 막다른 곳을 이해하고 보니 산은 의연히 산이요 물은 의연히 물이더라![49]

이 법문은 성철性徹 스님의 산은 산이요 물은 물이라는 유명한 말씀을 떠올리게 한다. 즉 진리는 저 산 너머에 있는 것이 아니라, 자기의 평범한 일상생활 속에 있다는 것이다. 운동전문가들은 최고의 퍼포먼스를 보여주기 위해 특별한 트레이닝을 해야 한다고 생각하는 경우가 많다. 하지만 평상시에 꾸준히 하는 기본적인 동작과 기술들이 사실은 최고의 퍼포먼스를 만들어 낸다는 것을 암시하고 있다.

저자에 들어가 손을 드리우다入廛垂手

'저자에 들어가 손을 드리우다'는 세상 속으로 들어가 이타행利他行을 하는 선지식을 그리고 있다.[50]부처는 수행하여 깨쳤으면 아직 깨치지 못한 중생들을 제도하라고 말한다.[51] 이는 깨달음을 얻은 자의 참 모습이다. 연꽃이 진흙탕 속에서 피는 것은 이를 가르치고자 하는 것이 아닐까? 무도전서의 저술가들은 겸손한 마음으로 저술하고 있다. 다음은 일

49) 전게서, 현각 스님, 170쪽. 『오등회원(五燈會元)』은 송대의 혜명(慧明) 등이 편찬한 불교서적이다. 20권으로 구성되어 있다. 이는 17권 「청원유신장」에 나오는 법문이다.

50) 전게서, 176쪽. 손을 드리우다는 『벽암록』제2칙에 나오는 말로 중생을 교화한다는 의미이다(171쪽).

51) 전게서, 유재주, 237쪽. 상구보리 하화중생(上求菩提 下化衆生).

도류의 비전서 중 하나인 『잇토사이선생검법서一刀齋先生劍法書』의 내용이다. 『잇토사이선생검법서』는 다쿠앙의 영향을 받아 사리일체事理一體사상에 입각해 검술의 극의極意를 다음과 같이 설명하고 있다.[52]

> 나는 당유파의 후계자로 이 검술을 배우고 있지만 어리석고 재능이 모자라는 사람이다. 그래서 아직 당 유파의 묘소妙所를 다 이해하지 못했지만, 열심히 가르침을 구하는 제자들을 위해 당유파가 전하는 사리事理의 대강을 여기에 적는다. 이는 마치 대롱으로 하늘을 보는 좁은 견해이자, 후세의 사람들에게 조롱받을지 모를 일이다.[53]

필자는 2006년 일본 히로시마에서 남아프리카공화국의 노벨평화상 수상자 데스몬드 투투(Desmond Tut, 1931~) 대주교를 만난 적이 있다. 투투 대주교는 국제평화회의에 참석하기 위해 히로시마를 방문했다. 국제평화회의와는 별도로 필자가 있던 히로시마세계평화대성당에서 종교간 대화를 위해 투투 대주교의 강연을 듣는 자리를 마련했다. 강연회가 끝난 후, 필자는 투투 대주교를 필자의 사무실 앞 복도에서 우연히 만났다. 필자는 용기를 내어 사무실에서 차를 한 잔 하자고 청했다. 대주교는 흔쾌히 청을 받아들이고 필자의 사무실로 들어왔다. 대주교는 별 볼 일 없는 보좌인 필자에게도 정말 친절했다. 일부러 만든 친절이 아니라 몸에서 베어 나오는 친절이었다. 겉모습을 보면 동네 할아버지 같았다. 필자는 짧은 시간이었지만 겸손한 사람의 참 모습을 접할 수 있었다. 무도

---

52) 金炫勇・矢野下美智子, 「武道における事理一致に關する一考察」, 『廣島文化學園短期大學紀要』47, 2014, 7~46쪽 참조.

53) 吉田豊, 『武道秘傳書』, 德間書店, 1968, 116쪽.

전서는 무도기술이 극의에 도달한 사람은 겸손하고 자상하며, 그러한 마음으로 사람들을 대하고 가르친다고 말한다. 필자는 대주교를 보면서 무도전서 『묘지묘술猫之妙術』의 내용을 떠올렸다. 『묘지묘술』은 최고의 경지에 도달한 고양이를 다음과 같이 표현하고 있다.

> 우리 옆 동네에 고양이 한 마리가 있었습니다. 그 고양이는 하루 종일 잠만 자고, 부실해 보이는 마치 목석과 같은 고양이였습니다. 아무도 그 고양이가 쥐를 잡는 것을 본 적이 없었지만 이상하게도 그 고양이 근처에는 쥐가 한 마리도 얼씬거리지 않았습니다.
>
> 어느 날 그 고양이가 이사를 했는데, 이사를 해도 마찬가지로 그 고양이 근처에는 쥐가 얼씬도 하지 않았습니다. 너무나 신기해서 저(늙은 고양이)는 그 고양이를 찾아가 그 이유를 물어 보았습니다. 하지만 그 고양이는 대답해주지 않았습니다. 결국 저는 네 번이나 찾아갔지만 네 번 다 그 대답을 듣지 못하고 돌아왔습니다. 아니 대답하지 않았다기보다는 대답할 수 없었던 것이지요. 그래서 저는 다음과 같은 사실을 깨닫게 되었습니다.
>
> '아는 자는 말하지 않고, 안다고 말하는 자는 모른다.'知者不言 言者不知 (노자 56장)[54]

5. 사리일체事理一體의 현대적 의미

무도전서의 사리일체를 간단히 말하면 기술과 마음을 동시에 수련하는 것이고, 몸과 마음과 기술이 하나가 되는 것이다. 랜드럼Landrum의 표현

54) 잇사이 쵸잔시 · 김현용 번역 · 해설, 『고양이 대학교』, 안티쿠스, 2011, 51쪽.

을 빌리면, 정신mind, 감정emotions, 신체body가 완벽한 조화를 이룬 상태이다. 랜드럼은 이러한 상태를 '운동 감각적 카르마Kinesthetic Karma'라 정의하고,[55] 운동선수는 이 상태에 도달했을 때 최고의 퍼포먼스를 수행할 수 있다고 말한다. 예를 들어, 러시아의 장대높이뛰기 선수 옐레나 이신바예바가 여자선수로는 처음으로 5미터의 벽을 넘을 수 있었던 것은 운동감각적 카르마의 상태에 도달했기 때문이고, 역도 선수 장미란이 세계 신기록을 수립한 것도 운동감각의 카르마적 상태에 도달했기 때문이다.[56]무도연구가 다케다竹田는 독일의 체육이론가 쿠르트 마이넬Kurt Meinel의 용어를 빌려 사리일체를 '운동의 자동화automatisierung'와 같다고 지적한다.[57] 마이넬은 자동화된 운동의 특성에 대해서 다음과 같이 말한다.

> 운동은 연습이나 트레이닝을 계속 반복하게 되면 그 만큼 그 운동은 자동화된다. 예를 들어 기술적 결함 없이 잘 숙련된 체조선수, 수영선수, 흠잡을 데 없는 피아니스트, 나아가 완벽한 속기사의 움직임이 그 예이다. 이들의 움직임은 빠른 속도, 안정감, 정확성이라는 공통점을 가지고 있다. 그리고 그 움직임은 마치 물 흐르듯이 부드럽고, 억지로 힘을 들이지 않아 가볍고 당연해 보인다.[58]

55) 전게서, 진 랜드럼, 28쪽.

56) Jun, T.W., 「Body-mind Connection in Korea Athletic Eminence」, 『大會プログレム · 予稿集』, 日本コチング學會 第24回大會, 2013, 30~31쪽.

57) 竹田隆一 · 長尾直茂, 「『一刀齋先生劍法書』譯注及びスポツ教育學視点からの考察」, 『山形大學紀要』教育科學) 13(2), 2003, 56(150)쪽. クルトマイネル · 金子明友 譯, 『マイネル スポツ運動學』, 大修館書店, 1981, 470쪽.

58) 전게서, クルトマイネル · 金子明友 譯, 401쪽.

1960년 출판된 마이넬의 스포츠운동학이론은 오늘날까지 운동학이론의 고전서로 읽혀지고 있다.59) 하지만 『부동지신묘록』에서 말하는 사리일체란 마이넬이 말하는 것처럼 기술을 계속 반복해 그 기술이 자동적으로 나오게 하는 그런 것이 아니다. 오히려 화엄종 사상에서 말하는 사사무애법계事事無礙法界의 경지이고, 『십우도』에서 말하는 사람도 소도 모두 잊는 일원상一圓相의 경지이다. 즉 기술에도 마음에도 얽매이지 말고 좋은 마음을 가지고 끊임없이 기술과 마음을 같이 수련할 때 그 결과물로서 도달하게 되는 경지이다. 기술과 마음의 우선순위는 없다. 하지만 기술 없는 마음은 무용지물이고 마음 없는 기술은 제대로 그 기술을 발휘할 수 없다. 이를 그림으로 표현하면 다음과 같다.

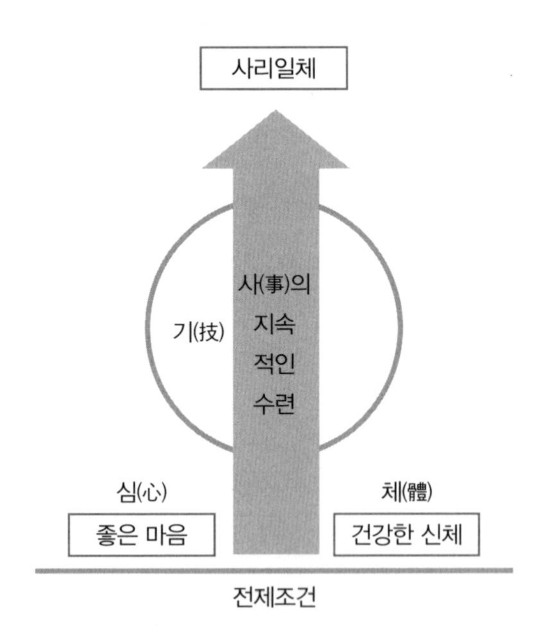

사리일체(事理一體)의 전제조건

59) Kurt, Meinel, 『Versuch Einer Theorie der Sportlichen Bewegung unter Pdagogischem aspect』, Volk und Wissen Volkseigener Verlag Berlin, 1960.

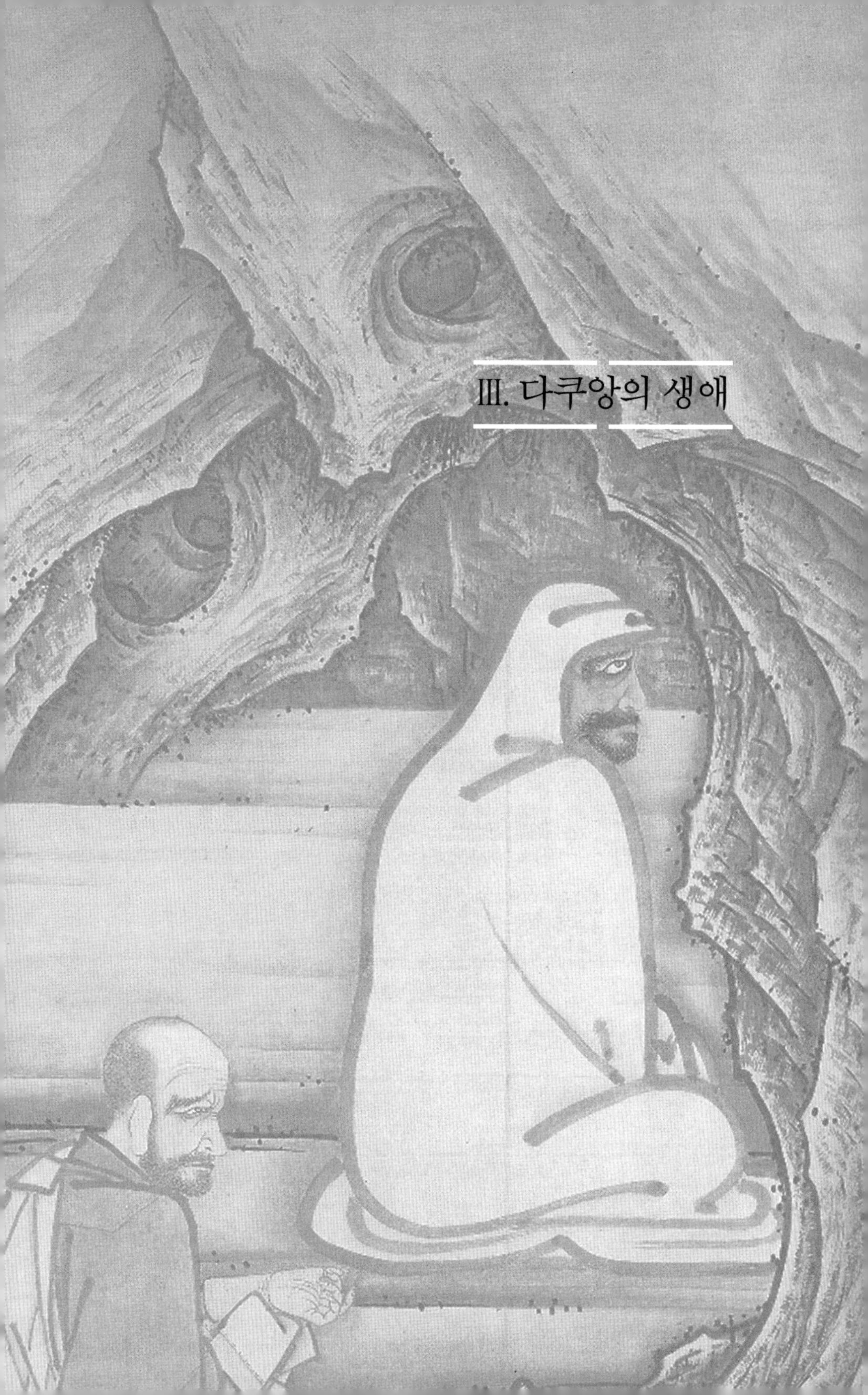

Ⅲ. 다쿠앙의 생애

Ⅲ. 다쿠앙의 생애

1. 시대적 배경

다쿠앙이 살던 시기는 세계사가 크게 변화는 격변의 시대였다. 본서는 에도시대 초기 일본의 무술武術을 무도武道로 승화시키는데 있어서 큰 공헌을 한 다쿠앙의 『부동지신묘록』을 중심으로 일본의 무도사상 · 철학을 인문학적으로 풀어 쓰고자 한다. 다쿠앙의 저서를 이해하기 위한 앞선 작업으로 다쿠앙이 활동한 시대를 간략히 설명할 필요가 있다.

그리스도교의 전래

다쿠앙이 태어나기 약 24년 전인 1549년 8월 15일 예수회 선교사 프란치스코 하비에르(Francis Xavier, 1506~1552)가 일본인 신자 안젤로의 안내로 가고시마鹿兒島에 도착했다. 이는 일본 그리스도교의 시작으로 우리의 그리스도교 역사보다 약 200년 앞선 것이었다.

하비에르는 포르투칼 국왕의 요청으로 1542년부터 인도 고아에서 선교활동을 해오고 있었다. 그러던 중 그는 1547년 말레이시아 마라카에서 안젤로를 만나 일본으로 오게 된다. 일본에 도착해 가고시마鹿兒島에서 선교를 시작한 하비에르는 나가사키長崎, 히라도平戶, 야마구치山口, 교토京都 등지에서 선교한 후 야마구치의 권력자 오오우치大內의 허가를 받아 야마구치에 교회를 설립했다.

오오우치 가문은 백제 제26대 성왕(聖王, ?~554)의 3남이 일본에 와서 세운 것이라 전해지고 있다. 하비에르는 2년이라는 짧은 체류 기간이었지만, 기나이畿內와 규슈九州 북부를 중심으로 1,000여 명을 개종시켰다. 1582년 선교사 보고에 의하면, 일본의 그리스도교 신자는 15만 명으로 증가했다.[1] 이 시기 그리스도교 선교의 배후에는 오다 노부나가(織田信長, 1534~1582)가 있었다. 그는 그리스도교를 용인하고, 아즈치성安土城 주변에 교회당과 신학교 설립을 허용했다.[2] 하지만 노부나가를 이은 도요토미 히데요시(豊臣秀吉, 1536~1598)는 이를 용인하지 않았다. 1587년 7월 24일 규슈九州를 방문한 히데요시는 규슈에서 활동중이던 선교사들에게 일본은 신사와 불교를 섬기는 신국임을 천명하고 선교사 추방령을 공포했다.[3] 1587년 선교사 보고에 의하면 그리스도교 신자는 20만 명, 교회는 200개로 증가했다. 20일 이내로 일본을 떠나라는 히데요시의 추방령을 받은 선교사들은 일단 나가사키長崎 히라도平戶에 모였다가 다시 일본 각지로 선교를 떠났다.

그 후 1596년 10월 스페인 상선 상펠리페호가 도사土佐에 표류했을 때 조사 과정에서 나온 선원의 증언이 발단이 되어 그리스도교는 큰 박해를 받게 된다.[4]유럽인의 침략적 야욕을 우려했던 히데요시는 스페인 상선 선원의 실토 내용에 대한 보고를 받고, 교토와 오사카에서 활동 중이던 프란치스코회 수도자 6명을 비롯해 신자 20명, 합계 26명의 그리스도교

---

1) 樺山紘一 · 木村靖二 · 窪添慶文 · 湯川武, 『クロニック世界全史』, 講談社, 1994, 439쪽.

2) 전게서, 462쪽.

3) 전게서, 472쪽.

4) 전게서, 484쪽. 상펠리페호의 승무원은 "스페인은 세계정복을 위해 선교사를 파견해 신자를 늘리고 있다"고 실토했다.

인을 나가사키 니시사카 西坂 언덕에서 십자가형에 처했다.[5] 이들이 바로 일본 교회사 최초의 26인 순교자들이다. 히데요시에 의해 시작된 대대적인 그리스도교 탄압은 도쿠가와 막부에도 이어졌다. 도쿠가와 막부는 1612년 그리스도교 금지령을 발포하고, 다음 해 바테렌(사제) 추방령을 발포해 선교사들을 국외로 추방했다. 이후 본격적인 금교정책이 실시되었다. 막부의 금교정책에도 불구하고 신자들은 숨어 살면서 그들의 신앙을 이어갔다. 이에 1629년 막부는 그리스도교 신자들을 적발하기 위해 십자가나 성화 등을 밟게 하는 '후미에踏繪'제도를 도입해 그리스도교 탄압을 본격적으로 실행에 옮겼다. 다쿠앙이 살던 에도시대 초기는 일본의 그리스도교 신자들에게 있어서 수난의 시대였다.

철포의 등장

1543년 9월 23일 다네가시마種子島에 한 척의 배가 표류했다. 이 배에는 포르투갈인 3명이 타고 있었다. 그들은 1미터 정도 길이의 조총을 가지고 있었다. 화기의 위력을 처음 본 다네가시마 영주 다네가시마 도키다카(種子島時堯, 1528~1579)는 조총 2정을 구입해 가신들에게 화약 제조법과 조총의 국산화를 연구시켜 다음해 수십 정의 조총을 완성했다. 조총은 스기노보 산쵸杉坊算長라는 인물에 의해 일본 본토에 전해졌다. 화승총이라 불리는 조총의 등장은 종래의 전투방법과 축성기술에 대변화를 가져왔다.[6] 이를 먼저 받아들인 것은 오다 노부나가織田信長였다. 1575년 6월 29일 조총을 앞세운 오다 노부나가와 도쿠카와 이에야스 연합군이

5) 전게서, 484쪽.

6) 전게서, 434쪽.

무적을 자랑하던 다케다 가츠노리武田勝賴의 기마부대와의 전투에서 대승을 거두는 사건이 일어났다. 칼과 창이 아닌 조총을 앞세운 획기적인 전술은 이후의 전쟁사를 일변一變시키는 큰 사건이었다.

임진왜란 또한 철포의 승리였다. 일본은 기존의 뛰어난 검술 중심의 단병短兵 전법에 더하여 포르투갈을 통해 도입한 새로운 화승총인 조총으로 무장한 일본군의 침입에 대해 전통적인 장기인 궁시弓矢를 중시한 장병長兵 위주의 전법 체계로 대응하였던 조선군의 초기 패전은 불가피할 수밖에 없었다.[7] 하지만 임진왜란이라고 하는 동아시아 국제 전쟁의 격렬한 문화 전파의 기회는 이 전쟁에 참여한 명, 조선, 일본의 무예가 서로 우열을 겨룰 수 있는 장을 마련하여 주었을뿐 아니라 각자 자국 무예의 변이를 가져왔다는 측면도 있다.[8]

세키가하라전투

히데요시 사후, 1600년 10월 21일 정권을 쟁탈하기 위해 전국의 유력한 다이묘大名들이 동군東軍과 서군西軍으로 나뉘어 천하 양분의 전투를 하게 된다. 이는 세키가하라전투關ヶ原の戰い로 불린다.[9] 오늘날 기후岐阜현

---

7) 나영일 · 노영구 · 양정호 · 최복규, 『조선 중기 무예서 연구』, 서울대학교출판부 2006, 25~26쪽. 28쪽.

8) 전게서, 4쪽. 조선은 임진왜란에서의 패전을 계기로 『무예제보(武藝諸譜)』(1598), 『무예제보번역속집(武藝諸譜飜譯續集)』(1610), 『무예신보(武藝新譜)』(1579), 『무예도보통지(武藝圖譜通志)』(1790), 등을 편찬했다. 일본의 새로운 철포와 전통적인 장기인 검술은 항왜(降倭)를 통해 조선에 도입되었다. 임진왜란 때 조선에 귀화한 항왜(抗倭)로는 김충선(金忠善)이 유명하다. 일본 검술은 일본군에 대응하기 위해 반드시 익힐 필요가 있었다. 당시 일본의 검술은 각 유파별로 독자성을 가지고 융성 발전되었으므로, 조선에 다양한 유파의 검술이 전래되었을 가능성이 있다(47쪽).

9) 魚住孝志, 『宮本武藏』(岩波新書), 岩波書店, 2008, 31쪽. 요시카와 에이지(吉川英治)의 소설 『미야모토 무사시(宮本武藏)』는 무사시가 세키가하라 전투에서 서군으로 출정해 패한 장면에서 시작된다. 하지만 무사시가 세키가하라 전투에 참가했다는 기록은 어디에도 없다. 1615년 오사카 하진(夏陣)때 도쿠카와군으로 참전했다는 기록이 남아있을 뿐이다(52~53쪽).

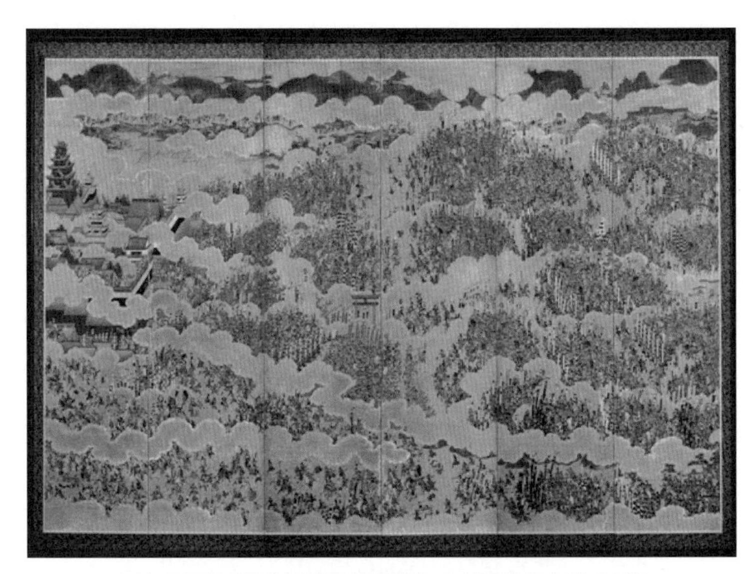

오사카하진도병풍(大阪夏陣圖屛風), 오사카성 천수각 소장품

미노노쿠니美濃國 세키가하라에서 도쿠카와 이에야스德川家康가 이끄는 동군 9만 명과 이시다 미츠나리石田三成가 이끄는 서군 8만 명의 천하통일을 건 전투는 단 하루만에 동군의 승리로 끝났다.[10] 승리한 도쿠카와 이에야스는 1603년 에도막부를 열었다.[11]

도요토미 가문의 멸망

도쿠카와가 에도막부를 열었지만, 서군쪽의 다이묘들은 여전히 오사카성에 있는 도요토미 히데요시의 아들 히데요리豊臣秀頼[12]와 주종관계를

10) 전게서, 樺山紘一 · 木村靖二 · 窪添慶文 · 湯川武, 487쪽. 오전 8시에 시작된 전투는 오후 4시에 완전히 종결되었다.

11) 長田彰文, 『古代から近代まで』(朝鮮半島がわかる本①,) かもがわ出版, 2015, 34쪽.

12) 도요토미 히데요시와 아자이 차차(淺井茶) 사이에서 태어난 히데요시의 3남.

가지고 있었다.

히데요리는 서일본 지역에서 여전히 강한 영향력을 가지고 있었기 때문에 도쿠카와 막부와 긴장 상태가 계속되고 있었다.[13] 1615년 6월 4일 이러한 긴장관계를 정리한 오사카하진夏陣이 일어났다.[14] 도쿠카와 막부군이 오사카성을 공격함으로서 도요토미 가문은 멸망하게 된다. 오사카 하진夏陣으로 도쿠카와는 실질적인 천하통일을 이루고, 에도시대가 본격적으로 시작된다. 다쿠앙은 이러한 격변기에 살았던 인물이다.

2. 다쿠앙의 생애

다쿠앙의 출생

다쿠앙 소호는 1573년 12월 1일 다지마노쿠니 이즈시 但馬國出石[15]에서 3남 1녀 중 차남으로 태어났다.[16] 그가 태어난 해는 오다 노부나가小田信長가 무로마치막부室町幕府의 제15대 쇼군 아시카가 요시아키足利義昭를 교토에서 멸망시키고,[17] 무로마치 막부에 종지부를 찍은 해이자 전국시

---

13) 魚住孝志, 『宮本武藏』(岩波新書), 岩波書店, 2008, 33쪽. 서군지역인 히메지(姬路), 오카야마(岡山), 하기(萩), 구마모토(熊本) 등에 큰 성이 세워져 도쿠카와 막부를 위협하고 있었다.

14) 1614년 겨울 오사카동진(冬陣)이 있었지만, 도쿠카와 막부군이 도요토미군을 괴멸시킨 오사카하진(夏陣)이 유명하다.

15) 이즈시는 오늘날 효고현(兵庫縣) 북쪽, 교토와 인접한 조용한 시골 마을이다.

16) 전게서, 泉田宗健, 41쪽. 9살 많은 누이와 형과 동생이 있었다. 누이의 이름은 밝혀지지 않아 알 수 없으나 고니시 유키나가(小西行長)의 가신 미즈타니 키에몬(水谷喜右衛門)과 결혼했다고 전해진다. 형은 한베 마사노리(半兵衛眞典)이고, 동생은 헤이자에몽(平左衛門)이다.

17) 전게서, 樺山紘一 · 木村靖二 · 窪添慶文 · 湯川武, 460쪽. 1573년 8월 15일 아시카가(36세)가 노부나가(39세)에게 항복하고 무로마치막부가 멸망했다.

검호(劍豪) 생몰 연표 및 무도전서

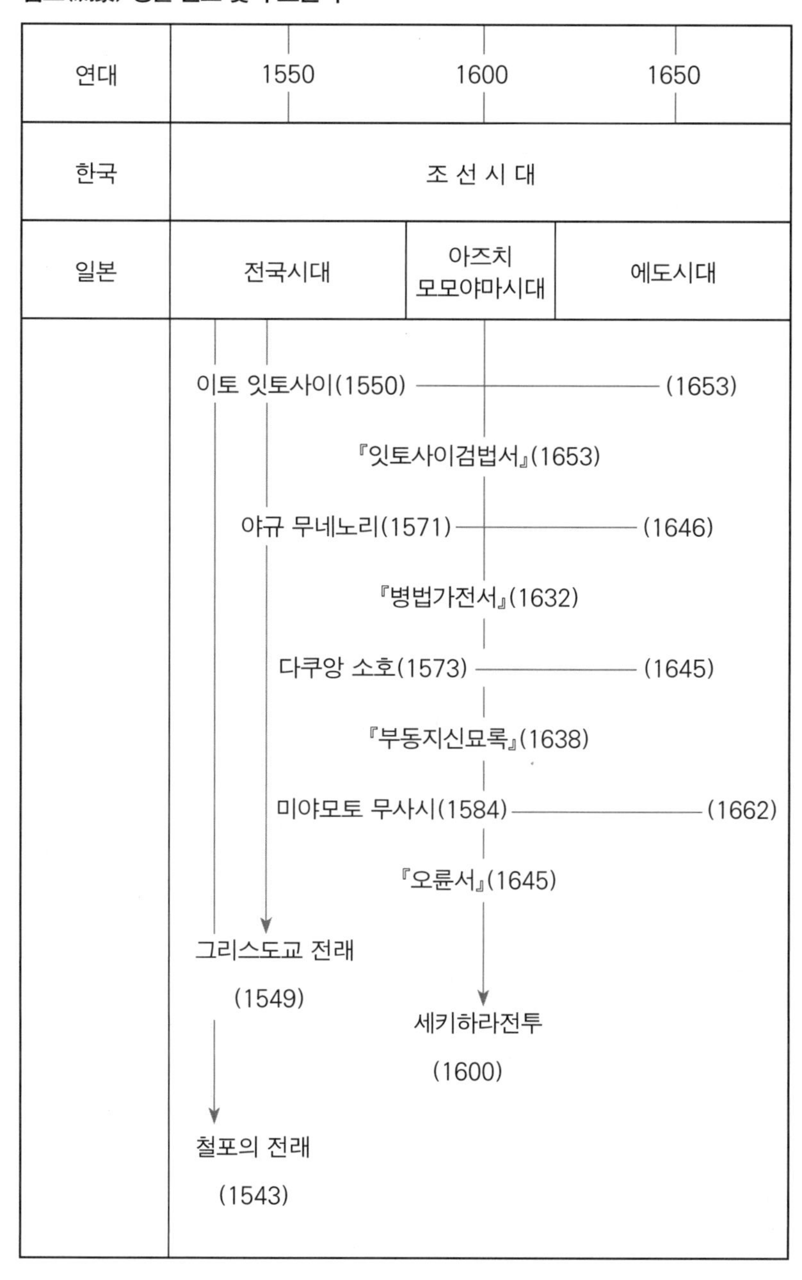

대라는 전란의 시대에 돌입하는 시기였다.[18)]

다쿠앙이 태어난 이즈시出石는 일본 역사서인 『고사기古事記』(712)와 『일본서기日本書紀』(720)에 등장하는 역사 깊은 고장으로, 우리의 역사와도 관련이 있는 곳이다. 『일본서기』에 의하면 이즈시를 개발한 인물은 스이닌垂仁천황 3년에 일본으로 건너간 신라왕자 천일창天日槍이다. 천일창은 신라에서 가져온 해거울日鏡, 우태옥羽太玉, 족고옥足高玉, 출석소도出石小刀, 출석우出石桙 등의 보물로 이즈시出石와 도요오카豊岡 분지를 개척해, 산업을 일으키고 정주했다. 이즈시라는 지명은 그가 신라에서 가져온 출석소도出石小刀가 그 유래이다.[19)] 천일창은 오늘날까지 이즈시出石 신사의 신으로 모셔져 있다. 『일본서기』와 『고사기』는 신라 왕자 천일창이 일본으로 건너가게 된 이유를 기록하고 있는데, 그 대강을 소개하면 다음과 같다.

> 어느 날 천일창은 한 젊은이로부터 신라국 아구 늪 근처에 잠들어 있던 여자가 낳았다는 아름다운 무지갯빛 붉은 구슬을 선물 받았다. 붉은 구슬을 가지고 돌아온 천일창은 방에 구슬을 장식해 두었는데, 갑자기 구슬이 아름다운 처녀로 변해 아내로 맞이했다. 둘은 행복한 나날을 보냈다. 그러던 어느 날 천일창이 아내에게 불만을 토로하게 되었는데, 아내는 슬퍼하며 "선조가 사는 나라로 돌아가겠다"며 일본으로 돌아가고 말았다. 항해 끝에 난바難波에 도착한 그녀는 히메고소比賣許曾 신사의 여신(아카루히메)이 되었다. 한편, 천일창은 칠종의 신보神寶를 가지고 일본으로 가려 했지만,

18) Henrich Dumoulin, Trans.James W.Heisig and Paul Knitter, Zen Buddhism: A history, Vol2, 2005, 274쪽.

19) 市川白弦, 『日本の禪語錄』第13卷, 講談社, 1978, 12쪽. 천일창의 일본명은 아메노히보코(アメノヒボコ)이다.

바다신의 방해를 받아, 결국 다지마노쿠니但馬國에 상륙해 이즈시出石에 정착하게 되었다. 그곳에서 마타오의 딸 마에츠미를 아내로 맞이해, 제철製鐵을 비롯한 대륙의 기술을 가지고 다지마노쿠니에 새 문화를 건설했다.[20]

이처럼 다쿠앙이 태어난 이즈시는 우리 역사와도 관계가 깊은 곳이다. 억지 주장일지 모르지만, 어쩌면 다쿠앙의 유전자 속에는 신라의 피가 흐르고 있을지도 모를 일이다.

다쿠앙의 출가

다쿠앙 탄생에서 7살까지의 기록은 현재 전해지지 않는다.[21] 문헌상 전해지는 기록은 7살 이후의 기록이다. 다쿠앙의 아버지 아키바노토노카미타이라노 츠나노리秋庭能登守平綱典는 이즈시 성주 야마나 소우센山名宗詮의 가신이었다. 다쿠앙의 아버지가 성주 야마나 소우센의 두터운 신임을 받았던 가신이었다는 점을 생각하면, 어릴 적 다쿠앙은 비교적 풍요로운 생활을 했을 것이다.

1580년 다쿠앙이 7살이 되던 어느 날, 그의 아버지는 아들 장래에 대한 점占을 봤는데, 무인의 길을 걸으면 살벌한 인생을 살다가 비참한 최후를 맞이할 것이고, 불자의 길을 걸으면 반드시 큰 인물이 될 것이라 했

---

20) 이즈시 공식홈페이지 역사탐방 http://www.izushi.co.jp 참조.

21) 전게서, 泉田宗健, 43쪽. 다쿠앙은 사후 자신의 기록을 남기지 말것을 당부했지만, 다쿠앙의 제자 다케노 소쵸(武野宗朝)는 1650년 9월에 『다쿠앙대화상행장(澤庵對和尙行狀)』 및 『동해화상기년록(東海和尙紀年錄)』을 남겼다. 그리고 다쿠앙 사후 200주년을 기념해 『동해화상기년록』을 보완한 『만송조록(萬松祖錄)』이 구도 유키나가(工藤行廣)에 의해 1844년 출판되었다. '동해' '만송'이라는 이름은 다쿠앙이 만년에 생활했던 절이 도쿄 시나가와 만송산(萬松山)에 있는 동해사(東海寺)였기 때문이다(20쪽).

다.[22] 이 말은 들은 성주는 도후쿠지東福寺[23]의 선사를 불러 출가식을 올리기로 하고, 이즈시에 있는 스쿄지宗鏡寺에서 동자승 생활을 시키기로 했다. 스쿄지는 성주 야마나가 세운 선종 계열의 절로 성주의 넷째 아들의 법명을 붙인 절이었다.[24] 하지만 같은 해 도요토미 히데요시가 다지마但馬를 정복해 야마나 소우센이 멸망하게 되자, 다쿠앙은 든든한 후원자를 잃게 된다. 이에 근처에 있던 정토종淨土宗 쇼넨지唱念寺의 주지 슈우요衆譽가 다쿠앙의 비범한 재주를 알아 보고, 부모에게 청해 쇼넨지에서 정식으로 출가하게 된다. 다쿠앙의 부모는 정토종 신자로 다쿠앙이 부모가 다니는 절에 입문하는 것은 자연스러운 것이었다. 이때 다쿠앙의 나이 10살이었다. 주지는 다쿠앙에게 슌오春翁라는 법명을 주고 정토삼부경淨土三部經[25]을 공부시켰다. 쇼넨지에서 다쿠앙은 염불을 외우고, 정토삼부경 경전들을 필사하면서 3년간의 시간을 보냈다.[26]

정토종淨土宗에서 선종으로 전종轉宗하다

그러나 3년간 배운 정토종 경전에 싫증을 느낀 것인지, 13세가 된 다쿠앙은 쇼넨지를 떠나, 스쿄지宗鏡寺의 주지 키센希先 밑으로 들어가 선불교

22) 전게서, 37쪽. 점괘가 性劍鋒金으로 나왔다.

23) 교토에 있는 절.

24) 市川白弦, 『日本の禪語錄』第13卷, 講談社, 1978, 13쪽. 스쿄(宗鏡)는 야마나 성주의 넷째 아들 무츠(陸奧)의 법명이다. 이곳은 야마나가 멸망하자 폐허가 되었지만, 후에 다쿠앙에 의해 재건되었다. 그래서 스쿄지는 다쿠앙사라고도 불린다. 다쿠앙이 만든 정원이 지금도 남아있다.

25) 鎌田茂雄, 『いのちの探求』, 日本放送出版協會, 2000, 256쪽. 淨土三部經. 정토종(淨土宗)은 나무아미타불(南無阿彌陀佛) 여섯 자(字)를 부르며 『무량수경(無量壽經)』, 『관무량수경(觀無量壽經)』, 『아미타경(阿彌陀經)』을 소의(所依)로 삼는 불교(佛敎)의 한 종파(宗派)이다.

26) 전게서, Henrich Dumoulin, 274쪽.

를 공부하게 된다. 스쿄지는 7세 때 다쿠앙이 출가하려다 성주 야마나 소우센山名宗詮의 몰락으로 출가가 좌절된 절이었다. 스쿄지의 키센은 당대 유명한 선사들의 법통과 종지를 이어받은 훌륭한 선승으로 선불교뿐만 아니라 유학에도 깊은 지식을 가진 승려였다.27) 키센은 선문禪門으로 개종한 슌오를 수계하고, 이름을 슈키秀喜라 부르고 좌선과 선종 경전들을 공부시켰다. 3년간 배운 정토종에 대한 지식과 더불어, 이 시기 키센 밑에서 배운 좌선과 선종 경전들은 다쿠앙의 지식이 비약적으로 발전하는 초석이 되었다.

그런데 다쿠앙이 정토종을 떠나 선종으로 전종轉宗하게 된 이유는 무엇일까? 그 이유를 추측해 볼 수 있는 에피소드가 전해진다.

> 동자승으로 쇼넨지唱念寺에서 생활하던 어느 날, 다쿠앙은 스쿄지宗鏡寺에 심부름을 가게 된다. 그곳에서 주지 키센希先을 만나게 되는데, 다쿠앙은 평소 가지고 있던 의문점을 키센에게 물었다.
>
> "제가 있는 쇼넨지는 아미타불阿彌陀佛께 기도하는데, 왜 이곳은 부처님께 기도하고 있습니다. 왜 이렇게 다른지 그 이유를 가르쳐 주시겠습니까?"
>
> 이에 키센은 즉답했다.
>
> "너의 이름은 슌오고, 나는 키센이다."
>
> 슌오의 질문이 이어졌다.
>
> "아미타불은 서방 십만억토의 극락정토에 계신다고 스승님께 들었는데,

27) 전게서, 泉田宗健, 53~54쪽. 키센은 선대의 선승 슈고쿠(周獄)를 이은 주지로 오산문학(五山文學)을 배운 도후쿠지(東福寺)파의 선승이다. 또한 그는 다이토쿠지를 세운 다이토(大燈) 국사의 법과 묘신지(妙心寺)를 세운 간잔(関山) 국사의 제자인 기넨(龜年) 선사에게 종지를 받았다.

부처님은 어디에 계십니까?"

키센은 즉시 슌오의 가슴쪽을 가리키며 딱 잘라 말했다.

"아미타불도 부처님도 모두 이 속(마음)에 있다."28)

키센과의 문답은 막 사춘기에 접어들던 소년 다쿠앙에게 큰 충격을 주었던 것 같다. 정토종은 아미타불阿彌陀佛을 암송함으로서 아미타불의 힘 즉 타력으로 성불하는 종파이다. 반면, 선종은 자력으로 망상과 번뇌를 끊어내야 한다. 13살의 다쿠앙이 정토종에서 선종으로 전종한 데에는 다쿠앙의 강한 의지가 작용했을 것이고, 그 의지에 불을 지른 것은 선승 키센과의 만남이었다. 또한 무사 집안에서 자란 다쿠앙은 직재直裁와 자력으로 깨달음을 얻는 선종에 자연스럽게 끌렸을지도 모를 일이다.

선종으로 옮긴 다쿠앙의 하루 일과는 한적한 선원에서 좌선하고, 선사들의 어록과 그 내용을 배우고, 탁발하러 가는 소박한 생활의 연속이었다. 하지만 소박한 생활 속에서도 선사어록에 나오는 조사들의 이야기처럼 언젠가 자신도 수행승이 되어 전국을 행각行脚하고자 꿈꾸고 있었다. 1591년 윤 1월 3일 갑자기 스승 키센이 임종했다. 그의 나이 19살이었다. 약 6년간 함께한 스승의 갑작스런 죽음은 청년 다쿠앙에게 많은 생각을 하게 만들었다.

스승 도호 쇼츄董甫宗仲를 만나다

다쿠앙은 행각行脚을 떠나기로 결심한다. 하지만 키센의 후임으로 교토 다이토쿠지大德寺에서 도호 쇼츄董甫宗仲가 주지로 오게 되는데, 도호는

28) 전게서, 泉田宗健, 52쪽.

다쿠앙이 평소 존경하고 있던 슌오쿠 소엔春屋宗園의 제자였다. 행각을 결심했던 다쿠앙이 행각을 취소하고 새로 부임한 도호 곁에서 3년을 지냈다는 것은 도호에게 그 만큼 매력을 느꼈던 것 같다. 도호는 어떤 인물이었을까? 도호의 추도식에 올려진 게송偈頌을 보면 그의 인물됨을 짐작할 수 있다.

末後牢関 眞透過

平生窮底 激禪河29)

선의 마지막 관문을 통과해 큰 깨달음을 얻은 후에도

거칠게 흐르는 선禪의 강河을 평생 빈털터리 마음으로 건너갔네.

도호의 추도식 게송처럼 그는 선승으로 출세한 후에도 빈털터리의 마음을 가지고 겸허하면서도 치열하게 깨달음을 추구하는 인물이었다. 다쿠앙은 도호에게 많은 배움을 얻었을 것이 분명하다. 2년 뒤 도호가 다시 다이토쿠지大德寺로 부임할 때, 도호는 다쿠앙을 데리고 교토로 가게 된다. 도호가 다쿠앙을 얼마나 신뢰했는지 짐작할 수 있는 이야기가 전해진다.

당시 이즈시出石는 도요토미 히데요시의 인사권에 의해 마에노 나가야스(前野長康, 1528~1595)30)가 이즈시 성주로 부임해 있었다. 마에노는 불

29) 전게서, 泉田宗健, 59쪽.

30) 전국시대에서 도요토미 히데요시 시대에 걸친 무장. 도요토미 히데츠구(豊臣秀次)의 모반 사건에 연좌되어 1595년 10월 19일 아들 가게사다(景定)와 함께 할복했다.

상을 모으는 것이 취미였다.

어느 날 도호와 성주 마에노가 절에서 차를 마시면서 불상에 대해 이야기 나누고 있었다. 마에노의 불상 자랑을 들은 도호는 자신의 불상을 보여주겠다며 다쿠앙을 불렀다. 마당에서 잡초를 뽑고 있던 다쿠앙은 손님방으로 불려왔다. 다쿠앙은 정좌를 한 후 마에노에게 공손하게 인사했다. 다쿠앙은 도호에게 "무슨 일로 부르셨는지요?"라고 묻자, 도호는 대답하지 않고 마에노를 향해 "이 아이가 바로 나의 관음상이지요."라고 말했다. 신심이 그다지 깊지 않고 불상을 단순한 목상으로밖에 보지 않았던 마에노는 도호의 말을 이해할 수 없었다.[31]

이 에피소드는 도호가 다쿠앙을 얼마나 신뢰했는지, 그리고 훌륭한 선승으로 성장해 가고 있는 다쿠앙을 엿볼 수 있다. 다쿠앙은 22년간 정든 고향 이즈시를 떠나 도호와 함께 교토로 가게 된다. 이는 다쿠앙 생애에 있어서 큰 전환점이었다.

다이토쿠지大德寺에 들어가다

도호을 따라 교토의 다이토쿠지大德寺에 들어간 다쿠앙은 당대 최고의 선승 중 한 명으로 불리던 슌오쿠 소엔(春屋宗園, 1529~1611) 밑으로 들어가게 된다.[32] 다이토쿠지는 다이토 국사(大燈國師, 1282~1338)가 세운 선종

31) 전게서, 泉田宗健, 60쪽.

32) 泉田宗健,전게서, 66쪽. 슌오쿠는 오오기마치(正親町) 천황으로부터 로겐 텐신(朗源天眞) 선사라는 이름을 하사 받았다.

禪宗 본사였다. 다이토 국사[33]는 일본불교사에 있어서 중요한 인물이자, 다쿠앙의 사상에 큰 영향을 준 선사이므로 간단히 설명할 필요가 있다.

이미 상술한 바와 같이 일본의 선불교는 가마쿠라 시대(1185~1333)에 임제종臨濟宗을 연 에이사이(榮西, 1141~1215)에 의해 전해졌다. 당시 일본 불교는 구세력인 천태종天台宗과 진언종眞言宗이 기득권을 가지고 있었기에 에이사이는 구세력과 타협하는 조화적인 태도를 취할 수밖에 없었다.[34] 가마쿠라시대를 연 무인정권은 구불교세력을 우유부단하고 부패한 것으로 보고, 근검절약과 도덕적 수행을 내세운 선종과 손을 잡게 된다. 이후 선종은 아시카가足利시대와 도쿠카와 시대에 걸쳐 일본인의 일반 문화생활에까지 큰 영향을 주게 된다.[35] 에이사이가 선종을 일본에 전한 지 100여 년의 세월이 흘러 선종이 구세력을 몰아내고 기득권을 차지하게 되는 역사적인 사건이 있었다. 이는 1325년 윤 1월 21일에 일어난 정중종론正中宗論 사건이다.

1325년 제96대 고다이고(後醍醐, 1288~1339) 천황이 임석한 자리에서 종래의 불교 세력이었던 히에잔比叡山의 천태종天台宗, 도우지東寺의 진언종眞言宗, 고후쿠지興福寺의 법상종法相宗이 신흥세력인 선종禪宗을 배척하기 위해 종교 논쟁을 벌이게 되었다. 이 자리에는 선종을 옹호하기 위해 임제종臨濟宗 승려 츠오 쿄엔通翁鏡円과 제자 슈호 묘초宗峰妙超가 참석했

33) 슈호묘초(宗峰妙超,1283~1338). 일반적으로 다이토 국사로 불린다.

34) 鈴木大拙 · 北川桃雄 譯, 『禪と日本文化』(岩波新書), 岩波書店, 1964, 36~37쪽(改訂版).

35) 전게서, 37쪽. 예의와 의식을 중시하는 천태종과 진언종은 화려한 것을 좋아하는 宮家와 결탁했고, 정토종은 신앙과 그 교의가 단순해 평민들의 사랑을 받았다. 반면 선종은 궁극적인 깨달음을 얻기 위해 직접적이고 구체적인 방법을 찾고, 이를 수행하기 위한 강인한 의지가 필요한 종파로 무사 계급의 지지를 받았다(38쪽).

다.

먼저 천태종 측 대표 겐에玄惠가 물었다.

"진리를 경전이나 문자어구에서 구하지 않고, 교외별전教外別傳에 있다고 말하는 선이란 대체 무엇인가?"

묘초妙超는 즉답했다.

"팔각형의 돌절구가 날아간다."

이번에는 천태종 온죠지園城寺의 승려가 상자를 가져와 묘초 앞에 놓자, 묘초는 "이게 무엇인가?"라고 물었다.

이에 온죠지의 승려가

"이것은 우주 천지를 담은 상자이다"라고 대답하자,

묘초는 가지고 있던 지팡이로 상자를 박살내고는

"우주 천지가 산산조각이 나면 어떻게 할 것인가?"라고 되물었다.

이에 온죠지의 승려는 아무 대답도 할 수 없었다.[36]

이는 천황 앞에서 신흥 세력인 선종이 승리하는 역사적인 순간이었고, 그 중심인물이 바로 이 에피소드에 등장하는 슈호 묘쵸 즉 후에 다이토쿠지를 세운 다이토 국사였다. 다이토 국사가 남긴 유게遺偈가 다이토쿠지에 남아 있다. 이를 보면 그의 인물됨을 짐작할 수 있다.

截斷仏祖 吹毛尙磨

機輪轉處 虛空咬牙[37]

---

36) 전게서, 泉田宗健, 86~87쪽.

37) 전게서, 泉田宗健, 92쪽.

석가와 달마를 죽인 날카로운 깨달음의 칼을 방심하지 말고 갈아라.

기계의 톱니바퀴가 소리를 내며 움직이듯이 허공이 이를 갈듯이.

다이토 국사의 유계에는 취모검吹毛劍처럼 한 털의 머리카락도 허락하지 않고 치열하게 깨달음을 얻겠다는 각오가 엿보인다. 취모검은 원래 송나라의 승려 원오극근(圜悟克勤, 1063~1135)이 편집한 공안집 『벽암록碧巖錄』 제100칙에 나오는 말이다. 제100칙은 어떤 스님이 파릉호감巴陵顥鑑 선사에게 취모검에 대해 묻고, 파릉巴陵 선사가 대답하는 내용이다. 취모검은 '바람에 날아온 머리카락이 칼에 베였다'는 전설의 명검이다. 취모검은 다쿠앙과 동 시대의 무도전서 『잇토사이선생검법서』에도 인용되고 있다.

도검刀劍의 길이에 집착해서 도검을 고르려고 하면, 도구에 집착하게 되고 결국 검술의 본심을 잃어버리게 된다. 마음 속에 이미 취모검吹毛劍을 가지고 있는 자가 왜 도검에 집착하겠는가? 아무리 명검을 가지고 있다 하더라도 베지 않으면 둔검鈍劍이나 다름없다. 반대로 둔검을 가지고 있다 하더라도 뼈를 부수었을 때는 명검이나 다름없다. 일심청정一心清淨의 마음을 가지고 칼을 갈 때, 그 도검이 곧 취모검吹毛劍이다. 마음 속에 이미 갖추어져 있는 그 일검一劍은 한 순간이라도 심신에서 떨어지지 않고 때에 따라서 살인도殺人刀와 활인검活人劍을 자유자재로 사용할 수 있게 된다.[38]

『잇토사이선생검법서』는 지나치게 도구에 집착해서는 안 된다고 지적하고 있다. 다쿠앙은 다이토쿠지에서 생활하면서 다이토 국사의 유계遺

38) 今村嘉雄, 『劍術』2(日本武道大系 2), 同朋舍, 1982, 267~268쪽.

戒를 매일 보고 묵상했을 것이다.

슌오쿠는 다이토쿠지 산사에 있는 암자 산겐인三玄院에 머물고 있었다. 보통 스승은 우수한 인물을 자신의 제자로 두고 싶어 한다. 하지만 도호는 사랑하는 제자를 스승의 제자가 되도록 했다. 이를 통해 도호라는 승려의 인물됨을 다시 한 번 확인할 수 있다. 슌오쿠는 다쿠앙을 보고 한 눈에 그의 인물됨을 알아봤다. 다쿠앙의 이름은 소호宗彭이다. 소호는 슌오쿠가 붙여준 이름이었다.

슌오쿠에게는 이미 도호를 비롯한 여러 명의 우수한 제자들이 있었다. 슌오쿠는 제106대 오오기마치 천황(正親町天皇, 1517~1593)으로부터 로겐 텐신 선사朗源天眞禪師, 제107대 고요제 천황(後陽成天皇, 1571~1617)으로부터 다이호 엔칸 국사大寶圓鑑國師라는 칭호를 받을 정도로 당대 가장 명망 높은 고위 성직자 중 한 명이었다. 슌오쿠는 많은 절을 세웠고 당대의 많은 권력자들을 불교로 귀의歸依시켰다. 하지만 다쿠앙은 왠지 슌오쿠에게 매력을 느끼지 못했다. 그 추구하는 바가 달랐기 때문이다. 다쿠앙에게 슌오쿠는 스승이라기보다는 고위 성직자였다. 세상이 모두 인정하는 훌륭한 스승이라 할지라도 본인과 성향이 맞지 않으면 어쩔 수 없다.

스승 도호 쇼츄董甫宗仲의 죽음

1600년 10월 천하를 양분한 세키가하라 전투는 하루만에 도쿠카와가 이끄는 동군의 승리로 끝났다. 다이토쿠지에 드나들며 슌오쿠와 밀접한 친분을 가졌던 서군 측 주도자 이시다 미츠나리石田三成는 동군에게 잡혀 참수당하고 말았다. 이 무렵 다쿠앙은 이시다의 배려로 그가 창건한 즈이고쿠지瑞嶽寺에 머물고 있었다. 천하를 호령하던 이시다의 죽음은 다쿠

다쿠앙이 수행한 대덕사(大德寺)
大德寺之圖 一休禾上之像, 1594년
大德寺 소장품

앙에게 무엇을 생각하게 했을까? 슌오쿠와 다쿠앙은 대역적 죄인으로 전락한 이시다의 시신을 수습해 장례를 지내고 다이토쿠지 산겐인 앞에 묻었다. 이는 용기 있는 행동이었다.

다음 해 1601년 4월 26일 스승 도호 쇼추가 갑자기 천화遷化했다.39) 다쿠앙은 20살에 도호를 만나 9년간 많은 것을 배웠다. 도호의 소개로 다이토쿠지에 입문해 슌오쿠 밑에 들어갔지만, 다쿠앙의 마음속 스승은 언제나 도호였다. 선승은 궁극적으로 깨달음을 얻어야 한다. 깨달음은 스스로의 독단이 아닌 스승으로부터 인하장을 받아야 하는 것이다. 다쿠앙은 그 인하장을 도호에게 받고 도호의 법통을 잇고 싶었다. 하지만 이젠 그럴 수 없었다. 일반적으로 소호라는 휘諱를 주고, 사제 관계를 맺은 슌오쿠의 법을 잇는 것이 타당했다. 하지만 다쿠앙은 그러고 싶지 않았다. 다쿠앙은 다이토쿠지를 세운 다이토국사를 존경하고 그의 운문雲門을 잇고 싶었다. 다쿠앙은 잇토 죠테키一凍紹滴를 떠올렸다.40) 잇토 죠테키는 슌오쿠의 동문으로 쇼레이 소킨笑嶺宗訢의 제자였다. 같은 스승으로부터 같은 법통을 이었어도 슌오쿠와 잇토는 다른 삶을 살고 있었다.

검술가 야규 모네노리柳生宗矩와의 만남

이 무렵 다쿠앙은 야규 무네노리를 만나게 된다. 야규 무네노리는 도쿠가와 이에야스, 히데타다秀忠, 이에미츠家光 3대에 걸쳐 쇼군의 병법사범兵法指南役을 시냈으며 다이묘의 지위에까지 오른 인물이다.41) 무네노리

39) 천화란 고승(高僧)의 죽음을 일컫는 말이다.

40) 전게서, 泉田宗健, 102~103쪽.

41) 大和柳生藩初代藩主. 또한 그는 조정을 감시하는 대감찰(大目付, 大監察)직을 수행하기도 했다.

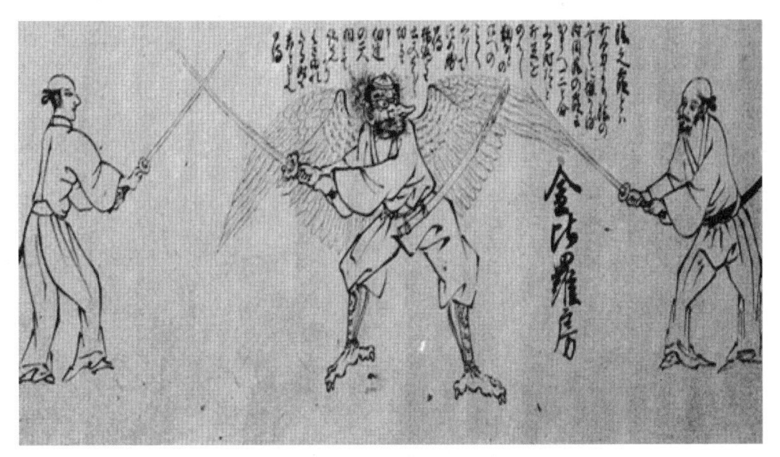

야규신카게류병법목록사(新陰流兵法目錄事)42), 奈良縣寶山寺 소장품

는『병법가전서兵法家傳書』의 저자이자, 야규신카게류柳生新陰流라는 검술 유파를 세운 것으로 유명하다. 무네노리는『부동지신묘록』과 직접적인 관계가 있는 인물이므로 소개할 필요가 있다.

무네노리는 1571년 야규 무네요시(柳生宗嚴, 1527~1606)의 장남으로 지금의 나라현에서 태어났다. 그의 아버지 무네요시는 야규신카게류柳生新陰流를 완성한 인물로 명성을 떨치고 있었다. 1594년 어느 날 도쿠카와 이에야스는 무네요시를 불러 그의 검술을 시험해 봤다. 검술에 일가견이 있는 이에야스였다. 이에야스는 소문으로만 듣던 무네요시의 '무도無刀'를 눈으로 직접 확인하고 싶었다. 무네요시는 목검을 든 쇼군 이에야스를 보기 좋게 맨손으로 제압했다. 무네요시의 실력에 놀란 이에야스는 그에게 쇼군의 병법사범이 되어줄 것을 청했다. 하지만 무네요시는 고령

42) 柳生宗矩著 · 渡辺一郎校注,『兵法家傳書』(岩波文庫), 岩波書店, 146쪽. 그림에 있는 내용은 다음과 같다. 金比羅房, 陰之霞とは,打太刀より陰のかすみにか構かゝる時, 同陰の霞にかまへ, 一二と合上る時, たゝと打足をのばし, 鞠などののべのごとく, くはしてつめ勝. 口傳. 橋返とも云,又とう/＼切とも申/, 細道の二人相とて, 跡先よりはさまれたる時も, 吉と申也. 口傳.

(67살)을 핑계로 24살의 장남 무네노리를 추천했다. 이에 1605년 히데타다가 제2대 쇼군에 취임하자 무네노리는 쇼군가 병법사범이 되었다.[43] 하지만 무네노리는 아직 그렇다 할 실적이 없었다. 기회가 찾아왔다. 1615년 오사카하진大阪夏陣 때였다. 무네노리는 히데타다가 있는 본진에서 쇼군을 경호하고 있었다. 갑자기 기무라 가즈에木村主計가 이끄는 십여 명의 무사들이 본진을 습격했다. 이때 무네노리는 야규신카게류의 검술을 발휘해 7명의 적을 베게 된다. 이 일을 계기로 무네노리의 명성은 점점 높아져 갔다.[44]

다쿠앙은 무네노리를 언제 처음 만났을까? 1600년 세키가하라 전투가 일어나기 몇 해 전부터 무네노리는 이시다 미츠나리石田三成에 대한 정보를 수집하고 있었다. 이시다는 다쿠앙이 머물고 있던 다이토쿠지의 주지 슌오쿠와 가깝게 지내던 인물이었다. 정보 수집을 위해 다이토쿠지에 드나들던 무네노리는 산겐인三玄院에서 수행 중인 다쿠앙을 처음 만나게 된다.[45]

다음과 같은 일화가 에도시대 수필집『미미부쿠로耳囊』에 전해진다.[46]

---

43) 전게서, 柳生宗矩著 · 渡辺一郎 校注, 168쪽.

44) 전게서, 169쪽.『德川實記』에 기록되어 있는 내용이다.

45)『澤庵和尚全集』書簡八二 · 小河九右衛門宛. 柳生殿は, 上方よりの知音にて候. 紫野の昔から參徒にて, 內緣ふかき人. 여기서 紫野는 다이토쿠지를 의미한다. Takuan Sōhō, trans. William Scott Wilson. The Unfettered Mind:Writings from a Zen master to a master swordsman, Shambhala, 2012. William Scott Wilson은 Introduction에서 다쿠앙을 미야모토 무사시의 친구이자 스승으로 소개하고 있다. 하지만 미야모토 무사시와 다쿠앙이 직접적인 친분 관계가 있었다는 기록은 현재 확인되지 않고 있다. 오늘날 널리 퍼져 있는 미야모토 무사시의 일화는 요시카와 에이지(吉川英治, 1892~1962) 소설『미야모토 무사시』에 유래한 것이다. 역사적인 사실과 먼 기술이 많이 보인다.

46) 전게서, 泉田宗健, 375쪽. 네기시 시즈모리(根岸鎭衛, 1737~1815)가 에도중기에서 후기에 걸쳐 약 30년간 적은 수필집이다. 전 10권 1,000편으로 구성되어 있다.

어느날 탁발 중이던 다쿠앙은 무네노리의 검술도장 앞을 지나가게 되었다. 도장에서는 검술 연습을 하는 소리가 들려왔다.

"대단한 실력도 아니군!"

혼자 속삭인 다쿠앙의 말을 도장을 지키던 문지기가 들었다. 문지기는 도장 안으로 뛰어 들어가 이를 무네노리에게 알렸다. 도대체 어느 정도의 실력을 가진 자인지 궁금해진 무네노리는 밖으로 나왔다. 상대는 스님이었다. 무네노리는 스님에게 겨루기를 청했다.

다쿠앙은,

"야규류는 최고의 검술이 아니다. 검을 사용하는데 어찌 유파라는 것이 있겠는가? 나는 출가한 몸이니 물건을 가지고 있지 않다. 자! 덤벼라."고 말하며 맨손으로 도장 가운데에 섰다. 무네노리는 다쿠앙의 자세에서 전혀 빈틈을 찾을 수가 없었다. 공격하려던 무네노리는 결국 목검을 내리고 다쿠앙에게 심법 수행을 청했다.[47]

두 사람 사이에 또 다른 일화가 전해진다. 행각 중이던 다쿠앙은 우연히 선착장에서 무네노리를 만나게 된다. 무네노리는 선착장에서 행패를 부리던 사무라이를 막 혼내 주고 흥분해 있는 상태였다.

무네노리는 아직 살기가 가시지 않은 상태였다. 수행 중인 다쿠앙은 길옆에 있는 밭에서 야채를 뽑고 있었다. 길을 지나가던 무네노리는 다쿠앙을 본 순간 깜짝 놀라 뒤로 물러나면서 칼집을 잡았다. 다쿠앙에게 살기를 느꼈기 때문이었다.

다투앙은 무네노리에게

47) 전게서, 374~375쪽.

"당신이 살기를 느낀 것은 당신이 스스로 만든 환영일 뿐이다. 항상 상대에게 이기려는 마음이 가득 차 있으니 마음이 항상 강해질 수밖에 없다. 더 약해져라. 상대에게 이기는 것보다 우선 자기자신에게 이기는 법을 배워야 한다."

고 충고했다.

이 만남 이후 무네노리는 크게 깨닫고, 다쿠앙을 참선 스승으로 모셨다.[48]

이 두 이야기는 다쿠앙과 무네노리가 수행 중인 젊을 때의 일화들이다. 이후 무네노리는 그의 나이 31살에 제2대 쇼군 히데타다의 병법사범, 51살에 쇼군의 세자 이에미츠의 병법사범이 되었다. 특히 이에미츠는 세자 때부터 무네노리가 가르친 제자였다. 이에미츠는 17살에 쇼군이 되었다. 이에미츠는 회고록 『대유원전어실록大猷院殿御實記』에서 "나는 인격형성에 있어서 무네노리에게 배운 것이 많다."고 술회하고 있다.[49]

무네노리는 1632년 9월 야규신카게류의 기법과 이론을 집대성한 『병법가전서兵法家傳書』를 집필해 이에미츠에게 바치게 된다.[50] 그리고 같은 해 12월 이에미츠는 무네노리를 병법사범에서 대감찰직大目付에 임명했다.[51] 대감찰은 조정을 감시하는 중요 직책이었다. 큰 출세였다.

무사시의 『오륜서五輪書』와 더불어 무도전서의 2대 거봉으로 불리는 『병법가전서』는 다쿠앙의 지도가 없었다면 깊은 검리를 담을 수 없었을

48) 전게서, 375쪽.

49) 전게서, 375쪽. 吾れ天下御の道は宗矩に學びたり.

50) 柳生宗矩著 · 渡辺一郎 校注, 『兵法家傳書』(岩波文庫), 岩波書店, 2003(16쇄), 161쪽. 무네노리 나이 62세였다.

51) 전게서, 泉田宗健, 376쪽.

것이다.

분사이 도우징文西洞仁에게 학문을 배우다

다쿠앙은 산겐인三玄院을 떠나 잇토 죠테키一凍紹滴에게 가기로 마음먹었다. 하지만 다쿠앙은 잇토 선사에게 바로 가지 않았다. 발길을 사카이堺로 돌려 분사이 도우징文西洞仁에게 갔다. 분사이는 원래 에치젠越前에 살던 승려였지만 전란을 피해 사카이의 다이안지大安寺에 머물고 있었다. 승려 중에도 지덕을 쌓을 목적으로 유학 경전을 연구하는 이들이 있었다. 원래 일본에서 유학儒學은 송나라에 유학 간 승려들이 가지고 들어와 소개한 것이다. 처음에는 교토를 중심으로 이러한 분위기가 형성되었기에 이들을 교토의 오산학파五山學派라 부른다.[52] 분사이는 오산학파의 혈통을 잇는 승려로 유학, 시문, 서가 등에 탁월한 재능을 가진 학자 승려였다.

분사이의 눈에 비친 29살의 젊은 승려 다쿠앙은 어떻게 보였을까? 다쿠앙의 내면에서 발하는 날카로운 영기英氣와 기지를 본 분사이는 자신이 가진 학문적 소양을 모두 전수해 주고 싶었다. 다쿠앙에게 있어서 유학 경전은 처음이 아니었다. 이미 13살부터 19살까지 스쿄지宗鏡寺의 주지 키센希先 밑에서 배운 적이 있었다. 다쿠앙은 분사이 밑에서 학문적 소양을 심화시켰다.

그러던 어느 날 1603년 8월 25일 분사이는 병으로 타계하게 된다. 병이 심화되던 어느 날 분사이는 다쿠앙을 불러 사제 관계를 맺고 소장하

52) 전게서, 鈴木大拙 · 北川桃雄 譯, 101~107쪽.

고 있던 모든 승구僧具와 문방서적文房書籍을 다쿠앙에게 물려주었다.[53] 승구 중에는 가사袈裟가 포함되어 있었다. 가사는 승려의 법의法衣로 보통 스승이 법통을 이를 제자에게 그 인하장으로 주는 것이다. 분사이는 그의 학문적 · 문예적 법통을 다쿠앙에게 물려주었다. 다쿠앙은 또 다시 사랑하는 스승의 죽음을 지켜볼 수밖에 없었다. 그의 나이 31살이었다.

마지막 스승 잇토 죠테키一凍紹滴

스승 분사이文西 타계후 다쿠앙은 잇토 죠테키一凍紹滴 곁으로 갔다. 잇토의 수행법은 매우 엄격했다. 잇토는 과거 쇼레이笑嶺 선사 밑에서 수련할 때, 낮에는 음식을 잊고 밤에는 대들보에 줄을 쳐 그 줄을 목에 건 채 좌선을 했었다. 잇토는 엄격한 고행 끝에 쇼레이로부터 인하장을 받은 인물이었다. 또한 명예와 권력, 금전 등 세속적인 모든 것을 싫어했다. 이러한 측면에서 다이토쿠지에 있는 슌오쿠와는 정반대의 인물이었다. 잇토는 요순앙陽春庵이라는 작은 암자에 살고 있었다.

다쿠앙은 잇토 밑에서 공안公案을 가지고 수행에 들어갔다. 공안은 선종에서 대오각성大悟覺醒을 목적으로 스승에게 받는 권위를 가진 문제이다. 선禪은 문자를 세우지 않고, 사람의 마음을 통해 깨닫게 한다. 진리는 마음과 마음으로 전하는 것이며, 언어가 아닌 별도의 방법으로 전하는 것이기 때문이다. 그래서 불립문자不立文字, 직지인심直指人心, 이심전심以心傳心, 교외별전教外別傳이라고 한다.[54] 『임제록臨濟錄』, 『무문관無門關』,

---

53) 전게서, 104~105쪽.

54) 조오현, 『벽암록(碧巖錄)』, 불교시대사, 2008(5쇄), 337쪽. 때문에 예로부터 선종에서는 문자나 언어에 대해 일종의 혐오증 비슷한 정서가 있어 왔다(337쪽).

『벽암록碧巖錄』 등이 그것이다. 이들 속에 나오는 화두 하나하나가 바로 공안이다. 『경덕전등록景德傳燈錄』은 선문의 스승과 제자 사이에 이루어진 만남, 깨달음의 계기와 그 어구 등을 전하는 데 있어 1,701명 조사들의 경력과 그 어록들을 소개하고 있고, 공안에는 1,700가지가 있다.[55] 수행자는 공안과 하나 되어 죽을 각오로 수행해야 한다. 이런 의미에서 선수행은 살인도殺人刀이다.

다쿠앙은 어떤 공안을 가지고 수행했을까? 다쿠앙은 다이토 국사가 수행했다는 『벽암록碧巖錄』 제8칙을 가지고 수행했다.[56] 다이토쿠지를 연 다이토 국사는 다쿠앙이 존경하고 닮고 싶은 선승이었다. 『벽암록』 제8칙의 내용은 다음과 같다.

어느 날 원효가 대안 대사를 만났더니 어미 잃은 너구리를 몇 마리 들고 있었다. 대안 대사는 마을에 들어가 젖을 얻어 올테니 너구리 새끼들을 보살펴 달라고 했다.

그런데 시간이 얼마 지나지 않아 새끼 한 마리가 지쳐서 죽었다. 원효는 너구리 새끼가 왕생극락 하라고 아미타경을 읽어 주었다.

그때 대안 대사가 들어와서 원효에게 무엇 하느냐고 물었다.

"이놈의 영혼이라도 왕생극락 하라고 경을 읽는 중입니다."

"너구리가 그 경을 알아듣겠소?"

"너구리가 알아듣는 경이 따로 있습니까?"

대안 대사는 살아있는 너구리 새끼에게 얼른 젖을 먹이며 말했다.

---

55) 김월운, 『전등록』, 동국역경원, 2008, 36~37쪽.

56) 전게서, 泉田宗健, 110쪽. 벽암록은 선어록 가운데 단연 종문제일서(宗門第一書)로 꼽히는 책이다. 1,700가지 공안 가운데 대표적인 100가지를 뽑아 본칙(本則)으로 소개하고, 앞뒤로 수시와 평창을 덧붙였다. 이는 문자로 표현된 깨달음의 세계를 대표하는 책이다(전게서, 조오현, 338쪽).

"이것이 너구리가 알아듣는 아미타경입니다."57)

『무문관無門關』 제1칙도 다쿠앙이 수행한 공안 중 하나이다.58) 그 내용은 다음과 같다.

조주 화상趙州和尙은 스님僧이,

"개에게도 불성佛性이 있습니까?"

라고 물으니,

"무無"

라고 답했다.

무문이 평하기를,

선禪을 배우는 데는 수행자가 우선 조사가 설치한 관문關門을 통과하지 않으면 안 된다. 절묘한 깨달음에 이르는 데는 분별심을 완전히 끊지 않으면 안 된다. 만약 조사의 관문을 뚫지 못하고 분별심을 단절하는 체험이 없는 자는 초목에 붙어사는 정체 없는 유령과 같은 것이다. 자아, 말해 보아라. 조사의 관문關門이란 도대체 어떤 것인가? 오직 이 무無 자 - 이것이 선 제일의 관문이며 이를 선종무문관禪宗無門關이라고 하는 것이다. 만약 이 관문을 통과할 수 있다면 그 사람은 직접 조주스님을 뵙는 것이 될뿐만이 아니라, 역대조사들과 손을 잡고 함께 다니며 얼굴을 맞대어 그들과 똑같은 눈으로 보고 똑같은 귀로 듣는 것이 될 것이다. 이 얼마나 유쾌한 일인가.

이 관문을 통과하려는 자는 없는가. (있다면) 360개의 골절과 84,000개

57) 전게서, 조오현 역해, 蛇足, 『벽암록(碧巖錄)』, 43쪽.

58) 전게서, 泉田宗健, 111쪽.

의 털구멍을 총동원하여 자기 온 몸을 하나의 의심덩어리로大疑團 하여 다만 이 무 자無字에 집중해야 한다. 밤도 낮도 오로지 이 문제만 참구해야 한다. 이 무無를 허무虛無의 무無라고 이해하지 말며, 유무有無의 무無라고 이해해서도 안 된다. 마치 뜨거운 무쇠공을 삼켜버려 토해 내려고 해도 될 수 없는 것과 같아야 한다. 지금까지의 악지惡知나 악오惡悟를 깨끗이 털어 버리고 수행의 시기가 익어지면 자연히 마음과 대상이 완전히 하나 되는 상태에 든다. 그것은 마치 벙어리가 꿈꾼 것을 다른 사람에게 말을 못하는 것과 같다. 돌연히 그 무無가 폭발하면 하늘이 놀라고 땅이 진동할 것이다. 그것은 마치 관우 장군이 큰 칼을 자신이 빼어든 것과 같아서, 부처를 만나면 부처를 죽이고 조사를 만나면 조사를 죽여, 생사의 무상한 현세에서 대자재를 얻어 육도나 사생의 미혹한 세계에 있으면서 유희삼매를 즐길 것이다.

자, 그렇다면 어떤 문제를 내걸어야 할까? 자신의 모든 기력을 다해 이 무 자無字에 집중해야 한다. 그래서 끊임없이 멈추지 않고 정진하면 法의 등에 불이 붙여져 일시에 환한 경지가 될 것이다.59)

이와 같은 공안公案을 하나하나 깊이 묵상하고 풀어간 것이 다쿠앙의 피와 살이 되고, 역경을 극복하는 절대적인 힘이 되었을 것이다. 다쿠앙은 임종 전에 꿈夢이라는 한 자만을 남기고 귀천했다. 이는 공안 수행을 통해 다쿠앙이 깨달은 세계를 표현한 것이다.

우리가 아는 다쿠앙이라는 이름은 잇토 죠테키一凍紹滴가 1604년 다쿠

---

59) 秋月龍珉 · 秋月眞人 지음 · 慧源 옮김, 『무문관으로 배우는 선종어록 읽는 방법』, 운주사, 1996, 30~32쪽. 필자는 慧源이 옮긴 것에 한자 부분만 읽는 법을 달았다. 예를 들어, 趙州和尙을 조주 화상(趙州和尙)으로 표기했다.

앙에게 준 도호道號였다. 잇토 곁으로 온 지 벌써 3년의 시간이 흘렀다. 그러던 어느 날 1606년 4월 23일 다쿠앙의 큰 별 잇토 죠테키一凍紹滴가 병으로 타계했다. 다쿠앙의 나이 34살이었다. 같은 해 그의 생부 츠나노리綱典도 세상을 떠났다. 그리고 다음 해 그의 생모도 세상을 떠났다. 다쿠앙의 생애는 소중한 사람들과 수없이 이별하는 고독한 운명이었다.

다이토쿠지大德寺 주지가 되다

다쿠앙은 스승 잇토 죠테키가 타계한 후 스승의 암자를 지켜며 살고 있었다. 그러던 어느 날 1609년 다이토쿠지의 장로 교쿠호 죠소玉甫紹琮의 추천으로 다쿠앙은 다이토쿠지 153세 주지로 임명되었다. 다이토쿠지의 주지는 선거제가 아니라 천황의 칙허勅許로 부임하는 자리였다.[60] 다쿠앙 인생의 가장 큰 출세였다. 다쿠앙은 받아들이고 싶지 않았지만 천황의 칙허에 순명하기로 했다. 하지만 다이토쿠지에 간 지 사흘만에 난슈지南宗寺로 되돌아가고 만다. 잇토 죠테키의 법통을 이어받은 다쿠앙은 부유한 생활을 버리고 청빈한 수행승의 삶을 살고자 결심했기 때문이었다. 그러던 어느 날 1611년 2월 다이토쿠지의 슌오쿠가 83세로 타계하면서 다시 다쿠앙이 다이토쿠지 주지 후보로 떠올랐다. 이때부터 다쿠앙의 명성이 높아지기 시작했다. 도요토미 히데요리豊臣秀頼와 호소카와 다다아키細川忠興가 다쿠앙을 초빙하려고 했지만, 다쿠앙은 이에 응하지 않았다. 또한 구로다 나가마사黑田長政가 후쿠오카 다자이후大宰府의 소후쿠지崇福寺에 자리를 마련했지만, 이도 거절하고 난슈지南宗寺에서 유유자적

60) 전게서, 泉田宗健, 150쪽. 다이토쿠지의 주지는 고다이고천황(後醍醐天皇, 1288~1339) 이래 관례적으로 천황의 칙허로 부임하는 자리였다.

한 삶을 즐겼다.61) 다쿠앙 생애에 있어서 가장 평화로운 시간이었다.

조선인 이문장李文長과의 친교

이 시기 다쿠앙은 조선인 이문장李文長과 깊은 친교를 맺었다.62)

『비변사등록備邊司謄錄』에 의하면, 이문장은 충남 부여군 임천林川 사람으로 정유재란 때 일본에 끌려왔다. 임진왜란과 정유재란 때 강제로 끌려온 조선인들 이야기는 이미 잘 알려져 있다. 그 숫자는 2만 명에서 3만 명에 달했던 것으로 추정된다. 조선인 강제 연행자 중에는 학자, 목공, 석공, 도공, 활판공 등을 비롯해 유능한 기술자들이 많이 포함되어 있었다. 오늘날 일본에 전해지는 사츠마薩摩 도자기, 하기萩 도자기, 고이시바루小石原 도자기, 온타小鹿田 도자기, 가라츠唐津 도자기 등 오늘날 일본을 대표하는 도자기들은 모두 이때 강제로 끌려온 우리의 도공들이 전한 것이다.63)

일본에 끌려온 이문장은 도요토미 히데요시의 총애를 받았다. 그는 일본 문예가들에게 시를 가르치거나, 오산학파의 석학들에게 논어 · 초사楚辭 · 대학 등을 강의하는 등 당대의 일본 문인과 학자들에게 큰 영향을 주었다.64) 『다쿠앙화상기년록澤庵和尙紀年錄』에 의하면, 다쿠앙은 1616년 이문장과 함께 센슈泉州, 나라奈良, 셋츠攝津 등을 여행하며 시를 읊고 친교

61) 鎌田茂雄, 『禪の心 劍の極意』, 伯樹社, 1986, 16~17쪽.

62) 川本桂子, 「李文長のこと:ある朝鮮役被虜人の辿った人生」, 『群馬縣立女子大學紀要』1, 91~100쪽. 『備邊司謄錄』, 光海君 丁巳年 正月(9년, 1617년) 九日 條에 이문장 관련 기록이 남아 있다.

63) 전게서, 93쪽. 일본 도자기의 조상이라 불리는 이삼평(李參平)도 나베시마(鍋島)군에 납치되어 일본에 끌려온 조선인이었다.

64) 전게서, 98쪽. 임진왜란 때 끌려와 일본 학자들에게 큰 영향을 준 인물로 강항(姜沆), 정희득(鄭希得), 노인(魯認) 등이 있다.

관계를 돈독히 했다.[65] 이문장은 결국 친일파라는 오명을 쓰고 조선으로 돌아가지 못한 채 일본에서 생을 마감했지만, 다쿠앙의 정신세계와 사상에 큰 영향을 주었을 것이다.

시에사건紫衣事件과 유배

1615년 6월 4일 도요토미 가문을 완전히 괴멸시킨 오사카하진夏陣 후, 도쿠카와 막부는 막번체제의 기반을 공고히 하기 위한 제도들을 실행하기 시작했다.

그 중 종교와 관련된 제도가 '제종제본산법도諸宗諸本山法度'이다.[66] 이 법도 속에는 다이토쿠지大德寺와 관련된 '다이토쿠지제법도大德寺諸法度'가 포함되어 있었다. 도쿠카와 막부는 봉건적 · 신분적 질서를 바로잡기 위해 주자학을 정치이데올로기로 도입하고, 자국의 이익과 안전을 지키기 위해 쇄국정책을 펼쳤다. 그 일환으로 그리스도교를 박해하고, 자국민들을 불교나 신도 중 어딘가에 강제로 소속시켰다. 이는 여러 종파를 막부의 중앙집권화에 두고 통제하려는 속셈이었다. 또한 막부는 여러 종파의 승려들의 임명권에 대해서도 엄중한 조목을 달았다. 하지만 다이토쿠지는 이를 따르지 않았다. 막부의 권력을 부정하는 존황파尊皇派 승려들은 도쿠카와 막부의 큰 걸림돌이었다. 이에 1626년 제2대 쇼균 히데타다秀忠는 다이토쿠지와 묘신지妙心寺의 주지 인사권은 쇼균에게 있음을 밝히고, 천황의 칙명으로 양쪽 절에 부임한 주지의 자격과 자색가사紫

65) 전게서, 泉田宗健, 161쪽.

66) 法度는 핫토로 발음한다. '제종제본산법도(諸宗諸本山法度)'는 1615년 반포되었다.

衣를 박탈했다.67)

이 이야기를 들은 다쿠앙은 1627년 4월 은서隱棲 생활을 접고 다이토쿠지로 달려갔다. 그리고 교쿠시츠 소하쿠玉室宗珀, 고우게 소간江月宗玩 등과 함께 교토에 있는 대관所司代 이타쿠라 시게무네板倉重宗 앞으로 반박문을 제출했다.68) 그 내용은 막부가 붙인 인사권 조목에 대한 전면적인 부정이었다. 반박문은 막부의 위신에 큰 상처를 주게 되었다. 결국 천황의 칙명에 의해 다이토쿠지에 부임한 승려들의 자격은 박탈 당하고, 다쿠앙을 포함한 4명의 승려는 유배를 가게 된다. 다쿠앙은 데와카미야마出羽上山번 성주 도키 요리유키土岐賴行에게 보내졌다.69)

유배지에서의 보살행

유배지 데와카미야마出羽上山에 도착한 다쿠앙은 스무살의 젊은 성주 도키 요리유키土岐賴行를 만나게 된다. 학문, 종교, 창술에 일가견이 있던 요리유키는 다쿠앙과의 만남을 학수고대하고 있었다. 다쿠앙은 교토의 다이토쿠지의 고승이자, 쇼군의 병법사범 야규 무네노리의 선사로 알려져 있었기 때문이었다. 다쿠앙은 유배된 죄인임에도 불구하고, 요리유키의 배려로 그가 마련한 작은 암자 춘우암春雨庵70)에서 3년간 비교적 편안하게 지낼 수 있었다. 전국에서 위로편지와 위문품들이 도착했다. 하지만 소박한 삶을 추구하는 다쿠앙은 위문품들을 주위 사람들에게 모두 나누

67) 전게서, 泉田宗健, 296쪽.

68) 고우게 소간(江月宗玩)은 슌오쿠 소엔(春屋宗園)의 제자이다.

69) 전게서, 鎌田茂雄, 18~20쪽. 데와카미야마(出羽上山)는 오늘날 야마가타(山形)현에 있다.

70) 전게서, 泉田宗健, 345쪽. 춘우암은 다쿠앙 본인이 지은 이름이다.

어 주고 행운유수行雲流水의 자유로운 삶을 살았다.[71] 유배 3년간 다쿠앙은 성주 요리유키에게 많은 영향을 주었다.

요리유키는 다쿠앙에게 배운 삼공일심관三空一心觀을 도입하여 '지토쿠기류自得記流'라는 독창적인 창술 유파을 고안했다.[72] 이 시기 요리유키와 나눈 병법 관련 이야기가 『부동지신묘록』의 기초가 되었다고 볼 수 있다. 또한 다쿠앙은 요리유키의 정치론에도 큰 영향을 주었다.

다쿠앙이 요리유키에게 제시한 '상중하삼자설上中下三字說'을 소개하면 다음과 같다.

> 상上은 군주(지도자)를 말하고, 군주는 정치를 하는 책임자이다. 하下는 백성을 말하고, 백성은 다스림을 받는 자이다. 중中은 군주와 백성 사이를 중재하는 신하이다. 군주(지도자)가 백성의 소리에 귀를 기울인다면, 그 뜻은 백성들에게 통한다. 상上이라는 글자를 거꾸로 돌리면 하下가 된다. 백성이 군주를 우러러보고 군주의 통치에 주목한다면 백성의 마음이 곧 상上이 된다. 하下라는 글자를 거꾸로 돌리면 상上이 된다. 이처럼 상하는 원래 다른 것이 아니라 하나인 것이다. 군주(지도자)에게도 백성에게도 입口이 있다. 상과 하를 거꾸로 돌리면 하나의 선으로 연결되고, 입 구口 자를 관통시키면 가운데 중中 자가 된다. 입은 곧 말이자 언론을 의미한다. 그러므로 나라를 다스리는 자와 다스림을 받는 자는 언론의 자유가 있어야 한다. 이를 통해 군주(지도자)와 신하, 백성이 하나가 되는 것이다. 또한 자유로운 언론을 교류시키는 역할을 수행하는 것이 바로 공정하고, 정직하며 명확한

71) 전게서, 鎌田茂雄, 20쪽.

72) 전게서, 350쪽. 379쪽.

눈을 가진 신하들이다.[73)]

다쿠앙이 말하는 지도자, 백성, 신하의 3자 관계는 오늘날에도 유효한 정치론이다. 다쿠앙은 데와카미야마出羽山上의 백성들을 위해 용수로를 만들기도 했다.[74)] 다쿠앙은 죄인의 신분이었지만 유배지에 머무는 동안 사람들을 위한 보살행을 실천에 옮겼다.

쇼군 이에미츠家光와의 만남

1632년 1월 24일 제2대 쇼군 히데타다秀忠가 갑자기 훙서薨逝했다.[75)] 다쿠앙이 유배를 가게 된 시에紫衣사건은 히데타다의 통치하에 일어난 사건이었다. 히데타다를 이어 아들 이에미츠(家光, 1604~1651)가 제3대 쇼군이 되었다. 이에미츠는 도쿠카와막부 안정기에 태어나, 쇼군으로서의 문무를 겸비한 교육을 받은 준비된 인물이었다. 이에미츠는 막번체제를 확립하기 위해 여러 가지 제도를 실시하고, 그리스도교 탄압, 해외무역 통제 등 강력한 쇄국정책을 펼침으로서 300년간에 걸친 막번 체제의 기초를 다진 인물로 평가받고 있다.

쇼군 히데타다가 훙서한 그 해 7월 대사면大赦免이 있었다. 시에紫衣사건 당사자들도 예외는 아니었다. 다쿠앙은 에도로 가게 되었다. 그의 나이 60살이었다. 에도에서 사면을 기다리던 다쿠앙은 1634년 5월 29일 사면을 받고, 7월 교토로 돌아가게 되었다. 그 해 다쿠앙은 교토의 니조

73) 전게서, 350~351쪽.

74) 전게서, 353쪽.

75) 임금이나 왕족, 귀족 등의 죽음을 말한다.

성二條城을 방문한 쇼군 이에미츠와 처음 상견하게 된다. 이 시기 다쿠앙을 이에미츠에게 소개한 사람은 야규 무네노리였다.[76] 도쿠카와 이에야스 때부터 정치 · 외교고문을 담당해온 재상 스우덴崇傳 국사가 1633년 타계해 마침 새로운 국사가 필요한 시기였다.[77] 하지만 이에미츠와 다쿠앙 사이가 갑자기 가까워지기 시작한 것은 그 후 1636년경부터이다. 그 해 9월 24일 무네노리의 소개로 이에미츠는 다쿠앙과 병법에 대한 이야기를 나누게 된다. 다쿠앙에게 병법 강화를 들은 무네노리는 그 내용을 글로 적어 줄 것을 명령했다. 며칠 뒤 도착한 서간을 보고 이에미츠는 대만족했다.[78] 이는 다쿠앙이 무네노리에게 적어 준 『부동지신묘록』의 바탕이 된 서간이다.[79]

무네노리가 쇼군 이에미츠에게 다쿠앙을 소개하게 된 일화가 전해진다.

> 쇼군 이에미츠의 검술이 수준에 달해 오의奧義를 전해줄 시기가 되었다. 이에 이에미츠는 무네노리와 겨루어 보았지만 아직 스승에게 미치지 못했다. 이에미츠가 그 이유를 묻자, 무네노리는 다음과 같이 대답했다.
>
> "검술은 결국 마음의 문제입니다. 이 문제를 해결하기 위해 저는 젊을 때 다쿠앙 선사에게 참선參禪을 배웠습니다. 그때 다쿠앙 선사에게 받은 공안이 관음통신시수안觀音通身是手眼이었습니다. 공안을 통해 마음을 그 어디에도 멈추지 않는 것을 해결하고 나니, 선禪의 심법을 응용해 검술의 오

76) 전게서, 368쪽.

77) 전게서, 369쪽.

78) 전게서, 376쪽. 『澤庵和尚全集』書簡八四 · 小出吉英宛.

79) 전게서, 377쪽.

의奧義를 터득할 수 있었습니다. 검과 마음이 하나 되어 자유자재로 움직일 수 있게 되었습니다."

이를 들은 이에미츠는 다쿠앙 선사을 꼭 만나야겠다고 생각했다.

무네노리의 소개로 다쿠앙을 상견한 쇼군 이에미츠는 다쿠앙에게 큰 호감을 가지게 된다. 다쿠앙의 병법론과 인격에 감동한 이에미츠는 그를 위해 오늘날 도쿄 시나가와品川에 해동사海東寺라는 절을 지어주었다. 또한 재상 스우덴崇傳 국사가 제정했던 다이토쿠지大德寺와 묘신지妙心寺에 대한 법도法度도 다쿠앙이 원하는대로 원상태로 되돌려 주었다. 이로써 스우덴 국사의 주장으로 일어났던 대파란(시애사건)은 다쿠앙의 승리로 끝났다.[80]

다쿠앙은 말년을 해동사에서 보내게 된다. 다쿠앙은 쇼군 이에미츠를 비롯해 고미즈노오 천황(後水尾天皇, 1596~1680)과 여러 다이묘大名·대신公卿들을 불교로 귀의시켰다. 다쿠앙의 말년은 마치 권력의 중심에 서 있는 듯 보이지만, 이는 다이토쿠지大德寺와 묘신지妙心寺를 지키기 위한 방편이었을 것이다.[81]

다쿠앙의 죽음

다쿠앙은 1646년 1월 27일 타계했다. 다쿠앙은 자신의 임종 시기를 안 것일까? 그는 세상을 떠나가 7개월 전 화공을 불러 일원상一圓相을 그리게 했다. 그리고 그 일원상의 중간에 점 하나를 찍고 그 위에 찬贊을 남겼

80) 전게서, 鎌田茂雄, 22쪽.

81) 전게서, 22쪽.

다. 다쿠앙은 찬의 마지막 부분에 다음과 같이 적고 있다.

> 此法從前絶等差
>
> 求中正者落邊邪
>
> 佛經祖傳錄方語
>
> 點檢將來空裏花[82]

불법은 이원적이고 상대적인 세속을 초월해 있다. 변하지 않는 진리를 구한다면서 상대相對라는 올가미에 빠져 한쪽에 치우치고 마는구나. 불교 경전과 조사들의 어록이 가르치는 바를 잘 점검해 보라. 꽃은 있는 것처럼 보이지만 사실은 공空일 뿐이다.

또한 다음과 같은 유계遺戒를 남겼다.[83] 유계를 보면 다쿠앙의 인품을 짐작할 수 있다.

- 나의 법통을 이을 제자는 없다. 나의 사후 만일 다쿠앙의 제자라고 하는 자가 있다면 그는 도적일 뿐이다. 관아에 고발하고 엄벌에 처하라.
- 나의 법통을 이을 제자는 없다. 따라서 조문을 받을 상주도 없다. 여러 종파에서 독경을 하러 찾아올 것이다. 우리 절의 수좌는 절 밖으로 나가 이유를 설명하고 오신 손님을 돌려 보내라. 절대 손님을 받아서는 안 된다.
- 나는 예전에 이미 의발衣鉢을 선사의 탑에 되돌려 주었다. 따라서 나는

82) 전게서, 泉田宗健, 18쪽.

83) 전게서, 鎌田茂雄, 25쪽. 『만송어록(万松語錄)』券四에 기록되어 있다.

넝마를 두른 승려에 지나지 않는다.

- 사후 자의紫衣를 입은 나의 화상畵像을 걸어서는 안 된다. 일원상一圓相을 나의 초상으로 대신하라. 꽃·초·향은 임의에 맡긴다.
- 바리때鉢盂와 공물은 절대 바치지 말라.
- 만일 마음이 있는 자가 있다면 가지고 온 향 하나만 올려 달라. 이 또한 그 사람의 자유이다. 나는 상관없다.
- 부의를 가져온 자가 있다면 그것이 설사 좁쌀 만한 알이라 할지라도 받아서는 안 된다.
- 나의 사후 선사라는 칭호를 받아서는 안 된다.
- 본 절의 조사당에 위패를 모셔서는 안 된다. 만일 혼자서 기도하고자 위패를 모시는 자가 있다면 이를 태워버려라. 그렇게 해 주는 자가 바로 나에게 가장 친절한 자이다.
- 다이토쿠지 산내의 장로들이 입적하면 재를 올릴 때 승려나 손님에게 내는 식사가 있다. 나는 다이토쿠지를 떠나 몸을 황야에 던져 버린 자이다. 그러므로 본사에 대한 것은 전혀 모른다. 다시 한 번 말하지만 식사를 제공하지 말라. 이는 갑자기 생각한 것이 아니라, 계속 마음에 품어 온 것이다.
- 나의 몸을 화장하지 말라. 내가 죽으면 밤중에 조용히 산에 메고 가 깊이 땅을 파고 묻어 달라. 그리고 잔디로 덮어 가려 달라. 무덤 형태를 만들어서는 안 된다. 이는 묻힌 곳을 다시는 찾지 못하도록 하기 위함이다. 나의 장례를 도와준 사람들도 두 번 다시 묻힌 장소를 찾아서는 안 된다.
- 나의 숨이 끊기면 야간에 재빠르게 야외로 가져가라. 만일 낮에 숨이 끊겼다면 죽었다고 말해서는 안 된다. 밤을 기다려 조용히 옮겨 달라. 돌아와 향을 피우는 것은 괜찮지만 독경을 해서는 안 된다.

• 절 안팎에 석탑을 세우지 말라. 선사 슌포春浦의 게송을 기억하라. 특히 연기年忌[84]를 칭하는 불사를 해서는 안 된다.[85]

일원상一圓相과 유계遺戒를 남긴 후, 1645년 12월 11일 다쿠앙은 앓아눕게 된다. 다음해 1월 27일 주위에는 제자들이 스승의 임종을 지켜보고 있었다. 그때 제자들은 스승 다쿠앙에게 수행하는 자들을 위해 게송偈頌을 남겨줄 것을 간절히 청했다. 다쿠앙은 앓아눕기 몇 달 전에 덴유天裕화상에게 편지를 보내 자신은 죽을 때 어떤 게송도 남기지 않겠다고 전했었다. 하지만 제자들의 간절한 부탁에 붓을 들어 꿈夢이란 한 자를 크게 쓰고 숨을 거두었다.[86] 다쿠앙이 가장 좋아한 경전은 『금강경金剛經』으로 꿈夢은 『금강경』의 근본정신이다.[87] 다쿠앙은 평생 『금강경』을 실천해 옮기고자 노력했다.

澤庵宗彭, 夢語,1624년, Nomura Art Museum 소장품

84) 연기는 사람이 죽은 뒤 3년, 7년 되는 날에 그 사람의 명복을 비는 불사를 말한다.

85) 전세서, 鎌田茂雄, 26~27쪽. 『만송어록(万松語錄)』券四.

86) 전게서, 12쪽. 전게서, 鎌田茂雄, 24~25쪽. 『만송어록(万松語錄)』에 나오는 내용이다.

87) 鎌田茂雄, 『いのちの探求』, 日本放送出版協會, 2000, 236~237쪽.

꿈에 대한 내용은 『금강경』의 마지막 부분인 제32절 응화비진분應化非眞分 게문偈文에 다음과 같이 실려 있다.

一切有爲法 如夢幻泡影
如露亦如電 應作如是觀[88]

일체의 유위법은 꿈과 같고, 환상 같고, 물거품과 같고, 그림자와 같으며, 이슬과 같고, 또한 번개와 같으니, 마땅히 이와 같은 관법을 할지어다. 그와 같이 보는 것이 좋다.[89]

즉 다쿠앙은 『금강경』의 한 글귀를 남기고, 향년 73살을 일기로 파란만장한 삶을 마쳤다. 『금강경』의 중심 사상은 집착하지 않는 마음이다. 세상에서 사람이 무엇인가 선을 행할 때에는 대개 그것을 분명한 형태로 남기고, 나아가서는 자기의 이익을 도모하려고 하는 경우가 적지 않다. 『금강경』은 이를 경계하여 구도자 · 훌륭한 사람들은 발자취를 남기려고 하는 생각에 집착하지 말고, 보시를 행하지 않으면 안 된다고 말하고 있다. 또 구도자가 만약 나는 사람들을 인도했다고 하는 생각을 일으켰다고 한다면, 그는 진실한 구도자가 아니다라고 말하고 있다.[90]

---

88) 李箕永, 『金剛經』(木鐸新書 3), 韓國佛教研究院, 1978, 171쪽. 금강경은 '금강경(金剛經)' 또는 '금강반야경(金剛般若經)'이란 약칭으로서, 자세한 한역으로는 '금강반야바라밀경(金剛般若波羅密經)' 또는 '능단금강반야바라밀경(能斷金剛波羅蜜經)'이라고 전해지는 경전이다. 모든 반야(般若)경전 가운데에서도 가장 간결하여 많이 읽혀지는 것은 '반야심경(般若心經)'이며, 이에 다음으로 널리 읽혀지는 것이 '금강경'이다. 선종에서는 오조 홍인 이래 특히 중요시 되어, 육조 혜능은 아직 출가하지 않았을 때에, 어떤 사람이 이 경문을 독송하는 것을 듣고, 발심했다고 한다. 이 이야기는 『경덕전등록(景德傳燈錄)』에 전해진다. (12쪽).

89) 전게서, 171쪽.

90) 전게서, 23쪽.

우리는 돈, 사회적 지위, 사회적 평판, 외모, 자신에 대한 완벽성 등에 휘둘리면서 살고 있다. 나 자신이 만든 나 자신의 가치 기준을 절대시하면서 그것에 휘둘리면서 살고 있다. 고통은 이로부터 오는 것이다. 『금강경』은 어떻게 나 자신이 만든 생각과 상相들로부터 자유롭게 해방될 수 있는지를 설하고 있다. 나 자신이 만든 생각과 상들로부터 자유로워 질 때 나 자신도 세계도 있는 그대로 보일 것이다.

필자는 중세 서양의 신비주의 사상가들을 인용했었다. 에크하르트M. Eckhart와 소이세H. Seuse도 우리가 만든 상相들로부터 벗어나, 버리고 떠나라고 말한다. 즉 자기나 자신의 것에 머무르지 말라는 뜻이다. 그때 우리는 어떤 것에도 휘둘리지 않고 진리에 따라 확신을 갖고 살 수 있기 때문이다. 또한 참다운 고요와 진정한 행복을 맛볼 수 있다. 에크하르트와 소이세는 이를 통해 신과 하나 될 수 있다고 말하고, 다쿠앙은 부처가 될 수 있다고 말한다. 우리는 흔히 서양에는 동양의 공空사상이 없다고 말한다. 또한 동양의 무도사상은 철학이 있고, 서양의 것에는 동양과 같은 심오한 철학이 없다고 단정하는 경우가 많다. 이 또한 자기가 만든 상相에 갇히는 꼴이다.

꿈夢이란 한자는 다쿠앙의 사상을 응집시킨 단어였다. 지위에도 명예에도 그 어디에도 집착하지 않고, 본연의 천리天理에 따라 자재무애自在無礙하게 산 다쿠앙의 생애야 말로 『금강경』이 말하는 근본정신을 체현한 삶이었다고 할 수 있다.[91] 또한 이러한 사상은 『부동지신묘록』에 구구절절 녹아 있다. 그러므로 『부동지신묘록』은 마음 혹은 정신을 강화하고자 하는 운동선수뿐만 아니라 마음을 수련하고자 하는 모든 분들의 지침서가 될 수 있는 것이다.

91) 전게서, 鎌田茂雄, 『いのちの探求』, 237쪽.

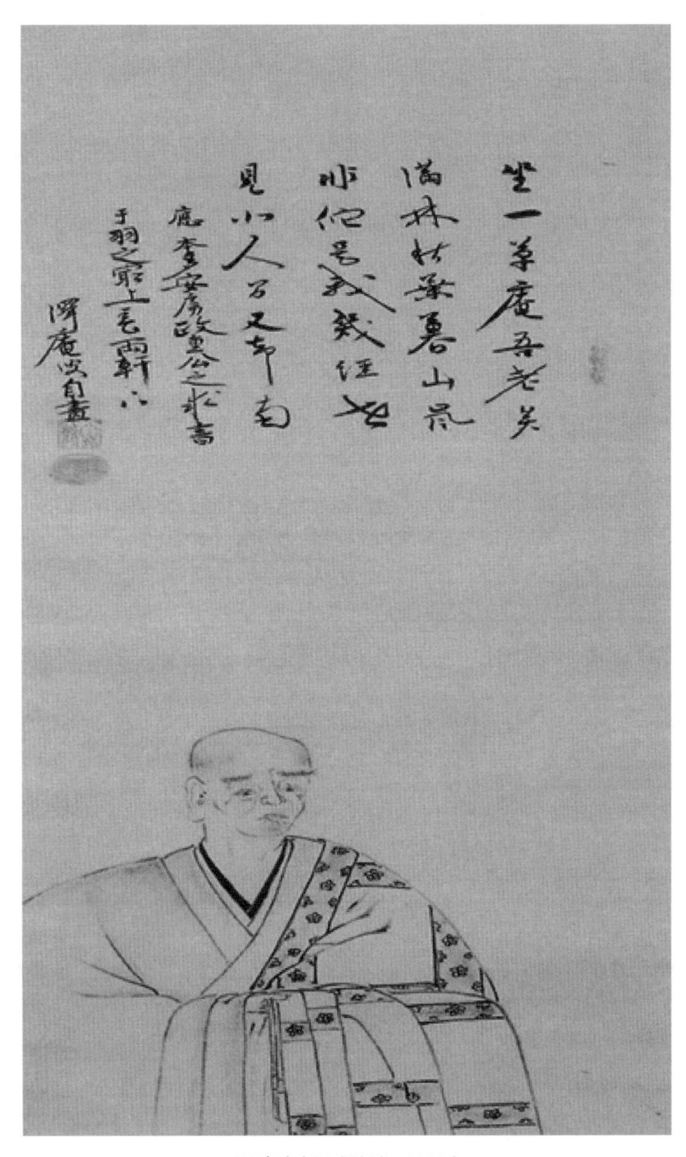

澤庵宗彭 자화상, 1629년
Ishikawa Prefectural Museum of Art 소장품

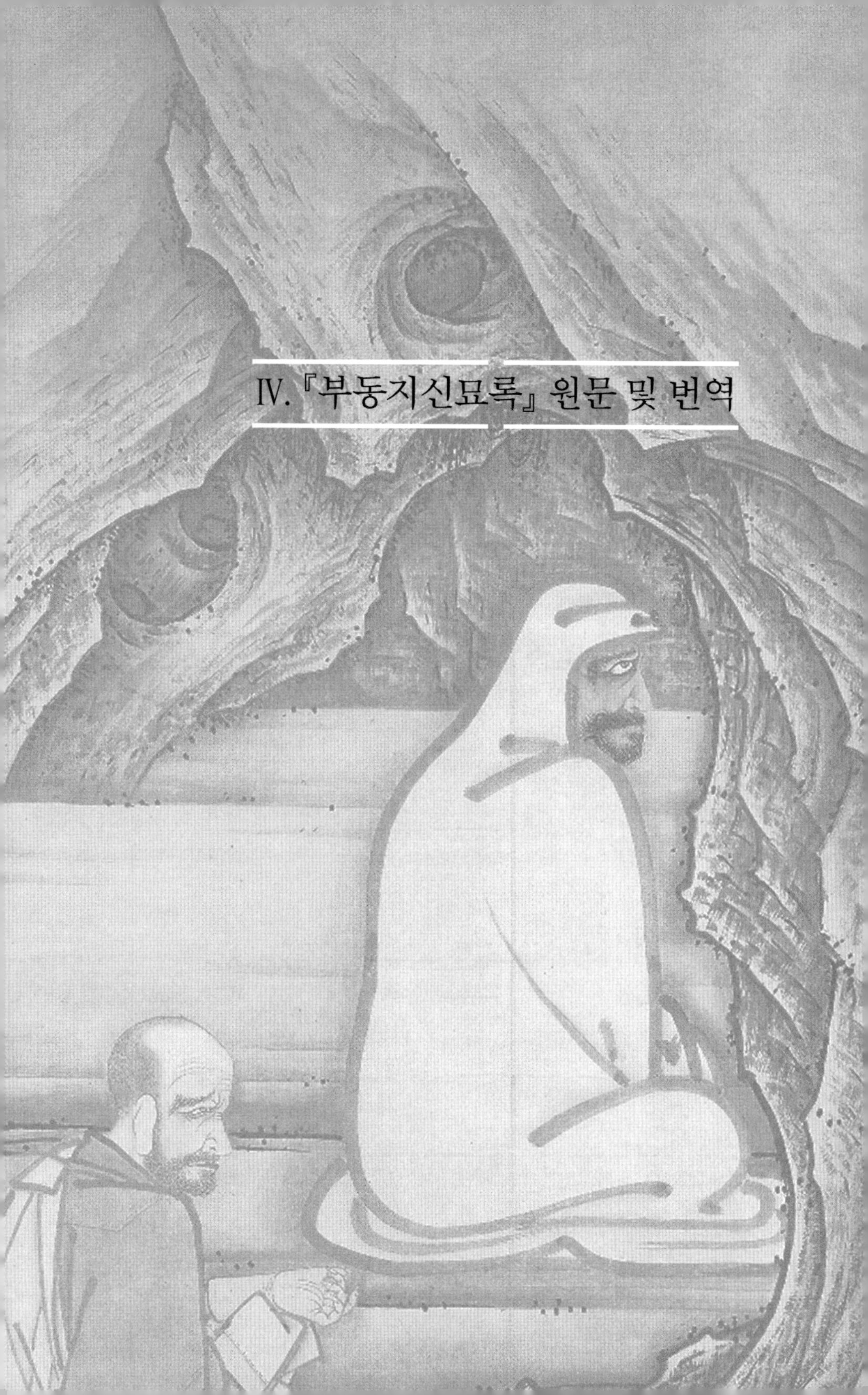

Ⅳ.『부동지신묘록』 원문 및 번역

Ⅳ.『부동지신묘록』 원문 및 번역

不動智神妙録[1]

원문[2]

無明住地煩惱

無明とは,明になしと申す文字にて候。迷を申し候。住地とは,止る位と申す文字にて候。佛法修行に,五十二位と申す事の候。その五十二位の內に,物每に心の止る所を,住地と申し候。住は止ると申す義理にて候。止ると申すは,何事に付ても其事に心を止るを申し候。貴殿の兵法にて申し候はゝ,向ふより切太刀を一目見て,其儘にそこにて合はんと思へは,向ふの太刀に其儘に心か止りて,手前の働か抜け候て,向ふの人にきられ候。是れを止ると申し候。

打太刀を見る事は見れども,そこに心をとめず,向ふの打太刀に拍子合

1) Daisetz T.Suzuki. Zen and Japanese culture, Tuttle Publishing, 1988. Takuan Sōhō, trans. William Scott Wilson. The Unfettered Mind:Writings from a Zen master to a master swordsman, Shambhala, 2012. Daisetz T.Suzuki는 'The Mystery of PrajñāImmovable'로 번역했다. William Scott Wilson은 'The Mysterious record of Immovable wisdom'으로 번역했다.

2) 원문으로 澤庵和尙全集刊行會 編,『澤庵和尙全集』第1巻, 澤庵和尙刊行會, 1928에 수록된 細川侯爵家藏版『不動智神妙錄』을 사용했다. 市川白弦,『日本の禪語錄』第13巻, 講談社, 1978, 199~238쪽. 市川는 澤庵和尙刊行會가 사용한 細川侯爵家藏版『不動智神妙錄』의 잘못된 문자와 어구를 수정하고, 한자는 일본 현행 한자로 고쳤다(94쪽). 예를들어, 佛을 仏로 표기했다. 본서는 市川가 잘못된 문자와 어구라고 수정한 부분만 주를 달았다.

せて,打たうとも思はず,思案分別を殘さず,振上る太刀を見るや否や,心を卒度止めず,其まゝ付入て,向ふの太刀にとりつかは,我をきらんとする刀を,我か方へもぎとりて,却て向ふを切る刀となるべく候。

번역[3)]

1. 부동지신묘록

상대에 대응해서 움직여라

무명주지번뇌에 대해서
무명無明을 풀어쓰면 명료하지 않다는 것이고, 마음이 무엇에 홀린迷 상태를 말한다. 주지住地란 멈추어져 있는 상태를 말한다. 불법 수행에는 52개 경지가 있는데, 그 중 마음이 어딘가에 머무는 상태를 주지住地라고 한다. 여기서 주住란 머문다는 의미이고, 지地란 어딘가에 마음을 둔다는 뜻이다.

이를 병법에 비유해 말하자면 다음과 같다. 만일 상대가 휘두른 칼을 보고 즉시 이에 대응하고자 할 때 상대의 칼에 마음을 빼앗기면 어떻게 될까? 결과는 뻔하다. 자신의 움직임이 둔해지고, 결국 상대의 칼에 베이고 말 것이다. 이는 주지住地 즉 마음이 어딘가에 머물렀기 때문이다.

---

3) 번역에 있어서는 鈴木大拙·北川桃雄 譯,『禪日本文化』, 岩波新書, 1964(改訂版), 70~86쪽. 吉田豊,『武道秘傳書』, 德間書店, 1968, 83~109쪽. 市川白弦,『日本の禪語錄』第13巻, 講談社, 1978, 199~238쪽. 鎌田茂雄,『禪の心劍の極意. 澤庵の「不動智神妙錄」に學ぶ』, 柏樹社, 1987, 53~191쪽. Takuan sōhō, Translated by William Scott Wilson, The unfettered mind~Writings from a Zen master to a master swordsman, Shambhala, 2012, 1~79쪽 등을 참조했다.

물론 상대가 휘두른 칼을 보지 말라는 뜻이 아니다. 보긴 보더라도 거기에 마음을 빼앗기지 말라는 뜻이다. 또한 일부러 상대의 박자에 맞춰 반격하려고 들지 말고, 이 생각 저 생각하지 말고, 상대의 칼을 봄과 동시에 뛰어들어 그 칼을 낚아채 빼앗는다면 상대의 칼은 오히려 상대를 위협하는 칼이 될 것이다.

보족[4]

『부동지신묘록』은 1638년경 다쿠앙이 무네노리에게 준 서간이다.[5] 이는 다쿠앙이 유배지에서 성주 도키 요리유키土岐頼行에게 가르친 '삼공일심관三空一心觀'과 유배지에서 돌아와 쇼군 이에미츠에게 가르친 병법담화兵法談話를 바탕으로 쓰여진 것이다. 요리유키는 다쿠앙의 선에 창술을 결합시켜 새로운 창술유파를 고안했고, 이에미츠는 다쿠앙에게 들은 병법 강화 내용에 감동해, 그 내용을 글로 적어 줄 것을 부탁했었다.

다쿠앙은 수행에 있어서 집착이 큰 방해가 된다고 보고, 집착을 제거하는 수행법을 설하고 있다. 적과 대치했을 때 자신의 마음을 잘 컨트롤하는 것이 승리의 결정적인 요인이 되기 때문이다.

다쿠앙은 서간에 제목을 붙이지 않았다. 『부동지신묘록』이란 제목은 후대 사람들이 붙인 제목이다. 부동이란 원래 『화엄경華嚴經』「십지품十地品」에 나오는 말로, 십지품은 보살 수행의 깊은 경지를 단계적으로 설한 것이다. 십지품은 다음과 같다.

---

4) 보족(補足)이 필요하다고 생각되는 부분만 보족을 달았다.

5) 전게서, 泉田宗健, 377쪽.

환희지歡喜地, 이구지離垢地, 명지明地, 염지焰地, 난승지難勝地, 현전지現前地, 원행지遠行地, 부동지不動地, 선혜지善慧地, 법운지法雲地

부동지는 이 중 여덟 번째 단계로 수행이 완성되면 마음이 그 어디에도 동요되지 않고, 자연스럽게 보살행을 할 수 있는 경지를 말한다. 부동지의 경지에 도달한 보살을 '심행보살深行菩薩'이라 부른다. 심행보살은 상념想念, 망념빈착妄念貧著, 집착執着 등을 일체 끊어 버린 보살로, 이 보살의 심적 상태를 다른 사람이 깨뜨릴 수 없다. 그래서 부동지不動智라 불리는 것이다.[6]

무명주지번뇌無明住地煩惱는 다쿠앙이 『금강경』에서 인용한 것이다.[7] 다음은 『금강경』 제4절 '묘행무주분妙行無住分'이다.

(妙行無住分) 復次 須菩提 菩薩 於法 應無所住 行於布施. 所謂 不住色布施. 不住聲香味觸法布施. 須菩提 菩薩應如是布施 不住於相. 何以故 若菩薩 不住相布施 其福德 不可思量. 須菩提 於意云何. 東方虛空 可思量不.[8]

그리고 또 수보리여, 보살은 응당 법에 머무르는 바 없이 보시布施를 행할지니라. 이른바 색에 머물지 않는 보시며, 성聲·향香·미味·촉觸·법法에 머물지 않고서 보시하는 것이니라. 수보리여, 보살은 마땅히 이와 같이 보시하여. 相에 머무르지 말 것이니라. 무슨 까닭인가? 만약 보살이 상에 머무르지 않고 보시하면 그 복덕福德은 가히 생각으로 헤아

6) 鎌田茂雄, 『いのちの探求』, 日本放送出版協會, 2000, 150쪽.

7) 전게서, 244~245쪽.

8) 李箕永, 『金剛經』(木鐸新書), 韓國佛敎硏究院, 1978, 41쪽.

릴 수 없는 것이기 때문이니라. 수보리여, 네 생각이 어떠한가? 동방의 허공東方虛空을 가히 헤아릴 수 있겠는가?[9]

무명주지번뇌無明住地煩惱에서는 마음을 어딘가에 빼앗기면 오히려 상대에게 베이고 만다고 지적하고 있다. 적을 단칼에 베는 것은 어렵지 않을 수 있다. 하지만 상대에게 베이지 않는 것은 쉽지 않다. 다쿠앙은 한 번 치고 들어갔다면, 실패할지 성공할지의 여부에 그곳에 마음을 두지 말고 마음을 무無로 해 성공할 때까지 여러 번 치고 들어가는 것이 중요하다고 말하고 있다. 이와 같이 부동지不動智를 몸에 익히면 우리가 살아가는데 있어서 생사를 해결하는 큰 지침이 될 수 있다.

원문

禪宗には是を還把ニ鎗頭一倒刺レ人來ると申し候。鎗はほこにて候。人の持ちたる刀を我か方へもぎ取りて。[10] 還て相手を切ると申す心に候。貴殿の無刀と仰せられ候事にて候。向ふから打つとも,吾から討つとも,打つ人にも打つ太刀にも,程にも拍子にも,卒度も心を止めれば,手前の働は皆抜け候て,人にきられ何レ申候。敵に我身を置けば,敵に心をとられ候間,我身にも心を置くべからず。我か身に心を引きしめて置くも,初心の間,習入り候時の事なるべし。太刀に心をとられ候。拍子合に心を置けば,拍子合に心をとられ候。我太刀に心を置けば,我太刀に心をとられ候。これ皆

9) 전게서, 41쪽.

10) 市川白弦, 『日本の禪語錄』第13卷, 講談社, 1978, 200쪽. 人の持ちたる刀を我か方へもぎ取りて,로 표기되어 있다. 市川는 마침표가 아니라 쉼표가 옳다고 보고 있다.

心のとまりで,手前抜殼になり申し候。貴殿御覺え何レ有候。佛法と引當て申すにて候。佛法には,此止る心を迷と申し候。故に無明住地煩惱と申すことにて候。

번역

미혹되지 말라

선종의 가르침에 "창끝을 돌려 오히려 상대를 찌른다"[11]는 말이 있는데, 이는 상대가 가진 칼을 빼앗아 오히려 상대를 벤다는 뜻이다. 이것이 바로 당신(야규 무네노리)이 말하는 무도無刀가 아닐까?.

상대의 칼 혹은 상대와 나의 거리, 박자 중 어느 한 곳에라도 마음을 빼앗긴다면, 자신의 움직임이 둔해지고 결국 상대에게 베이고 만다는 사실을 잊어서는 안 된다. 이는 상대쪽에서 먼저 칼을 휘둘러 들어오든 이쪽에서 베어 들어가든 마찬가지이다. 적의 마음에 나의 마음을 둔다면 적에게 마음을 빼앗기는 형상이 되고, 나의 신체에 마음을 둔다면 나의 신체에 마음을 빼앗기는 꼴이 되기 때문에 자신에게 마음을 두는 것 또한 경계해야 한다.

하지만 처음 배울 때 신체를 의식하는 것은 당연한 일이다. 또한 칼에 마음을 두면 칼에 마음을 빼앗기게 되고, 상대와 나의 박자나 거리에 마음을 두면 그 박자나 거리에 마음을 빼앗기는 꼴이 된다. 이는 자신의 마음을 어느 한 곳에 빼앗김으로써 자신의 마음이 빈 껍질이 된 상태라 할

11) 還把槍頭到人來, 『벽암록』 제41칙 조주가 묻기를 "아주 죽어 버린 자가 살아나면 어떻게 하겠소?"(趙州大死底人), 안동림 역주, 『벽암록』, 현암사, 1999, 240~243쪽 참조.

수 있다. 나는 이를 불법에 적용시켜서 말한 것이다. 불법에서는 마음을 어느 한 곳에 두는 것, 즉 마음을 어느 한 곳에 빼앗기는 것을 마음이 흐려져 무엇에 홀렸다고 하고, 이를 '무명주지번뇌無明住地煩惱'라고 한다.

보족

다쿠앙은 이기려고만 하는 마음을 병이라고 지적하고, 이를 '무명주지번뇌無明住地煩惱'라고 말한다. 피나는 연습을 했다고 생각해 자신의 실력을 보여주려고 하는 것 또한 병이라고 지적하고 있다. 또한 병에서 벗어나고자 하는 것도 병이다. 그러므로 한 곳에 마음을 집착시키지 않는 것이 승리의 결정적인 요인이다. 미야모토 무사시宮本武藏도 마음의 중요성에 대해 『오륜서五輪書』 수지권水之卷에서 다음과 같이 말하고 있다.

敵の太刀をしり, 聊かも敵の太刀を見ずといふ事, 兵法の大事なり。[12)]

물론 적의 칼의 움직임을 아는 것이 중요하지만, 적의 칼의 움직임에 마음을 빼앗기지 않는 것이야말로 병법에서 가장 중요한 것이다.

상대의 움직임에만 주목하면 전체를 볼 수 없다. 이는 병법뿐만 아니라, 만사에 적용되는 보편적인 진리이다. 무사시는 바로 앞에 있는 대상만 보는 것을 견見이라고 하고, 크게 전체적으로 보는 것을 관觀이라 말하고 있다.[13)] 우리는 관觀할 때 상대를 전체적으로 파악할 수 있는 것이다.

12) 宮本武藏 · 渡部一郎 校注, 『五輪書』(岩波文庫), 岩波書店, 46쪽. 兵法の目付といふ事.

13) 鎌田茂雄, 『五輪書』, 講談社, 1986, 102~105쪽.

원문

諸佛不動智と申す事.

不動とは,うごかずといふ文字にて候.智は智慧の智にて候.不動と申し候ても,石か木かのやうに,無性なる義理にてはなく候.向ふへも,左へも,右へも,十方八方へ,心は動き度きやうに動きながら,卒度も止らぬ心を,不動智と申し候.不動明王と申して,右の手に劍を握り,左の手に縄を取りて,歯を喰出し,目を怒らし,佛法を妨けん惡魔を,降伏せんとて突立て居られ候姿も,あの様なるが.[14] 何國の世界にもかくれて居られ候にてはなし.容をば,佛法守護の形につくり,體をば,この不動智を體として,衆生に見せたるにて候.一向の凡夫は,怖れをなして佛法に仇をなさじと思ひ.[15] 悟に近き人は,不動智を表したる所を悟りて,一切の迷を晴らし,即ち不動智を明めて,此身則ち不動明王程に,此心法をよく執行したる人は,惡魔もいやまさぬぞと,知らせん爲めの不動明王にて候.

번역

부동지를 깨달아라

제불부동지諸佛不動智라는 것에 대해서,

부동不動이란 움직이지 않는다는 뜻이고, 지智는 지혜智慧의 지智를 말하

14) 전게서, 市川白弦, 원문은 마침표로 되어있지만, 市川는 쉼표로 고쳤다. あの様なるが,

15) 전게서, 원문은 마침표로 되어 있지만, 市川는 쉼표로 고쳤다. 一向の凡夫は,怖れをなして佛法に仇をなさじと思ひ,

는 것이다. 하지만 움직이지 않는다고 해서, 돌이나 나무처럼 생명이 없는 것을 의미하는 것은 아니다. 마음이 이쪽저쪽, 왼쪽 오른쪽으로 마음 가는 대로 움직이면서도, 조금도 그 곳에 마음이 멈추지 않는 경지를 부동지不動智라 한다.

오른손에는 검을 왼손에는 밧줄을 가지고, 이를 드러내고 눈을 부릅뜬 채 불법을 방해하는 악마를 짓누르려고 서 있는 부동명왕不動明王을 본 적이 있을 것이다. 부동명왕은 맹목적으로 세워져 있는 것이 아니라 사람들에게 (진리를) 가리키려고 만든 것이다. 부동명왕이 있는 이유는 범부들에게는 불법을 거스르지 않게 함이고, 깨달음을 얻고자 노력하는 사람에게는 부동지 수행을 계속하면 부동명왕처럼 어떤 악마도 이겨낼 수 있다는 것을 깨닫게 하기 위함이다.

보족

이미 상술한 바와 같이 부동은 『화엄경華嚴經』의 용어로 마음이 그 어디에도 동요되지 않는 것이다. 『화엄경華嚴經』은 『금강경金剛經』과 더불어 다쿠앙이 가장 애용한 경전이었다. 마음이 동요되지 않는다고 해서 돌이나 나무처럼 전혀 움직이지 않는 것을 의미하지는 않는다. 오히려 사방팔방으로 움직이면서도 조금도 동요되지 않는 상태가 부동지이다.

부동은 야규 무네노리의 『병법가전서兵法家傳書』에도 나오는 용어이다. 그 내용은 일맥상통한다.

口に大聖不動と唱へ,身をたゞしくして合掌して,意に不動のすがたを観ず。此時,身口意(みとくちとこゝろと)の三業平等にして,一心みだれず。是を三密平等と云。卽ち敬の字の意趣に同じ。敬は卽ち本心の德にかなふ也。然ども行ふ間の心なり。合掌をはなち,佛名をとなへやみぬれば,心の佛像ものきぬ。更又もとの散亂の心也。16)

예를 들어, 입으로 부동명왕의 이름을 부르면서 몸을 바르게 하고, 합장한 채 부동명왕의 모습을 마음으로 생각하면 자신의 몸과 입과 마음이 하나가 되고 마음이 흐트러지지 않게 된다. 이러한 경지를 삼밀평등三密平等의 경지라 부른다. 이는 경敬의 마음과 같은 것으로 불법 본래의 가르침이다. 하지만 이는 우리가 기도드릴 때의 마음가짐에 지나지 않는다. 합장을 하고 부처님의 이름을 부르다가 갑자기 이를 멈추면 다시 원래의 흐트러진 마음으로 돌아가고 만다.

원문

然れば不動明王と申すも,人の一心の動かぬ所を申し候。又身を動轉せぬことにて候。動轉せぬとは,物每に留らぬ事にて候。物一目見て,其心を止めぬを不動と申し候。なぜなれば,物に心が止り候へば,いろ／＼の分別が胸に候間,胸のうちにいろ／＼に動き候。止れは止る心は動きても動かぬにて候。譬へば十人して一太刀づゝ我へ太刀を入るゝも,一太刀を受流して, 跡に心を止めず,跡を捨て跡を拾ひ候はゞ,十人ながら へ働を缺かさぬにて候。17) 十人十度心は働けども,一人にも心を止めずば,次第に取合ひて働は缺け申間敷候。若し又一人の前に心が止り候はゞ,一人の打太刀

16) 柳生宗矩 · 渡部一郎 校注,『兵法家傳書』(岩波文庫), 岩波書店, 2003(16쇄), 62쪽.

17) 전게서, 市川는 十人ながらへ働を欠かさぬにて候.로 고쳤다.

をば受流すべけれども,二人めの時は,手前の働抜け可レ申候。

번역

열 명의 적이라도 두렵지 않다

부동명왕은 움직이지 않는 사람의 마음을 형상으로 드러낸 것이다. 이처럼 마음을 움직이지 않게 하는 것이 중요하다. 마음을 어딘가에 움직이게 한다는 것은 마음이 특정한 외부세계에 머무는 것을 의미한다. 만일 어딘가에 마음이 머문다면 그로 인해 여러 가지 분별심이 생기게 되고, 결국 분별심이 마음을 어지럽히고 말 것이다. 이처럼 마음이 특정한 곳에 머물게 되면 마음을 움직이려고 해도 움직일 수 없게 된다.

예를 들어, 검劍을 든 열 명의 적이 한 명씩 공격해 들어온다고 하자. 그 때 한 명씩 한 명씩 상대하면서 마음을 멈추지 않고 계속해서 들어오는 상대의 공격을 받아낸다면, 열 명의 적을 상대로 응전한다 할지라도 부족함이 없을 것이다. 즉 열 명을 상대로 열 번 마음을 움직이면서도 그 중 누구에게도 마음을 두지 않는다면 계속해서 응전해도 부족함이 없을 것이다. 하지만 혹시 한 사람에게 마음을 둔다면, 그 사람의 칼을 받아 흘릴 수는 있겠지만, 그 다음 치고 들어오는 적을 막을 여유가 없어지고 말 것이다.

보족

여러 명의 적을 상대하는 이야기는 미야모토 무사시의 『오륜서五輪書』

「수지권水之券」에도 나오는 내용이다.

多敵のくらの事
多敵のくらゐといふは,一身にして大勢とたゝかふ時の事也。我刀わきざしをぬきて,左右へひらく,太刀を横にすてゝかまゆる也。敵は四方よりかゝるとも,一方へおいまはす心也。敵かゝるくらぬ,前後を見わけて,先へすゝむものに,はやくゆきあひ,大きに目をつけて,敵打出すくらゐを得て,右の太刀も左の太刀も,一度にふりちがへて,待つ事悪しし。はやく兩脇のくらゐにかまへ,敵の出でたる所を,つよくきりこみ,おつくづして,其儘又敵の出でたる方へかゝり,ふりくづす心也。いかにもして,敵をひとへにうをつなぎにおいなす心にしかけて,敵のかさなると見へば, 其儘間をすかさず,強くはらいこむべし。敵あひこむ所,ひたとおいまはしぬれば,はかのゆきがたし。又敵の出づるかた/\と思へば,待つ心ありて,はかゆきがたし。敵の拍子をうけて,くづるゝ所をしり,勝つ事也。折々あひ手を余多よせ,おひこみつけて,其心を得れば,一人の敵も,十,二十の敵も,心安き事也。能く稽古して吟味有るべき也。18)

적이 다수일 경우

다적지위多敵之位라는 것이 있다. 이는 혼자서 여러 명을 상대하는 경우를 말한다. 자신의 큰 칼太刀과 작은 칼脇差19)을 뽑아, 양칼을 좌우로 크

18) 전게서, 宮本武藏 · 渡部一郎 校注, 70~72쪽. 多敵のくらいの事.

19) 무사들은 허리에 2척(尺)이상 3척(90cm) 미만의 다치(太刀)라는 칼과 2척 미만(50cm)의 와키자시(腰刀)를 차고 다녔다. 와키자시(요도)는 주로 호신용으로 사용되었다.

게 벌려 자세를 잡는다. 적이 사방에서 치고 들어온다 하더라도 한 사람 한 사람을 그때그때 막아낸다. 적이 치고 들어올 순간의 전후를 파악해, 먼저 치고 들어오는 자를 먼저 막아낸다. 주위를 멀리 내다보고 적이 들어오는 위치를 파악해, 좌우의 칼을 마치 잘못 휘두른 것처럼 벤다.

벤 뒤에는 그대로 기다려서는 안 된다. 재빨리 다시 자세를 잡고, 다른 적이 나오면 강하게 베어 들어가 밀어 쓰러뜨리고 또 적이 나오면 달려들어 밀어 쓰러뜨려야 한다. 무엇보다 중요한 것은 적을 한 번에 밀어붙이는 것이다. 적의 대열이 흐트러지는 것이 보이면 그 틈을 놓치지 말고, 강하게 치고 들어가야 한다. 적의 대열이 흐트러지기만을 기다려서는 안 된다. 적이 치고 나올 때를 기다려 받아 친다면, 이는 후수後手가 되고 만다. 적이 치고 들어오는 박자를 파악해 그 박자를 무너뜨려야만 상대를 이길 수 있다.

그러므로 평소에 많은 상대를 대상으로 연습을 쌓아 다수의 적을 상대하는 호흡을 익히면, 상대가 10명, 20명이라 할지라도 마치 한 명의 적을 상대하는 것처럼 여유를 가지고 싸울 수 있다. 자주 연습하고 이를 끊임없이 연구하는 수밖에 방법이 없다.

이는 혼자서 여러 명을 상대할 때의 마음가짐을 설하고 있는 내용이다. 동시대의 검술가 이토 잇토사이伊藤一刀齋에게도 비슷한 일화가 전해진다. 다음의 잇토사이가 가마쿠라鎌倉에 머물고 있을 때의 이야기이다.

> 잇토사이가 가마쿠라鎌倉에 머물고 있을 때 알고 지내던 여자가 있었다. 그녀는 평판이 안 좋은 여자였지만, 세상을 모르는 잇토사이는 그녀의 감언이설에 빠져 그녀를 철석같이 믿고 있었다. 그녀는 잇토사이에게 원한을

품은 자들에게 매수되어 있었다. 그들은 그녀에게 잇토사이에게 술에 취하게 하고 피로하게 만든 후 곯아떨어지게 하라고 명령했다. 잇토사이가 곯아떨어진 것이 확인되자, 10여 명의 자객이 잇토사이의 침실을 덮쳤다. 잇토사이는 모기장 안에서 곤드레만드레 취해서 자고 있었다.

4명의 자객이 모기장 네 모퉁이에 서서 일제히 모기장 줄을 끊었다. 그 순간 잇토사이는 꿈을 꾸고 있었다. 꿈속에서 여자의 하얀 살이 잇토사이 얼굴 위로 다가왔다. 여자의 살갗이 얼굴에 와 닿자 깜짝 놀란 잇토사이는 눈을 떴다.

잇토사이의 눈에 보이는 것은 여자의 살갗이 아니라 그의 얼굴에 떨어진 모기장이었다. 잇토사이는 반사적으로 양 손으로 모기장을 위로 쳐올리고 몸을 모기장 밖으로 돌렸다. 그와 동시에 잇토사이가 누워 있던 머리, 얼굴, 가슴 부분에 네 자루의 칼이 꼽혔다. 모기장 밖으로 몸을 돌린 잇토사이는 자신의 칼을 놓아 둔 곳으로 재빨리 손을 뻗었다. 칼은 없었다. 이미 여자가 감추어 두었기 때문이었다.

잇토사이는 몸을 숙이고 모기장 끝을 양 손으로 잡고 힘껏 당겼다. 그러자 모기장을 밟고 있던 2명의 자객이 미끄러져 넘어졌다. 잇토사이가 휘두른 모기장이 넘어진 자객의 얼굴을 덮쳤다.

"죽여라!"

또 다른 두 자루의 칼이 모기장 한 쪽 끝을 잡고 장승처럼 우뚝 서 있는 잇토사이를 향해 날아왔다. 잇토사이는 다시 모기장으로 두 자객의 머리를 덮어 앞으로 잡아당긴 후, 손으로 두 자객의 후두부를 내려쳤다. 둘은 고꾸라지고 말았다.

잇토사이는 모기장을 던지고 방 중간에 섰다. 그러자 좌우에서 다른 2명의 자객이 달려들었다. 날아오는 칼을 보고 한 걸음 뒤로 물러나자 자객의 두 칼이 서로 부딪혔다. 그 순간 잇토사이는 오른 쪽에 있는 자객의 옆구리를 발로 차고 비틀거릴 때 재빨리 칼을 빼앗았다.

칼을 손에 든 잇토사이는 두려울 것이 없었다. 잇토사이는 방 밖으로 달려나가 정원으로 뛰어 내렸다. 4명의 자객이 기다리고 있었다. 눈 깜짝할 사이에 2명을 벴다. 남은 2명은 겁에 질려 달아나고 말았다. 집안에서 3명이 뛰어 나왔다. 그 중 1명의 자객이 잇토사이의 칼에 쓰러지자, 2명은 비명을 지르고 달아났다.

다시 방으로 돌아온 잇토사이는 사지死地를 벗어난 안도의 한숨보다 수치심이 치솟아 올랐다. 술과 여자에 빠져 자신의 본래의 위치를 잃어버린 자신이 너무나 한심했다. 여자가 대도와 소도를 감춘 것도 알아채지 못했다. 10여 명의 자객이 집 밖에 있다는 것도 눈치 채지 못했었다. 잇토사이는 며칠 동안 자책하고 반성한 후, 스스로를 자계自戒했다. 이 사건으로 잇토사이는 큰 깨달음을 얻었다.[20]

잇토사이가 고안한 '일도류一刀流'는 현대 검도의 성립에 큰 영향을 주었다. 잇토사이는 이와 같은 경험을 통해 특정 자세에도, 특정 칼에도, 특정 도구에도 집착하지 말라고 말하고 있다.[21]특정 도구에 집착하다보면 그것이 없을 때 패닉 상태에 빠질 수 있기 때문이다. 어느 유명한 검도 선수가 시합용으로 애용하던 죽도가 시합 중 부서져 예선전에서 떨어졌다는 이야기를 들은 적이 있다. 이때의 패배의 원인은 도구에 대한 집착이다. 물론 좋은 도구와 경기력에는 상관관계가 있다. 다쿠앙은 도구에 대한 집착이 오히려 역효과를 불러올 수 있음을 지적하고 있다. 이는

20) 南條範夫, 『日本の劍豪』, 旺文社, 1984, 218~220쪽.

21) 今村嘉雄, 『劍術』2(日本武道大系 第2卷), 同朋舍, 1982, 261~268쪽.

만사에 적용되는 보편적인 이야기이다. 살아가면서 일거리가 한꺼번에 밀어닥칠 때가 있다. 이때 어디부터 일을 시작해야 할지 몰라 안절부절못할 경우가 많다. 시간이 갈수록 마음이 초조해지고 불안해진다. 이럴 때 어떻게 해야 할까? 다쿠앙은 그 해결책을 제시하고 있다. 마음을 비우고 일거리를 바라보면 먼저 처리해야 할 순서가 보인다. 다쿠앙은 먼저 처리해야 할 문제를 하나씩 차근차근 풀어 가라고 말한다. 그렇게 하면 불가능하게 보였던 일들이 기적과 같이 풀릴 것이다. 만사가 이와 같은 것이다.

원문

千手観音とて手が千御入り候はゞ,弓を取る手に心が止らば,九百九十九の手は皆用に立ち申す間敷。一所に心を止めぬにより,手が皆用に立つなり。觀音とて身一つに千の手が何しに可レ有候。不動智が開け候へば,身に手が千有りても,皆用に立つと云う事を,人に示さんが爲めに,作りたる容にて候。假令一本の木に向ふて,其内の赤き葉一つ見て居れば,殘りの葉は見えぬなり。葉ひとつに目をかけずして,一本の木に何心もなく打ち向ひ候へば,數多の葉殘らず目に見え候,[22]葉一つに心をとられ候はゞ,殘りの葉は見えず。一つに心を止めねば,百千の葉みな見え申し候。是を得心したる人は,即ち千手千眼の觀音にて候。然るを一向の凡夫は,唯一筋に,身一つに千の手,千の眼が御座して難レ有と信じ候。又なまものじりなる人は,身一つに千の眼が,何しにあるらん,虚言よ。破り譏る也。[23] 今少

22) 전게서, 204쪽. 數多の葉殘らず目に見え候. 쉼표를 마침표로 고쳤다.

23) 전게서, 204쪽. 虚言よ,と破り譏る也.로 고쳤다.

し能く知れば,凡夫の信ずるにても破るにてもなく,道理の上にて尊信し,佛法はよく一物にして其理を顯す事にて候。諸道ともに斯様のものにて候。神道は別して其道と見及び候。有の儘に思ふも凡夫,又打破れば猶惡し。其内に道理有る事にて候。此道,彼道さまぐに候へども,極所は落着候。

번역

천수관음의 부동지不動智

천수관음은 천개의 손을 가지고 있는 보살이다. 활을 든 손, 창을 든 손, 검을 든 손 등 다양한 손을 가지고 있지만, 만일 활을 든 손에 마음이 멈춘다면 어떻게 될까? 남은 구백 구십 구개의 손은 전혀 도움이 되지 않고 말 것이다. 마음을 어디에도 두지 않음으로 인해 천 개의 손이 모두 도움이 되는 것이다.

천수관음에게 왜 천 개의 손이 있는 것일까? 천수관음은 비록 천 개의 손이 있다 할지라도, 부동지를 깨달으면 그 천 개의 손이 모두 도움이 될 수 있음을 사람들에게 가르치고자 만든 형상이다.

예를 들어, 한 그루의 나무가 있다고 하자. 그 중 붉게 물든 나뭇잎 한 장만 본다면, 다른 잎들은 보이지 않게 될 것이다.

한 장의 나뭇잎에 마음을 두지 않고, 의식하지 않은 채 나무 전체를 바라본다면 많은 나뭇잎을 볼 수 있을 것이다. 한 장의 나뭇잎에 마음을 빼앗기면 남은 잎은 보이지 않게 된다. 반면 한 장의 나뭇잎에 마음을 빼앗기지 않는다면 수많은 잎을 볼 수 있을 것이다.

이 도리를 깨달은 사람은 천 개의 손과 천 개의 눈을 가진 자와 같다.

범부는 (이론적으로) 하나의 신체에 천 개의 손과 천 개의 눈이 있을 수 없다고 생각하고, 어리석은 자는 하나의 신체에 천 개의 눈이 있을 수 없다고 생각해 불법을 어리석다고 비난한다. 하지만 (깨달음을 구하는 자는) 범부처럼 생각하거나 어리석다고 비난하지 않고, 오히려 도리를 알고 존경하고 믿는다. 불법은 도리를 알리고자 하는 것이다.

이는 불법만이 아니라, 도리를 알리고자 하는 모든 가르침도 마찬가지이다. 신도神道 또한 그러하다.

(그렇다고 해서) 범부는 있는 그대로의 대상만 본다고 비난하지도 말라. 사실 그 어디에도 그 속에는 도리가 포함되어 있다. 세상에는 여러 가지 길이 있지만, 결국 그 도달하는 곳은 같은 곳이다.

보족

부동명왕에 이어 천수관음을 통해 동요되지 않는 마음의 중요성을 설하고 있다. 천수관음은 부동의 지혜를 구비한 상징적인 존재이다. 우리는 한 곳을 집중해서 볼 때 다른 곳을 놓치게 되는 것을 경험한다. 전체를 보자. 이는 견見하지 말고 관觀하라는 가르침이다. 하나의 일에 마음을 빼앗기지 않으면 만사에 잘 대응할 수 있을 것이다.

원문

扨初心の地より修行して不動智の位に至れば,立歸て住地の初心の位へ落つべき子細御入り候。貴殿の兵法にて何申候。初心は身に持つ太刀の構も何も知らぬものなれば,身に心の止る事もなし。人が打ち候へは,つひ取合ふばかりにて,何の心もなし。然る處にさまぐの事を習ひ,身に持つ太刀の取様,心の置所,いろいろの事を教へぬれば,色々の處に心が止り,人を打たんとすれば,兎や角して殊の外不自由なる事,日を重ね年月をかさね,稽古をするに從ひ,後は身の構も太刀の取様も,皆心のなくなりて,唯最初の,何もしらず習はぬ時の,心の樣になる也。是れ初と終と同じやうになる心持にて,一から十までかぞへまはせば。[24] 一と十と隣になり申し候。調子なども,一の初の低き一をかぞへて上無と申す高き調子へ行き候へば,一の下と一の上とは隣りに候。

一,壹越。二,斷金。三,平調。四,勝絶。五,下無。六,雙調。七,鳧鐘。八,つくせき。[25] 九,蠻(打けい)。[26] 十,盤涉。十一, 神仙。十二, 上無

づゝと高きと, づゝと低きは似たるものになり申し候。佛法もづゝとたけ候へは, 佛とも法とも知らぬ人のやうに,人の見なす程の,飾も何もなくなるものにて候。故に初の住地の,無明と煩悩と,後の不動智とが一つに成りて,智慧働の分は失せて,無心無念の位に落着申し候。至極の位に至り候えば。手足身が覺え候て,心は一切入らぬ位になる物にて候。

번역

손과 발이 기억하게 연습하라

수행을 시작해 부동지不動智의 경지에 도달하면, 다시 한 번 주지住地라는

24) 전게서, 206쪽. 一から十までかぞへまはせば, 마침표를 쉼표로 고쳤다.

25) つくせき는 황종(黄鐘)을 말한다.

26) 오랑캐 만(蠻) 자가 아니라 난새 난(鸞) 자의 오자(誤字)이다.

초심으로 되돌아가야 할 때가 있다.

이를 병법에 비유해 말하면 다음과 같다. 초심자는 검을 잡는 자세를 아직 모르기 때문에 신체의 특정 부위에 마음을 두지 않고, 상대가 공격해 들어오면 생각 없이 막기 바쁘다. 그러나 여러 가지 칼 기술을 배우고, 칼 잡는 법과 (신체의 어디에) 마음을 두어야 할지를 배우고 나면, 결국 여러 곳에 마음이 머물러 부자유스럽게 되고, 결국 치고 들어가야 할 절호의 기회를 놓치고 만다.

하지만 오랜 기간 수행을 계속하면 자세라든지 검을 잡는 법(파지법) 등에 신경을 쓰지 않게 되고, 마치 아무것도 몰랐던 초보 때처럼 무심의 상태를 유지할 수 있게 된다.

처음과 끝이 같다고 생각하고 하나에서 열까지 헤아려 간다면 일과 십은 바로 옆에 있는 것이 된다. 음악의 장단長短도 이와 마찬가지이다. (처음과 끝이 같다고 생각하고) 가장 낮은 일월壹越에서 시작해 상무上無라는 가장 높은 장단에 도달하면, 상무와 일월이 바로 옆이 되는 이치와 같다고 하겠다.

일 : 일월壹越 이 : 단금斷金 삼 : 평조平調 사 : 승절勝絶 오 : 하무下無 육 : 쌍조雙調 칠 : 부종鳧鐘 팔 : 황종黃鐘 구 : 난종鸞鐘 십 : 반섭盤涉 십일 : 신선神仙 십이 : 상무上無

그러므로 가장 높은 음과 가장 낮은 음은 결국 비슷한 것이다. 불법에서도 높은 단계에 도달하면 마치 불법을 전혀 모르는 사람처럼 사람의 눈을 놀라게 하는 장식이 완전히 사라지게 된다고 말한다.

그러므로 초발심 단계의 무명·번뇌와 마지막 단계인 부동지가 하나가 되고, 분별심이 사라져 무념무상의 경지에 이르게 된다. 이 마지막 경지에 도달하면 손발과 신체가 스스로 익혀 일부러 마음을 일으키지 않아도 된다.

보족

다쿠앙은 연습의 중요성을 설하고 있다. 미야모토 무사시宮本武藏도 『오륜서五輪書』에서 연습의 중요성을 강조하고 있다. 『오륜서』에는 조단석련朝鍛夕鍊이라는 말이 여러 번 나온다.

其後なをもふかき道理を得んと, 朝鍛夕鍊してみれば,をのづから兵法の道にあふ事,我五十歲の比也。[27]

그 후, 병법의 도리를 얻기 위해 한 층 깊이 조단석련朝鍛夕鍊을 하니, 저절로 병법의 도를 터득하게 되었다. 내 나이 쉰살이었다.

스포츠 챔피언들은 하루아침에 스타가 되는 것이 아니다. 그들이 운동을 시작해 그 운동을 마스터하는 데는 최소 10년 이상이 걸렸고, 올림픽이나 세계선수권대회에서 우승하기까지는 20년 이상이 걸렸다고 한다.[28] 에드워드 버틀러Edward B.Butler는 다음과 같이 말하고 있다.

27) 전게서, 宮本武藏 · 渡部一郎 校注, 10~11쪽.

28) Jun, T. W. Body-mind Connection in Korea Athletic Eminence, 日本コーチング學會 第24回大會, 2013, 24쪽.

누구든 열정에 불 탈 때가 있다.

어떤 사람은 30분 동안 열정에 불타고,

또 어떤 사람은 30일 동안 열정을 유지한다.

하지만 인생에 성공하는 사람은 30년 동안 열정을 유지하는 사람이다.[29]

이처럼 부단히 노력하는 사람만이 자신이 원하는 결과를 얻을 수 있는 것이다.

원문

鎌倉の佛國國師の歌にも,「一心ありてもるとなけれど小山田に,いたづらならぬかゝしなりけり」。皆此歌の如くにて候。山田のかゝしとて,人形を作りて弓矢を持せておく也。鳥獸は是を見て逃る也。此人形に一切心なけれども,鹿がおじてにづれば,用がかなふ程に,いたづらならぬ也。萬の道に至り至る人の所作のたとへ也。手足身の働斗にて,心がそつともとゝまらずして,心がいづくに有るともしれずして,無念無心にて山田のかかしの位にゆくものなり。一向の愚痴の凡夫は,初から智慧なき程に, 萬に出ぬなり。又づゝとたけ至りたる智慧は,早ちかへ處入によりて一切出ぬなり。[30] また物知りなるによつて,智慧が頭へ出で申し候て,をかくし候。今時分の出家の作法ども,嘸をかくし何二思召一候。御耻かしく候。

29) 전게서, 24쪽. Every man is enthusiastic at times. One man has enthusiasm for 30 minutes. Another man has it for 30 days. But it is the man who has it for 30 years who makes a success of his life.

30) 전게서, 市川白弦, 208쪽. 早深き處へ入によりて一切出ぬなり.

번역

허수아비의 비밀

가마쿠라鎌倉 불국 국사佛國國師의 시에 "허수아비는 마음이 없지만, 새들과 짐승들로부터 논밭을 훌륭하게 지킨다"31)는 구절이 있다. 만사가 이 시에 등장하는 허수아비와 같아야 한다.

허수아비는 활과 화살을 가지고 있지만 인형일 뿐이다. 그럼에도 불구하고 새와 짐승들은 허수아비를 보고 도망간다. 인형에 지나지 않는 허수아비에게 마음은 없지만 사슴이 놀라서 달아날 정도이니 허수아비는 그 임무를 다한 것이라 할 수 있다.

어떠한 길도 마찬가지이다. 그 길의 경지에 도달한 자가 하는 것은 이와 같다. 즉 그는 전 신체를 움직이면서도, 마음을 그 어디에도 두지 않아 무념무상의 허수아비와 같다.

아무것도 모르는 무지한 범부는 원래 지혜를 가지고 있지 않기에 그 지혜가 표면에 드러나지 않는다. 또한 깊은 경지에 도달한 자의 지혜도 표면에 드러나지 않는다. 하지만 스스로 박식하다고 생각하는 자는 자신의 지혜를 밖으로 드러내고자 하다가 웃음거리가 되고 만다. 최근 출가하는 사람들의 꼴을 보면 이처럼 보인다. 정말 부끄러운 일이다.

보족

허수아비와 같은 마음을 야규 모네노리는 『병법가전서兵法家傳書』에서 평

31) 一心ありてもるとなけれど小山田に,いたづらならぬかゝしなりけり.

상심常の心이라 부르고 있다.

常の心と云ふは,胸に何事をも残さず置かず,あとをはらり/＼とすてゝ,胸が空虚になれば,常の心。[32]

평상심이란, 가슴속에 아무것도 남기지 않고 시원하게 텅 비우는 것을 말한다. 이것이 바로 평상심이다.

평상심이란 무도전서에 자주 인용되는 말이다. 원래 평상심이란 사서四書 중 하나인『중용中庸』에 주희(朱熹, 1130~1200)가 붙인 해석에 나오는 말이다. 주희(주자)는 "중자中者는 일에 있어서 마음이 흔들리지 않고 평소와 같은 마음을 가지고 있으며, 한 쪽에 마음이 치우치지 않는다."고 했다.[33] 만사가 이와 같다면 안 되는 일이 없을 것이다.

원문

理之修行。事之修行。と申す事の候。[34] 理とは右に申上候如く,至りては何も取あはず。[35] 唯一心の捨やうにて候。段々右に書付け候如くにて候。然れども,事の修行を不レ仕候えば,道理ばかり胸に有りて,身も手も不レ働候。事之修行と申し候は,貴殿の兵法にてなれば,身構の五箇に一字

32) 전게서, 柳生宗矩 · 渡部一郎 校注, 115쪽.

33) 朱熹,『中庸 全』(新刻改正), 佐土原藩, 1870, 7쪽. 中者. 不偏不倚. 無過不及之名. 庸. 平常也.

34) 전게서, 209쪽. 理之修行, 事之修行, と申す事の候.마침표를 쉼표로 고쳤다.

35) 전게서, 209쪽. 至りては何も取あはず, 마침표를 쉼표로 고쳤다.

の,さま/＼の習事にて候。理を知りても,事の自由に働かねばならず候。身に持つ太刀の取まはし能く候ても,理の極り候所の闇く候ては,相成間敷候。事理の二つは,車の輪の如くなるべく候。

번역

사리일체事理一體의 비밀

수행에는 리理의 수행과 사事의 수행이 있다. 리理의 경지에 도달하면 어디에도 마음을 빼앗기지 않게 된다. 중요한 것은 마음을 버리는 것이다. 자세한 것은 앞에서 밝힌 바와 같다.

사事의 수행을 하지 않고 도리만 찾는다면, 손발과 몸을 자유롭게 사용할 수 없게 된다. 사事의 수행을 병법으로 말하면 (신카게류에서 말하는) 다섯 가지 자세를 수련하는 것이다. 리理의 도리를 잘 안다고 해도 기술이 몸을 자유롭게 움직이게 해야 한다. 반대로 검을 자유자재로 사용한다 하더라도 리理의 도리를 모른다면 그 기술을 제대로 활용할 수 없다. 사事와 리理는 차의 양륜과 같아서 양륜이 같이 갖추어지지 않으면 전혀 도움이 되지 않는다.

보족

사리일체事理一體 혹은 사리일치事理一致는 『부동지신묘록』의 중심사상이다. 이미 상술했듯이, 사리란 원래 화엄종사상의 용어이다. 다쿠앙은 이를 가져와 사事에도 리理에도 집착하지 말라고 말한다. 사事와 리理는 서로 무애無礙하고 원래 동전의 양면과 같은 것이다. 병법에서 사事는 기술, 자세, 형, 도구 등을 지칭하고, 리理는 마음, 정신 이론 등을 지칭한다. 운동을 하면서 지나치게 마음이나 이론에만 집착한다면 기술을 익힐 수가 없다. 마음을 그렇게 좋아한다면 절이나 신학교에 가야 할 것이다. 반대로 기술과 테크닉만을 익힌다면 자기가 예상하지 못한 상대를 만나거나, 예상하지 못한 상황에 처했을 때 평소처럼 대처할 수 없게 된다. 그러므로 다쿠앙은 기술에도 마음에도 집착하지 말고, 그저 끊임없이 단련하라고 말하는 것이다. 결과는 따라오는 것이기 때문이다.

다쿠앙의 사리일체 사상은 동시대의 무도전서에도 큰 영향을 주었다. 『잇토사이선생검법서一刀齊先生劍法書』(1653), 『무명주지번뇌제불부동지無明住地煩惱諸佛不動智』(1649) 와 『무명서無明書』(1674) 등은 다쿠앙의 사리일체론을 거의 그대로 가져와 사용하고 있다. 『잇토사이선생검법서』는 현대검도의 성립에 큰 영향을 준 일도류一刀流의 비전서 중 하나로 오늘날 검도사상은 사리일체 사상에 바탕을 두고 있다. 또한 『무명주지번뇌제불부동지』 와 『무명서』는 유술柔術의 비전서 중 하나로 사리일체는 오늘날의 유도사상에도 큰 영향을 주었다.[36)]

『잇토사이선생검법서』에 나오는 '사리일체事理一體'의 내용은 다음과 같다.

> 夫れ当流剣術の要は事也。事を行ふは,理也。故に先づ事の修行を本として, 強弱、軽重、進退の所作を,能く我が心躰に是を得て,而る後其事敵に因て

36) 金炫勇 · 矢野下美智子, 「武道における「事理一致」に關する一考察 : 華嚴宗思想に着目して」, 『廣島文化學園短期大學紀要』 47, 2014, 37~46쪽. 藤堂良明 · 村田直樹 · 和田哲也, 「直心流柔術から直信流柔道への變遷(その 1)—流名について—」, 『武道學研究』 20(2), 1987, 19~20쪽. 藤堂良明 · 村田直樹, 「直心流柔術から直信流柔道への變遷(その2)—道の思想について—」, 『武道學研究』 21(2), 1988, 79~80쪽.

転化する所の理を能く明らめ知るべし。たとへ事に功ありと云ども,理を明に知らずんば勝利を得がたし。又理を明に知りたりと云ども,事に習熟の功なきもの,何を以てか勝つ事を得んや。事と理とは,車の両輪、鳥の両翅のごとし。事は外にして,是形也。理は内にして,是心也。事理習熟の功を得るものは,是を心に得,是を手に応ずる也。其至に及んでは,事理一物にして内外の差別なし。事は即ち理也,理は即ち事也。事の外に理もなく,理を離れて事もなし。然れば術を学ぶ者,事一片に止りて理の邪正を知らず,或は著して事の得失を知らざること,是れ偏也。事理偏著する則は,敵に因て転化する事能はざる者也と。故に当伝の剣術は,先師一刀斎より以来,事理不偏を主要として,剣心不異に至る所の伝授を秘所とす。予当流の末葉として此術を学ぶと云へども,愚才不功にして其妙所を知らず。雖レ然弟子の執心黙止がたきに因て,伝来事理の大方を改て一紙に是を記す。実に管を以て天を窺ふが如く,後見の嘲を求るに似たり。37)

당유파는 事(기술)를 중심으로 하지만, 事를 상황에 따라 자유자재로 변화시키기 위해 理(마음)가 중요하다는 것을 강조한다. 따라서 처음에는 事(기술)를 습득시킨 후, 事(기술)의 강약, 경중, 진퇴 등 事(기술)를 더욱 심화시킨다. 이렇게 검을 다루는 법을 습득하게 되면, 이러한 기술이 상대에 대응해서 자유자재로 변화하기 위해서는 마음의 경지가 충실해져야 한다는 것을 가르친다. 아무리 뛰어난 事(기술)를 가졌다 하더라도, 理(마음)를 수련하지 않으면 기술을 제대로 발휘해 승리할 수 없다. 반대로 理(마음)의 경지가 아무리 높다하더라도, 事(기술)를 몸에 익히지 않은 자는 적에게 이길 수 없다. 그러므로 事(기술)와 理(마음)는 차의 양륜과 같고, 새의 양 날

37) 전게서, 今村嘉雄, 『劍術』2(日本武道大系 第2卷), 261쪽.

개와 같은 것이다.

事(기술)는 밖으로 드러나는 것으로 형태가 있다. 한편 理(마음)는 안에 있는 것으로 형태가 없다. 이와 같이 사리事理를 모두 몸에 익힌 자는 사리일치를 마음에 품었을뿐만 아니라, 이를 수득한 자이다. 그 극의에 도달하면 사事와 리理가 하나가 되고, 내외의 차이도 없어진다. 이 경지에 도달하면 사事가 곧 리理가 되고, 리理가 곧 사事가 된다. 즉 사事가 없는 리理가 없고, 리理가 없는 사事가 없게 된다. 그러므로 사事(기술)만 연습해 리理(마음)의 올바른 길을 모르는 자와 리理(마음)만 수행해 사事(기술)의 득실을 모르는 자는 한 쪽에 치우친 자이다. 사事(기술) 혹은 리理(마음) 어딘가에 집착할 때는 적의 다양한 기술에 대응할 수 없게 된다.

그러므로 당유파에서는 선사 잇토사이 이래 사事(기술)에도 리理(마음)에도 집착하지 않는 것을 중시한다. 당유파는 검과 마음을 구별하지 않는 것을 비전으로 하고 있다. 나는 당유파의 후계자로 검술을 배우고 있지만 어리석고 재능이 없다. 그래서 아직 당유파의 묘소妙所를 이해하지 못했다. 하지만 열심히 가르침을 청하는 제자들의 마음을 저버릴 수 없어 여기 이렇게 당유파가 전하는 사리의 비밀을 적는다. 이는 마치 대롱으로 하늘을 보고자 하는 좁은 견해이자, 후세 사람들에게 조롱받을지도 모를 일이다.

원문

間不レ容レ髪

と申す事の候。貴殿の兵法にたとへて可レ申候。間とは,物を二つかさね合ふたる間へは,髪筋も入らぬと申す義にて候。たとへば,手をはたと打つに,其儘はつしと聲が出で候。打つ手の間へ, 髪筋の入程の間もなく聲が出で候。手を打つて後に，聲が思案して間を置いて出で申すにては無く候。打つと其儘,音が出で候。人の打ち申したる太刀に心が止り候えば。間が出來候。其間に手前の働が拔け候。向ふの打つ太刀と,我働との間へは,髮筋も入らず候程ならば。人の太刀は我太刀たるべく候。禪の間答には,此心ある事にて候。佛法にては,此止りて物に心の殘ることを嫌ひ申し候。故に止るを煩惱と申し候。たてきつたる早川へも,玉を流す樣に乘つて,どつと流れて少しも止る心なきを尊び候。

번역

간발의 차이도 허락하지 말라

간발間髮의 차이도 허락하지 말라는 말이 있다. 이를 병법에 비유해 말하면 다음과 같다. 먼저 간間이란 사물과 사물 사이에 머리카락 한 올도 들어갈 틈이 없는 것을 말한다. 예를 들어, 손뼉을 탁하고 치면서 동시에 소리를 내는 것과 같다. 즉 손뼉과 소리 사이에 머리카락 한 올 들어갈 여지가 없다. 손뼉을 치고 (일부러) 소리를 내고자 하면 한순간 틈이 생기게 된다. 손뼉을 치는 동시에 소리가 나와야 한다.

(병법에서) 치고 들어오는 상대의 칼에 마음이 멈추면 그 순간 간발의 차이가 생기고 만다. 그 순간 이 쪽의 움직임이 비게 된다. 치고 들어오는 상대의 칼과 나의 움직임 사이에 머리카락 한 올 들어갈 틈이 없다면 상대방의 칼이 곧 자기의 칼이 될 것이다.

선문답에도 이와 같은 말이 있다. 불법에서는 마음이 사물에 머무는 것을 경계한다. 불법에서는 마음이 머무는 것을 번뇌煩惱라고 한다. 빠르게 흐르는 강물에 구슬을 흘려보내듯이 불법에서는 물처럼 흐르면서 조금도 머무르지 않는 마음을 존경한다.

보족

야규 모네노리의 『병법가전서』에도 간불용발間不容髮이라는 말이 나온다.[38] 그 내용은 거의 비슷하다. 다쿠앙과 무네노리는 공격할 때는 상대에게 숨 쉴 틈도 주지 않고 밀어붙여, 상대에게 여유를 주면 안 된다고 말하고 있다. 우물쭈물하다보면 상대에게 공격할 기회를 주고 말기 때문이다. 이것이 다쿠앙과 바로 무네노리가 말하는 간발間髮, 간불용발間不容髮이다.

원문

石火之機

と申す事の候。是も前の心持にて候。石をハタと打つや否や,光が出で,打つと其まゝ出る火なれば,間も透間もなき事して候。是も心の止るべき間のなき事を申し候。早き事とばかり心得候へば,惡敷候。心を物に止め間敷と云ふが詮にて候。早きにも心の止らぬ所を詮に申し候。心が止れば,我心を人にとられ申し候。早くせんと思ひ設けて早くせば,思ひ設ける心に,又心を奪はれ候。西行の歌集に「世をいとふ人とし聞けはかりの宿に,心止むなど思ふはかりぞ」と申す歌は,江口の遊女のよしみ歌なり。心と

38) 鎌田茂雄,『禪の心劍の極意 澤庵の「不動智神妙錄」に學ぶ』, 柏樹社, 1987, 93쪽.

むなと思ふはかりぞと云ふ下句の引合せは,兵法の至極に當り可レ申候。心をとどめぬが肝要にて候。禪宗にて,如何是佛と問ひ候はゞ,拳をさしあぐべし。如何が佛法の極意と問はゞ,其聲未だ絶たざるに,一枝の梅花となりとも,庭前の柏樹子となりとも答ふべし。其答話の善悪を選ぶにてはなし。止らぬ心を尊ぶなり。止らぬ心は,色にも香にも移らぬ也。此移らぬ心の體を神とも祝ひ, 佛とも尊び, 禪心とも,極意とも,申候へども,思案して後に云ひ出し候へば,金言妙句にても,住地煩惱にて候。

번역

전광석화電光石火의 기회

석화石火의 기회라는 말이 있다. 이는 앞에서 말한 간발의 차이도 허락하지 말라는 말과 일맥상통한다. 부싯돌을 내려치면 부싯돌에 불이 번쩍거린다. 부싯돌을 내려치는 것과 불이 번쩍거리는 것 사이에는 틈이 없다. 이는 마음은 멈출 사이가 없음을 의미한다. 단순히 빠른 스피드를 의미하는 것은 아니다(스피드로 착각해서는 안 된다). 중요한 것은 마음을 어느 한 곳에 멈추지 않는 것이다. 빠르게 하려고 마음먹으면 그 마음에 자신의 마음을 빼앗기게 된다. 그러므로 스피드를 빠르게 하고자 하는 경우에도 마음을 그곳에 두지 않는 것이 중요하다. 만일 마음이 빠르게 하고자 하는 곳에 멈추면 자신의 마음을 상대에게 빼앗기고 만다.

사이교西行[39]의 시가집에 "세속을 버린 승려라는 자가 어찌 그렇게 사

39) 1118~1190. 헤이안 시대 말기에서 가마쿠라 시대 초기에 걸쳐 활동한 무사, 승려, 시인이다. 사이교 법사로 불린다.

는 집宿에 집착을 하는가! 아직 깨달음이 멀었구나!"라는 노래가 있다. 이 노래는 원래 에구치江口에 살던 어느 기생의 노래이다. "그렇게 집착을 하다니, 아직 깨달음이 멀었구나."라는 마지막 구절은 병법의 극의를 깨달은 자의 말과 같다. 즉 마음을 어디에도 두지 말라는 말이다.

선불교에서 "부처란 무엇인가?"라고 물으면 즉시 손을 내밀어야 한다.[40] 또한 "부처가 말하는 진리란 무엇인가?"라고 물으면 그 질문이 끝나기 전에 "매화나무 가지다." 혹은"앞마당에 있는 측백나무다."와 같은 즉답을 해야 한다. 이는 그 대답이 옳은지 그른지 보다는 마음을 멈추지 않는 것이 중요하다는 것을 가르치는 것이다. 멈추지 않는 마음은 색에도 향기에도 마음을 두지 않는 것이다. 이 움직이지 않는 마음의 본체를 부처, 선심禪心, 극의極意라 부른다. 생각하고 말한다면 아무리 훌륭한 문구라 할지라도 그저 망설임에 지나지 않는다.

보족

선어록 중 하나인 『무문관無門關』 제14칙 남전참묘南泉斬猫에 칼로 고양이를 베는 이야기가 나온다. 『무문관無門關』은 다쿠앙이 자주 읽은 선어록이다.[41]

> 남전 스님은 동당과 서당의 운수들이 고양이를 가지고 싸우고 있음을 알고 곧바로 고양이를 잡아 들어 보이며,

---

40) 秋月龍珉 · 秋月眞人 지음·慧源 옮김, 『무문관으로 배우는 선종어록 읽는 방법』, 운주사, 1996, 128~130쪽. 『무문관(無門關)』 제18칙 동산삼근(洞山三斤)에 나오는 내용이다.

41) 전게서, 泉田宗健, 111쪽.

"그대들, 무엇인가 한마디 일러볼 수 있다면 이 고양이를 살리고, 이를 수 없다면 바로 베어 버리겠다."

라고 했다. 대중은 누구도 답하지 못했다. 그러자 남전 스님은 고양이를 베어 버렸다. 저녁에 제자 조주가 밖에서 돌아왔다. 스님은 조주에게 이 일을 이야기했다. 거기서 조주는 신발을 벗어 머리 위에 이고 나가 버렸다. 스님은,

"자네가 거기에 있었다면 고양이를 살릴 수 있었을 텐데."

라고 말했다.

무문이 평하기를,

자아, 말해보라. 조주가 신발을 머리 위에 인 것은 어떤 뜻인가? 만약 여기서 한마디 이른다면, 남전의 명령이 대수롭지 않게 행해진 것이 아님을 알 수 있을 것이다. 만약 그렇지 못하다면, 위험천만.[42)]

이는 간발間髮 혹은 간불용발間不容髮과 마찬가지로, 공격할 때는 상대에게 틈을 주어서는 안 된다는 말이다.

원문

石火の機と申すも,ひかりとする電光のはやきを申し候。たとへば右衛門とよびかくると,あつと答ふるを,不動智と申し候。右衛門と呼びかけられて,何の用にてか有る可きなどゝ思案して,跡に何の用か抔いふ心は, 住地煩惱にて候。止りて物に動かされ,迷はさるゝ心を所住煩惱とて,凡夫にて候。又右衛門と呼ばれて,をつと答ふるは,諸佛智なり。佛と衆生と二つ無く。神と人と二つ無く候。此心の如くなるを, 神とも佛とも申し候。神

42) 秋月龍珉 · 秋月眞人 지음 · 慧源 옮김, 『무문관으로 배우는 선종어로 읽는 방법』, 운주사, 103~106쪽.

道,歌道,儒道とて,道多く候へども,皆この一心の明なる所を申し候。

번역

부처의 지혜

석화石火의 기회란 전광석화電光石火와 같은 빠름을 말한다. 예를 들어, 우에몽右衛門이라고 부르면 그 즉시 '예' 하고 즉답을 하는 것이 부동지不動智이다. 이름이 불렸을 때, '도대체 무슨 일일까?'생각하고 대답하는 것은 마음에 망설임이 있기 때문이다.

범부凡夫는 외부의 사물에 영향을 쉽게 받고 그곳에 마음이 멈추어 망설이게 된다. 우에몽이라 불렸을 때 즉시 '예' 하고 대답을 할 수 있는 것은 제불지諸佛智의 경지에 도달했기 때문이다. 부처와 중생은 서로 다르지 않고 신과 인간도 그렇다. 이러한 마음의 경지에 도달한 사람을 부처라고 한다. 신도神道, 가도歌道, 유도儒道 등 도道가 붙는 모든 세계의 요점은 일심一心 이고 마음을 명확히 하는 것이 중요하다.

보족

야규 모네노리의 『병법가전서』에 '일도一刀'와 '이도二刀'라는 용어가 나온다.[43] 일도一刀는 적을 전체적을 보고觀, 상대를 파악하는 것을 말하고, 이도二刀는 상대방의 움직임을 본見 후에 받아치는 것을 말한다. 전광

43) 전게서, 鎌田茂雄, 『禪の心劍の極意 澤庵の「不動智神妙錄」に學ぶ』, 98~99쪽. 활인검(活人劍)에 나오는 내용이다.

석화電光石火라는 것은 상대방의 움직임을 기다린 후 받아치는 소극적인 것이 아니라, 전체적으로 보고 상대방의 움직임에 따라 즉각적인 대응을 하는 것을 말하는 것이다. 그러므로 전광석화의 경지를 터득하는 것이 바로 무도의 극의極意라 할 수 있다.[44]

원문

言葉にて心を講釋したぶんにては,この一心,人と我身にありて,晝夜善事惡事とも,業により,家を離れ國を亡し,其身の程々にしたがひ, 善し惡しともに,心の業にて候へども,此心を如何やうなるものぞと,悟り明むる人なく候て,皆心にて惑され候。世の中に,心も知らぬ人は何レ有候。能く明め候人は,稀にも有りがたく見及び候。たまたま明め知る事も,また行ひ候事成り難く,此一心を能く說くとて,心を明めたるにてはあるまじく候。水の事を講釋致し候とても,口はぬれ不レ申候。火を能く說くとも, 口は熱からず。誠の水, 誠の火に觸れてならでは知れぬもの也。書を講釋したるまでにては,知れ不レ申候。食物をよく說くとても,ひだるき事は直り不レ申候。說く人の分にては知れ申す間敷候。世の中に, 佛道も儒道も心を說き候得共,其說く如く,其人の身持なく候心は,明に知らぬ物にて候。人々我身にある一心本來を篤と極め悟り候はねば不レ明候。又參學したる人の心が明かならぬは, 參學する人も多く候へども,それにもよらず候。參學したる人,心持皆々惡敷候。此一心の明めやうは,深く工夫の上より出で可レ申候。

---

44) 전게서, 99쪽.

번역

공복空腹을 어떻게 말로 채울 수 있을까?

마음을 어떻게 말로 설명할 수 있을까? 마음은 나에게도 타인에게도 있다. 우리가 아침이니 밤이니 옳니 그르니 구별하는 것은 모두 마음의 작용이다. 그리고 집을 떠나는 것(출가)도 나라를 망하게 하는 것도 모두 인과관계에 의한 것이고, 선악도 마음의 인과관계에서 일어나는 것이다. 하지만 이 마음이 도대체 무엇인지 확실히 알 수 없어서 우리의 마음은 헤매게 된다.

이 세상에는 마음의 세계가 존재한다는 것을 모르는 사람도 있다. 또한 이를 확실히 깨달은 사람도 없기에 (본받아) 스스로 실천하기가 더 어렵다. 아무리 자신의 마음을 말로 잘 설명한다 하더라도 그 마음을 명확히 구별할 수는 없다. 예를 들어, 물을 말로 잘 설명했다고 해서 마른 입술이 젖지 않는 것과 같다. 또한 불에 대해서 잘 설명했다고 해서 입술이 뜨거워지는 것이 아니다. 진짜 물, 진짜 불을 만지지 않고서는 도저히 알 수 없다. (이와 같이) 경전을 강론하여 뜻을 잘 풀이했다고 해서 (경전의 그 깊은 뜻) 이해할 수 있는 것은 아니다. 또한 음식에 대해서 제대로 설명했다고 해서 공복이 해결되지도 않는다. 말로 설명하는 것만으로는 그것을 알 수 없기 때문이다.

세간에서는 불교와 유교가 마음을 설하고 있다고 생각하고 있지만 그들이 그렇게 말한다고 해서 불교와 유교가 그들이 말하는 바를 제대로 실천하고 있는 것도 아니며, 마음을 제대로 간파하고 있는 것도 아니다. 각자가 자기 안에 있는 일심一心을 제대로 간파하지 않으면 마음을 알 수 없다.

또한 불교를 공부하면서도 마음이 전혀 명확하지 않을 수 있다. 불교를 공부하는 사람이 아무리 많다고 하더라도 그 숫자가 중요한 것은 아니다. 불교를 공부하는 사람들의 마음가짐이 중요한 것이다. 일심一心을 명확하게 깨닫기 위해서는 이를 깊이 연구해야 한다.

보족

선불교에 냉난자지冷暖自知라는 말이 있다.[45] 차가운 물을 모르는 사람에게 어떻게 차가운 물을 설명할 수 있겠는가? 실제로 마셔 보지 않으면 이를 알 수 없다. 차가운 물이 이와 같은데, 색도 형태도 없는 마음을 어떻게 설명할 것인가? 이는 스스로 체득할 수밖에 없는 것이다. 운동도, 공부도 마찬가지이다. 부모나 코치가 아무리 적극적으로 권유한다 하더라도 본인이 마음이 없다면 무용지물이다. 본인이 직접 경험하고 실패할 때 비로소 발전이 있는 것이다. 본인이 절박하고 절실하지 않으면 깨달을 수 없는 것이다. 만사가 이와 같은 것이다.

원문

心の置所

心を何處に置かうぞ。敵の身の働に心を置けば,敵の身の働に心を取らるゝなり。敵の太刀に心を置けば,敵の太刀に心を取らるゝなり。敵を切らんと思ふ所に心を置けば, 敵を切らんと思ふ所に心を取らるゝなり。我

45) 전게서, 101쪽. 물이 차가운지, 따뜻한지는 그 물을 마신 자만이 안다는 뜻이다.

太刀に心を置けば,我太刀に心を取らるゝなり。われ切られじと思ふ所に心を置けば, 切られじと思ふ所に心を取らるゝなり。人の構に心を置けば,人の構に心を取らるゝなり。兎角心の置所はないと言ふ。或人間ふ,我心を兎角餘所へやれば,心の行く所に志を取止めて, 敵に負けるほどに,我心を臍の下に押込めて餘所にやらずして,敵の働により轉化せよと云ふ。尤も左もあるべき事なり。然れども佛法の向上の段より見れば, 臍の下に押込めて餘所へやらぬと云ふは,段が卑きし,向上にあらず。修行稽古の時の位なり。敬の字の位なり。又は孟子の放心を求めよと云ひたる位なり。上りたる向上の段にてはなし。敬の字の心持なり。放心の事は,別書に記し進じ可レ有二御覽一候。臍の下に押込んで餘所へやるまじきとすれば,やるまじと思ふ心に,心を取られて,先の用かけ,殊の外不自由になるなり。

번역

마음을 어디에 둘 것인가?

그럼 마음을 어디에 둘 것인가? 상대의 움직임에 마음을 두면 상대의 움직임에 마음을 빼앗기게 되고, 상대의 칼에 마음을 두게 되면 그곳에 마음을 빼앗기게 마련이다. 그리고 상대를 베려고 하는 곳에 마음을 두면 그 베려고 하는 것에 자신의 마음을 빼앗기게 되고, 자신의 칼에 마음을 두면 자신의 칼에 마음을 빼앗기게 된다. 또한 베이지 않으려고 하면 베이지 않으려고 하는 그 곳에 마음을 빼앗기게 되고, 상대의 자세에 마음을 두면 그 자세에 마음을 빼앗기고 만다. (우리는 마음을 어딘가에 두고자 하지만) 마음을 그 어디에도 두지 않는 것이 중요하다.

어떤 사람은 "자신의 마음을 어딘가에 두면, 그 둔 곳에 마음을 빼앗겨 결국 상대(적)에게 지고 만다. 그러므로 마음을 단전丹田에 두어 자신의 마음이 다른 곳으로 흩어지지 않도록 하고, 오직 상대방의 움직임에 대응해서 움직여야 한다"고 말한다. 물론 이는 지당한 말이다. 하지만 이는 불법의 깨달음의 경지에서 보면, 마음을 단전에 두고 다른 곳에 마음이 가지 않게 하는 것은 아직 낮은 단계로 높은 경지가 아니다. 이는 (불교에서) 수행하고 계고稽古할 때 삼가하고 조심하는 심지心持를 말하는 것이다.

맹자孟子는 "방심을 구하라(밖으로 헤매는 마음을 살펴라)"고 말했다. 하지만 이는 (불교의) 높은 경지에서 보면 아직 낮은 단계로 경敬의 마음의 경지心持를 말한다. (맹자가 말하는) 방심에 대해서는 다음 기회에 따로 적고자 한다. 마음을 단전에 두어 자신의 마음이 다른 곳으로 가지 않도록 하면, 그곳에 마음을 빼앗겨 결국 자신의 마음을 자유롭게 움직이지 못하게 된다는 것을 명심하라.

보족

마음을 어디에 둘 것인가?는 심리전에 대해 말하고 있다. 상대와 대결할 때 상대의 마음을 먼저 동요시키는 자가 유리한 위치에 서게 된다. 『부동지신묘록』의 영향을 많이 받은 『잇토사이선생검법서一刀齊先生劍法書』는 심리전에 대해서 다음과 같이 말하고 있다.

敵の事を以て我事とし,敵の理を以て我利とす。是鸚鵡の位と云なり。强を強く,弱を弱く,撃つ者を撃ち,突く者を突く,千変の利何れも如レ此。是を敵の事に向ふと云也。强を弱く,弱を強く,打つ者を請け,請る者をばはづす。万化の利何れも如レ此。是を敵の理に随ふと云也。實を以て來る者には實を以て向ひ,虛を以て來る者には虛を以て随ひ,敵能して能せざる事を示す時は,我も又能して不レ能事を示す者也。46)

전술에 있어서 적과 같은 事(기술) 혹은 적과 같은 理(심리)를 사용할 때가 있다. 이를 앵무새의 경지라 부른다. 앵무새의 경지에는 두 가지가 있다. 먼저 적이 강하게 나올 때는 자신도 강하게 대응하고, 반대로 적이 약하게 나올 때는 자신도 약하게 대응하는 것이다. 또한 적을 치고 들어올 때는 자신도 치고 들어가고, 적이 찔러 들어올 때는 자신도 같이 찌른다. 모든 변화의 이치는 이와 같은 것으로 적의 事(기술)에 똑같이 대응하는 것이다.

한편, 적이 강하게 나올 때 자신은 오히려 약하게 대응하고, 적이 약하게 나올 때 자신은 오히려 강하게 대응해야 할 때가 있다. 또한 적이 치고 들어올 때 이를 받아 치고, 적이 받아 치고자 할 때 그 허점을 노려 치고 들어가야 할 때가 있다. 모든 변화의 이치는 이와 같다. 이를 적의 理(심리)에 따르는 전술이라 부른다.

그러므로 적이 실實로 나올 때는 이쪽도 실로 대응하고, 적이 허虛를 보일 때 이쪽도 허로 대응해야 한다. 또한 적이 충분한 역량을 가지고 있으면서도 마치 역량이 없는 것처럼 보이고자 할 때는 이쪽도 그렇게 할 필요가 있다.

이와 같이 전술에는 기술전과 심리전이 있다. 다양한 상대가 있고, 그

46) 전게서, 今村嘉雄, 『劍術』2(日本武道大系 第2卷), 266쪽.

기술전 혹은 심리전 또한 다양하다. 『잇토사이선생검법서』는 추측하기 힘든 상대의 기술전과 심리전을 자신의 기술전, 심리전으로 이용하기 위해서는 먼저 자신의 마음이 자유자재로 변화할 수 있어야 한다고 말하고 있다.

심리전하면 미야모토 무사시宮本武藏와 사사키 고지로佐木小次郎의 결투 이야기가 유명하다. 누가 봐도 고지로가 한 수 위였다. 무사시는 고지로를 어떻게 이긴 것일까? 그 일화를 소개한다. 장소는 오늘날 시모노세키下關에 있는 작은 섬 간류지마巖流島였다. 약속 시간이 정해져 있었다.

간류지마에는 고쿠라小倉번 사람들과 사사키 고지로가 미야모토 무사시를 기다리고 있었다. 무사시는 약속 시간이 지났지만 나타나지 않았다.

"아직 오지 않다니, 무서워서 도망간 것인가!"

"약속을 어기다니 감히 나를 바보 취급하는 것인가!"

시간이 지날수록 고지로는 점점 화가 치밀어 오르기 시작했다. 이는 무사시의 작전이었다. 고지로 또한 무사시의 마음을 동요시킬 목적으로 빨간 점이 있는 옷을 걸치고 있었다. 하얀 백사장에서 빨간 점을 보면 그 곳에 마음이 간다고 생각했기 때문이었다. 마음이 빨간 점에 머물 때 공격할 작정이었다.

드디어 작은 배를 타고 오는 무사시의 모습이 고지로의 눈에 들어왔다.

"왜 약속 시간을 어겼느냐?"

고지로는 화가 치밀어 올라 먼저 긴 칼을 뽑았다. 그의 특기인 제비베기燕返し로 단 칼에 무사시를 벨 기세였다. 무사시는 칼을 차고 있지 않았다. 무사시는 고지로의 장검보다 긴 막대기를 손에 들고 있었다. 무사시는 간류지마로 오는 동안 노를 소도로 깎기 시작했다. 노를 깎는 것에 열중하자

망념妄念이 사라지고 마음이 편안해졌다. 무사시가 손에 들고 있는 목검은 배에서 깎은 노였다.

드디어 고쿠라번 사람들이 보는 앞에서 결투가 시작되었다. 무사시는 해를 등지고 자세를 잡았다. 두 사람은 서로의 호흡을 느끼면서 기회를 살폈다. 서로 빈틈이 전혀 보이지 않았다. 결국 참지 못한 고지로가 먼저 치고 들어오자 무사시도 동시에 치고 들어 갔다. 무사시의 노가 먼저 고지로의 머리에 닿았다.[47]

미야모토 무사시와 사사키 고지로의 결투 이야기에서 알 수 있듯이 시합 혹은 경기에는 기술전과 심리전이 존재하며 상대 혹은 상대팀의 마음을 동요시키는 것이 승리와 직결되는 것이다. 다쿠앙이 상대에게 동요되지 않도록 마음을 그 어디에도 두지 말라고 하는 것은 바로 이러한 연유에서이다.

원문

或人間ふて云ふは,心を臍の下に押込んで働かぬも,不自由にして用が缺けば,我身の內にして何處にか心を何レ置ぞや。答へて曰く,右の手に置けば,右の手に取られて身の用缺けるなり。心を眼に置けば, 眼に取られて,身の用缺け申し候。右の足に心を置けば, 右の足に心を取られて,身の用缺けるなり。何處なりとも,一所に心を置けば, 餘の方の用は皆缺けるなり。然らば則ち心を何處に置くべきぞ。我答へて曰く, 何處にも置かねば,我身に一ぱいに行きわたりて,全體に延びひろごりてある程に,手の入る

47) 전게서, 鎌田茂雄,『禪の心劍の極意 澤庵の「不動智神妙錄」に學ぶ』, 114~115쪽.

時は,手の用を叶へ。48) 足の入る時は,足の用を叶へ。49) 目の入る時は,目の用を叶へ。50) 其入る所々に行きわたりてある程に,其入る所々の用を叶ふるなり。萬一もし一所に定めて心を置くならば,一所に取られて用は缺くべきなり。思案すれば思案に取らるゝ程に,思案をも分別をも殘さず,心をば總身に捨て置き, 所々止めずして,其所々に在て用をば外さず叶ふべし。

번역

몸 전체에 마음을 두라

어떤 사람이 나(다쿠앙)에게 물었다.

"마음을 단전丹田에 두고 움직이지 않으면 자연스럽지 않고 전혀 도움이 되지 않습니다. 도대체 마음을 어디에 두어야 합니까?"

나는 다음과 같이 대답했다.

"만일 오른손에 마음을 두면, 오른손에 마음을 빼앗겨 자유롭게 움직일 수 없다. 또한 눈에 마음을 두면 눈에, 오른발에 마음을 두면 오른발에 마음을 빼앗겨 자유롭게 움직일 수 없다. 어딘가 한 곳에 마음을 두면, 결국 다른 곳은 텅 비게 된다."

그 사람이 다시 물었다.

"그럼 도대체 어디에 마음을 두면 되겠습니까?"

48) 전게서, 市川白弦, 217쪽. 手の用を叶へ, 市川는 마침표를 쉼표로 고쳤다.

49) 전게서, 218쪽. 足の用を叶へ, 마침표를 쉼표로 고쳤다.

50) 전게서, 218쪽. 目の用を叶へ, 마침표를 쉼표로 고쳤다.

나는 다음과 같이 대답했다.

"그 어디에도 마음을 두지 말라. 그러면 마음이 몸 전체로 퍼져 나가, 손을 사용할 때는 손으로, 발이 필요할 때는 발로, 눈이 필요할 때는 눈에 도움이 될 것이다. 이처럼 우리 몸이 필요로 할 때 그 때 그 때 대응해서 자유롭게 움직일 수 있게 해야 한다. 하지만 만일 마음을 한 곳에 두게 되면 그곳에 마음을 빼앗겨 결국 아무런 도움이 되지 않을 것이다. 또한 마음을 어디에 두어야 할지 깊이 생각하게 되면, 그 깊이 생각하는 곳에 마음을 빼앗기게 될 것이다. 그러므로 사고와 분별심을 깡그리 던져 버리고, 마음을 전신全身에 던져 그 어디에도 마음을 두지 않으면 몸의 특정 부위가 필요로 할 때 (그 특정 부위에 저절로) 도움이 될 것이다."

보족

일본의 교토학파 철학자 니시타 기타로西田幾多郎는 저서 『장의 논리와 종교적 세계관場の論理と宗教的世界観』에서 이를 '전체작용'이라는 용어로 설명하고 있다. 전체작용全體作用이란 마음이 신체 전체로 퍼져나가, 모든 곳에 도달하는 것을 말한다. 손을 펴면 마음이 손끝으로 퍼져 나가 상대방의 손끝으로 옮겨가고, 상대의 손끝으로 옮겨간 마음은 상대의 전신으로 퍼져 나간다는 것이다. 니시타는 이를 오랜 수련을 통해서만 체득할 수 있다고 말하고 있다.[51)]

이는 쉽게 도달할 수 있는 경지가 아니다. 세계적인 스포츠 스타들이 기술을 완전히 몸에 익히는데 10년 이상, 스타가 되기까지 20년 이상이 걸렸듯이 오랜 시간에 걸쳐 훈련하고 수련해야 하는 것이다. 일본 사람

51) 전게서, 鎌田茂雄, 『禪の心劍の極意 澤庵の「不動智神妙錄」に學ぶ』, 121쪽.

들은 '지속은 힘이다継續は力なり'라는 격언을 자주 사용한다. 미국에도 '지속은 성공의 아버지이다Continuity is the father of success'라는 격언이 있다. 이는 지속적으로 계속하는 것의 중요성을 단적으로 표현한 것이다. 운동뿐만 아니라, 만사가 이와 같은 것이다.

원문

心を一所に置けば,偏に落ると云ふなり。偏とは一方に片付きたる事を云ふなり。正とは何處へも行き渡つたる事なり。正心とは總身へ心を伸べて,一方へ付かぬを言ふなり。心の一處に片付きて,一方缺けるを偏心と申すなり。偏を嫌ひ申し候。萬事にかたまりたるは, 偏に落るとて,道に嫌ひ申す事なり。何處に置かうとて,思ひなければ,心は全體に伸びひろごりて行き渡りて有るものなり。心をば何處にも置かずして。敵の働によりて,當座々々,心を其所々にて可二用心一歟。總身に渡つてあれば,手の入る時には手にある心を遣ふべし。足の入る時には足にある心を遣ふべし。一所に定めて置きたらば,其置きたる所より引出し遣らんとする程に,其處に止りて用が拔け申し候。心を繫ぎ猫のやうにして, 餘處にやるまいとて,我身に引止めて置けば,我身に心を取らるゝなり。身の內に捨て置けば,餘處へは行かぬものなり。唯一所に止めぬ工夫,是れ皆修業なり。心をばいつこにもとめぬが,眼なり,肝要なり。いつこにも置かねば,いつこにもあるぞ。心を外へやりたる時も,心を一方に置けば,九方は缺けるなり。心を一方に置かざれば,十方にあるぞ。

번역

마음을 특정한 한 곳에 두어서는 안 된다

마음을 한 곳에 두는 것을 편偏이라고 한다. 즉 편이란 한 곳에 치우친다는 것이고, 정正이란 마음이 전체로 퍼져 나간 상태를 말한다. 또한 정심正心이란 마음이 전체로 퍼져 나가 한 곳에 치우지지 않는 것을 말한다. 한편 마음이 한 곳에 치우쳐 다른 곳으로 퍼져 나가지 못하는 것을 편심偏心이라고 한다. (불가에서는) 한 곳에 치우치는 것을 경계한다. 또한 도道를 구하는 사람들은 무슨 일에나 지나치게 얽매인 상태를 편偏에 빠졌다고 말하고 이를 경계한다.

마음을 어디에 둘 것인가 생각하지 않으면 마음은 몸 전체로 퍼져 나간다. 마음을 특정 부위에 두지 않고, 상대방의 움직임에 따라 그 때 그 때 대응해 마음을 사용해야 한다.

마음이 몸 전체로 퍼져 나가면 손이 필요할 때는 마음이 손으로, 발이 필요할 때는 마음이 발로 간다. 만일 한 곳에 마음을 두면 필요할 때마다 일부러 그 곳에서 마음을 끌어내야 하고, 결국 그 곳에 마음을 빼앗겨 필요한 움직임을 못하게 된다. 이는 목줄을 단 고양이와 같다. 마음을 다른 곳에 빼앗기지 않으려고 자신의 몸을 붙잡아 두면 결국 자신의 몸에 마음을 빼앗기고 만다. 마음을 몸속에 던져두면 다른 곳에 가지 않는다. 어떻게 하면 마음을 특정한 한 곳에 두지 않을 지 깊이 생각하는 것이 바로 수행이다. 이와 같이 마음을 그 어디에도 두지 않는 것이 중요한데 이를 안목眼目이라 한다.

마음을 어디에도 두지 않으면, 마음은 어디에도 있는 것이 된다. 마음을 밖으로 움직일 때도 한 곳에 두면 다른 곳은 비게 된다. 마음을 한 곳에 두지 않으면 시방十方으로 퍼져 나갈 수 있다.

보족

야규 무네노리의 『병법가전서』는 마음을 한 곳에 두는 것을 착着이라 부른다.

> 凡そ病とは, 心のとゞまるを云ふ也。佛法に,是を着とて,以ての外きらふ也。心が一所に着しとゞまれば,見る所を見はづし,思ひの外に負を取る也。[52]

> 병이란 마음이 한 곳에 머무르는 것을 말한다. 불법에서는 이를 집착이라 부르고 이를 경계한다. 마음이 한 곳에 머무르면 봐야 할 때를 놓치게 되고, 생각지도 못한 상대에게 결국 지고 만다.

마음을 어디에도 두지 않으면, 마음은 어디에도 있는 것이 된다는 말은 함축적인 말이다. 우리는 흔히 허심虛心 혹은 무심無心이라고 말하지만, 작은 잡념이 일어나도 마음은 동요되기 쉽다. 우리는 살아가면서 최고의 정신적 긴장 상태가 요구될 때가 있다. 이때야말로 마음을 몸속에 던져두는 경지가 필요할 것이다. 필자가 아는 사람 중에 수능시험에서 큰 실패를 한 사람이 있다. 정말 공부를 잘 하는 학생이었다. 최고의 정신적 긴장 상태가 요구되는 수능시험장에서 그만 마음이 흔들리고 말았다. 모르는 문제가 크게 보였던 것이다. 그 학생이 그런 점수를 받으리라

52) 전게서, 柳生宗矩 · 渡部一郎 校注, 『兵法家傳書』, 86쪽.

고는 담임선생님도 부모도 친구들도 예측하지 못했다. 마음이 흔들리면 이렇게 큰 실수를 범할 수 있는 것이다.

원문

本心妄心

と申す事の候。本心と申すは一所に留らず,全身全體に延びひろごりたる心にて候。妄心は何ぞ思ひつめて一所に固り候心にて,本心が一所に固り集りて,妄心と申すものに成り申し候。本心は失せ候と,所々の用が缺ける程に,失はね様にするが専一なり。たとへば本心は水の如く一所に留らず。妄心は氷の如くにて,氷にては手も頭も洗はれ不レ申候。氷を解かして水と爲し,何所へも流れるやうにして,手足をも何をも洗ふべし。心一所に固り一事に留り候へば,氷固りて自由に使はれ申さず,氷にて手足の洗はれぬ如くにて候。心を溶かして總身へ水の延びるやうに用ゐ,其所に遣りたきまゝに遣りて使ひ候。是を本心と申し候。

번역

본심本心과 망심忘心

본심本心과 망심忘心이라는 말이 있다. 본심本心이란 한 곳에 머무르지 않고 몸 전체로 퍼져 나가는 마음을 말한다. 반면, 망심妄心이란 무언가를 골똘히 생각해 그 곳에 고정된 마음을 말한다. 본심이 한 곳에 고정되면 그 순간 망심이 된다. 본심을 잃으면 여러 가지 움직임이 비게 된다. 그러므로 본심을 잃지 않도록 하는 것이 중요하다.

예를 들어, 본심은 물과 같이 유동적인 것이다. 반면 망심은 얼음과 같은 것이다. 얼음으로 어떻게 손과 머리를 씻을 수 있겠는가? 얼음을 녹여 물로 만들어 자유롭게 흐를 수 있게 하면, 손발뿐만 아니라 무엇이던지 씻을 수 있다. 마음을 한 곳에 고정시켜 그 곳에 머무르는 것은 마치 물이 얼어 자유롭게 손발을 씻지 못하게 되는 것과 같다. 그러므로 물이 몸 전체로 흘러가듯이 마음을 몸 전체로 퍼져 나가게 하면 몸을 자유자재로 사용할 수 있다. 이를 본심本心이라고 한다.

원문

有心之心,無心之心

と申す事の候。有心の心と申すは妄心と同事にて, 有心とはあるこゝろと讀む文字にて,何事にても一方へ思ひ詰る所なり。心に思ふ事ありて分別思案が生ずる程に, 有心の心と申し候。無心の心と申すは,右の本心と同事にて, 固り定りたる事なく, 分別も思案も何も無き時の心, 總身にのびひろごりて, 全體に行き渡る心を無心と申す也。どつこにも置かぬ心なり。石か木かのやうにてはなし。留る所なきを無心と申す也。留れば心に物があり, 留る所なければ心に何もなし。心に何もなきを無心の心と申し,又は無心無念とも申し候。

번역

유심有心과 무심無心

유심有心과 무심無心이라는 말이 있다. 유심이란 (앞에서 말한) 망심忘心과 같은 것이다. 유심은 글자 그대로 '있는 마음'으로 어떤 일에 있어서도 한 곳에 생각이 머무는 것을 말한다. 무언가 한 곳에 마음이 머물게 되면 여러 가지 생각을 하게 되고 유심의 상태에 떨어지고 만다. 무심이란 앞에서 말한 본심本心과 같은 것으로 한 곳에 집착하지 않고 분별심도 생각도 일으키지 않는 마음이다. 이는 몸 전체로 퍼져 나간 마음을 말한다.

즉 어디에도 두지 않는 마음을 말한다. 그렇다고 해서 돌이나 나무처럼 살아있지 않은 것이 아니고, 한 곳에 머무르지 않는 마음을 무심이라고 한다. 무언가에 마음이 머물면 마음에 대상이 생기고, 마음이 머무르지 않으면 마음에 아무것도 생기지 않는다. 이처럼 아무것도 생기지 않는 것을 무심無心 혹은 무심무념無心無念이라고 부른다.

원문

此無心の心に能くなりぬれば,一事に止らず,一事に缺けず,常に水の湛えたるやうにして,此身に在りて,用の向ふ時出て叶ふなり。一所に定り留りたる心は,自由に働かぬなり。車の輪も堅からぬにより廻るなり。一所につまりたれば廻るまじきなり。心も一時に定れば働かぬものなり。心中に何ぞ思ふ事あれば,人の云ふ事をも聞きながら聞まざるなり,思ふ事に心が止るゆゑなり。心が其思ふ事に在りて一方へかたより, 一方へかたよれば,物を聞けども聞えず,見れども見えざるなり。是れ心に物ある故なり。あるとは,思ふ事があるなり。此有る物を去りぬれば,心無心にして,唯用の時ばかり働きて,其用に當る。此心にある物を去らんと思ふ心が,又心中に有る物になる。思はざれば,獨り去りて自ら無心となるなり。常に心にかくすれば,何時となく,後は獨り其位へ行くなり。急にやらんとすれば,行かぬものなり。古歌に「思はしと思ふも物を思ふなり,思はじとだに思はしやきみ。」

번역

마음이 한 곳에 머물면 들어도 들리지 않는다

무심의 경지에 도달하면 마음이 특정 장소나 대상에 머물지 않고, 마치 흐르는 물처럼 어디라도 상대에 대응해서 사용할 수 있게 된다. 한 곳에 머문 마음은 자유자재로 움직이게 할 수 없다. 차의 양륜은 고정되지 않았기에 회전하는 것이다. (만일 차의 양륜이) 한 곳에 고정되면 어떻게 움직일 수 있겠는가? 이와 같이 마음도 한 곳에 고정되면 다른 곳으로 움직이게 할 수 없다.

마음속에 무언가 골똘히 생각하고 있으면 사람이 이야기를 해도 전혀 들리지 않는다. 왜냐하면 자신의 생각에 마음이 한 곳에 가 버렸기 때문이다. 그래서 마음이 생각에 빠지면 들어도 들리지 않게 되는 것이다. 또한 눈으로 본다고 해도 아무것도 보이지 않는다. 마음이 특정 사물에 빠져 있기 때문이다. 내가 있다고 하는 것 그 자체가 생각에 빠져 있는 것을 의미한다. 이와 같이 마음에 있는 대상을 제거하면, 무심의 상태가 되어 필요에 따라서 움직일 수 있게 된다. 하지만 마음에 있는 대상을 제거하려는 마음이 또한 마음속에 대상을 만들 수 있기에 경계해야 한다. 그러므로 생각하지 말라. 그러면 자연스럽게 마음속의 대상이 사라지게 될 것이다. 이 상태를 유지하면 무심의 경지에 도달하게 된다. (사람들은) 서둘러 무심의 상태에 들어가려고 하지만 이는 쉽게 도달할 수 있는 것이 아니다. "생각하지 않으려고 애쓰는 마음 또한 그것을 생각하고 있는 것이다"라는 옛 노래는 바로 이를 말하는 것이다.

원문

水上打ニ胡蘆子一,捺着卽轉

胡蘆子を捺着するとは,手を以て押すなり。瓢を水へ投げて押せば,ひよつと脇へ退き。[53] 何としても一所に止らぬものなり。至りたる人の心は,卒度も物に止らぬ事なり。水の上の瓢を押すが如くなり。

번역

물 위에 뜬 표주박

물 위에 떠 있는 표주박을 손으로 누르면 어떻게 될까? 그 즉시 (옆으로) 구를 것이다. "호로자胡蘆子를 날착捺着한다."는 말은 표주박을 손으로 누른다는 것을 의미한다. 표주박을 흐르는 물에 던져 놓고 그것을 누르면 어떻게 될까? (손으로 누르면 흐르는 물에 있는) 표주박은 옆으로 달아나 아

53) 전게서, 市川白弦, 224쪽. 瓢を水へ投げて押せば, ひよつと脇へ退き, 市川는 마침표를 쉼표로 고쳤다.

무리 노력해도 한 곳에 머무르지 않는다. (경지에 도달한) 달인의 마음도 이와 같아서 한 순간도 마음이 대상에 머무르지 않는다. 마치 물 위에 떠 있는 표주박을 누르는 것과 같다.

원문

應無所住而生其心

此文字を讀み候へば,をうむしよじうじじやうごしん,と讀み候。萬の業をするに,せうと思ふ心が生ずれば,其する事に心が止るなり。然る間止る所なくして心を生ずべしとなり。心の生ずる所に生せざれば,手も行かず。行けばそこに止る心を生じて,其事をしながら止る事なきを,諸道の名人と申すなり。此止る心から執着の心起り,輪廻も是れより起り,此止る心,生死のきずなと成り申し候。花紅葉を見て, 花紅葉を見る心は生じながら,其所に止らぬを詮と致し候。慈圓の歌に「柴の戸に匂はん花もさもあらばあれ,ながめにけりな恨めしの世や」。花は無心に匂ひぬるを,我は心を花にとゞめて,ながめけるよと,身の是れにそみたる心が恨めしと也。見るとも聞くとも,一所に心を止めぬを,至極とする事にて候。

번역

일체유심조一切唯心造

응무소주이생기심應無所住而生其心

만사에 있어서 이와 같다. 어떤 것을 하고자 하면 그 하고자 하는 것에 마음이 머물게 마련이다. 그러므로 그곳에 마음을 두지 말고 하고자 하는 마음을 일으켜야 한다. 하고자 하는 마음이 일어나지 않는데 어떻게 손을 움직일 수 있겠는가? 움직이는 곳에 마음이 머무른다. 모든 길道의 명인名人들은 움직이면서도 그곳에 마음이 머물지 않았다.

머무는 마음에서 집착이 일어나고, 윤회輪廻 또한 머무는 마음에서 시작된다. 그러므로 머무는 마음이 바로 생사의 굴레가 된다.

꽃이나 낙엽을 보면 꽃이나 낙엽을 보는 마음이 자연히 일어나게 마련이다. 하지만 보면서도 마음을 머무르게 하지 않는 것이 중요하다.

자원(慈圓, 1155~1225)은 다음과 같이 노래했다.

"사립문 근처에 핀 꽃은 무심하게 향기를 내는데, 꽃의 향기에 마음이 사로잡혀있는 자신이 한탄스럽다."

그러므로 볼 때도 들을 때도 한 곳에 마음을 두지 않은 것이 (바로 그 길의) 극의極意이다.

보족

응무소주이생기심應無所住而生其心은 원래 『금강경金剛經』에 나오는 말이다. 다음은 제14절 '이상숙멸분離相寂滅分'이다.

> 不應住色生心 不應住聲 · 香 · 味 · 觸 · 法生心. 應生無所住心. 若心有住 則爲非住.[54]

> 응당 색에 머물러 마음을 내지 말며, 소리와 냄새와 맛과 느낌과 법에 머물러 마음을 내지 말지니라. 만약 마음에 머묾이 있으면 곧 머묾이 아니

54) 李箕永, 『金剛經』(木鐸新書), 韓國佛敎硏究院, 1978, 97쪽.

게 하라.[55]

불교 가르침에 의하면 인간은 18계界를 통해 만물을 경험하고 인식하게 된다. 이 18계는 육근(六根 : 눈, 귀, 코, 혀, 몸, 마음)이라는 감각 기관, 육경(六境 : 색, 소리, 향기, 맛, 촉감, 생각)이라는 감각 대상 그리고 육식(六識 : 안식, 이식, 비식, 설식, 신식, 의식)이라는 감각 주체로 이루어져 있다. 감각 기관인 육근六根이 그 대상인 육경六境을 대함으로써 육식六識이 일어나고 우리의 모든 활동이 이루어진다. 육근이 육경을 대할 때 이것은 이렇다 저것은 저렇다라고 지각하게 되는데, 그 지각의 주체가 유식唯識이다. 예를 들어, 눈을 통해 꽃을 보고 그것이 꽃인지 알면 안식眼識, 귀를 통해 종소리를 듣고 종소리인줄 알면 이식耳識, 코를 통해 꽃향기를 맡고 무슨 냄새인지 알면 비식鼻識이 되는 것이다.[56]

다쿠앙은 육경六境이라는 감각 대상에서 자유로워져야 한다고 말하고 있다. 왜냐하면 이는 인간의 마음이 한 곳에 머물러 만들어 낸 일시적인 조합일 뿐이며, 고정된 실체가 아니기 때문이다. 모든 것은 마음이 만들어 낸 형상에 지나지 않는다. 그래서, 병법가들이 놀람驚, 두려움懼, 의심疑, 현혹惑 등 사계四戒를 경계하라고 가르치는 것이다. 이를 깨닫는 것이 바로 병법의 극의極意라고 말하고 있다.

원문

敬の字をば,主一無適と註を致し候て,心を一所に定めて, 餘所へ心をや

55) 전게서, 97쪽.

56) 정은주, 『육조단경, 사람의 본성이 곧 부처라는 새로운 선언』, 풀빛, 2010, 28~29쪽.

らず。後に抜いて切るとも,切る方へ心をやらぬが肝要の事にて候。殊に主君杯に御意を承る事,敬の字の心眼たるべし。佛法にも, 敬の字の心有り, 敬白の鐘とて,鐘を三つ鳴して手を合せ敬白す。先づ佛と唱へ上げる此敬白の心, 主一無適,一心不亂,同義にて候。然れども佛法にては, 敬の字の心は,至極の所にては無く候。我心をとられ, 亂さぬやうにとて,習ひ入る修行稽古の法にて候。此稽古,年月つもりぬれば,心を何方へ追放しやりても,自由なる位に行く事にて候。右の應無所住の位は,向上至極の位にて候。

번역

경敬의 의미

경敬이라는 글자를 주일무적主一無適이라고 해석한다. 마음을 한 곳에 모아 다른 곳에 빼앗기지 말아야 한다는 뜻이다. 이는 칼을 뽑아 벨 때도 마찬가지이다. 벨 때는 베는 것에 마음을 이동시키지 않아야 한다. 특히 주군이나 윗사람에게 명령을 받았을 경우에는 이를 깊이 마음에 새겨야 한다.

불교에도 경敬이라는 가르침이 있다. (불교에서는) 경백종敬白鐘이라고 해서, 종을 세 번 치고 손을 합장해 공경의 마음을 표현한다. 또한 불명을 욀 때도 경백의 마음을 가져야 한다. 이는 주일무적主一無適, 일심불란一心不亂과 같은 의미이다.

그러나 불법에서는 이 경敬의 마음을 최고의 경지라고 생각하지 않는다. 자신의 마음을 한 곳에 모아 흩어지지 않게 하는 것은 불교의 수행단계의 가르침 중 하나일 뿐이다. 이 가르침을 오랜 시간에 걸쳐 계속해서 수행하면 마음을 내버려 두어도 (필요할 때 적절하게 사용하는) 자유자재의 경지에 도달할 수 있다. 앞에서 말한 응무소주應無所住야 말로 최고의 경지이다.

보족

야규 무네노리의 『병법가전서兵法家傳書』에도 경敬이라는 말이 나온다.

佛法にも敬の字なきにあらず。經に一心不亂と說き給ふ。是卽ち敬の字あたるべし。心を一事にをきて,余方へ亂さゞる也。勿論,敬つて白す夫れ佛と者,と唱ふる所あり。敬禮とて佛像にむかひ, 一心敬禮と云ふ。皆敬の字の意趣たがはず。然れ共是は, 一切に付けて,心のみだるゝを治むるの方便也。57)

불법에도 경敬이라는 글자가 있다. 경전에 일심불란一心不亂이란 말이 나오는데, 이는 경이라는 글자를 뜻하는 것이다. 즉 마음을 한 곳에 집중시켜 마음이 다른 곳으로 흩어지지 않게 하는 것이다. 공경하는 마음을 표현하는 것이야 말로 불제자의 진정한 모습이라는 말이 있듯이, 불제자는 불상 앞에서 마음을 모아 공경하는 예를 갖추어야 한다. 이러할 때 경敬이라는 말의 취지를 제대로 살리는 것이 된다. 하지만 이는 마음이 다른 곳으로 흩어지기 않게 하기 위한 방편에 지나지 않음을 잊어서는 안 된다. 마음을 잘 다스린 사람은 이와 같은 방법이 필요 없다.

57) 전게서, 柳生宗矩 · 渡部一郎 校注, 『兵法家傳書』, 61쪽.

다쿠앙과 무네노리가 말하는 경敬이란 마음을 다하라는 의미도 된다. 유대인들의 정신적 · 문화적인 유산인 『탈무드Talmud』도 마음과 목숨과 힘을 다해 사는 삶을 가르치고 있다. 마음은 히브리어로 '레브'라고 하는데 이는 '감성을 다하라는 말'이고, 목숨은 '네페쉬'라고 하는데 이는 '영혼을 다하라'는 말이며, 힘은 '메호데'라고 하는데 이는 '생각의 힘을 다하라'는 말이다. 평소 마음과 목숨과 힘을 다한다면 어느 분야에서건 반드시 최고를 달성할 수 있을 것이다. 유대인들은 이를 거듭거듭 반복해 몸에 익혀야 한다고 말한다.[58] 운동을 하든 공부를 하든 마음과 목숨과 힘을 다하여 매진하면 좋은 결과는 저절로 따라올 것이다.

원문

敬の字の心は,心の餘所へ行くを引留めて遣るまい, 遣れば亂るゝと思ひて,卒度も油斷なく心を引きつめて置く位にて候。是は當座,心を散らさぬ一旦の事なり。常に如レ是ありては不自由なる義なり。たとへば雀の子を捕へられ候て,猫の繩を常に引きつめておいて,放さぬ位にて,我心を,猫をつれたるやうにして,不自由にしては,用が心のまゝに成る間敷候。猫によく仕付をして置いて, 繩を追放して行度き方へ遣り候て,雀と一つ,居ても捕へぬやうにするが, 應無所住而生其心の文の心にて候。我心を放捨て猫のやうに打捨て, 行度き方へ行きても,心の止らぬやうに心を用ひ候。

58) 차동엽, 『무지개 원리』, 동이, 2007, 24~25쪽.

번역

자유분방한 마음

경敬의 마음이란 마음이 다른 곳으로 가려고 하는 것을 붙들어 매는 것이다. 마음이 다른 곳으로 가면 마음이 흐트러진다고 생각해 방심하지 않고 마음을 붙들어 매어 놓은 상태가 바로 경의 마음이다. (하지만) 이는 마음이 흩어지지 않게 하는 일시적인 방편일 뿐, 항상 이 상태에 놓여 있으면 자유롭지 않게 된다.

예를 들어, 고양이가 새끼 참새를 물어 갔다고 해서 고양이를 계속 줄로 묶어 둔다면, 마치 자신의 마음을 고양이처럼 묶어 두는 것과 같고 결국 (자신의 마음을) 원하는 대로 자유롭게 움직일 수 없게 된다. 오히려 고양이를 잘 가르치면 줄을 풀어 놓아도 고양이가 참새를 잡지 않게 된다. 이것이 바로 (앞에서 말한) 응무소주이생기심應無所住而生其心의 경지이다. 자신의 마음을 자유분방하게 풀어 놓아도 그것에 마음이 머무르지 않게 하는 것이 중요하다.

보족

고양이에게 목줄을 묶어 놓는 비유는 야규 무네노리의 『병법가전서兵法家傳書』에도 나온다.

犬猫も,はなしがひそよけれ。つなぎ猫,つなぎ犬は,かはれぬ物也。儒書をよむ人,敬の字にとゞまりて,是を向上とおもふて,一生を敬の字にてすます程に,心をつなぎ猫の様にする也。[59]

게도 고양이도 놓아두고 기른다. 고양이나 개를 계속 묶어 두고 어떻게 기를 수 있겠는가? 유교 경전을 읽는 사람 중에는 경敬이라는 글자가 최고의 경지라 생각하고, 평생 그와 같은 상태로 살고자 하기에 결국 마음이 그곳에 묶인 고양이처럼 자유롭지 못하게 된다.

다쿠앙과 무네노리는 개나 고양이를 계속 묶어 두고 기를 수 없듯이, 사람의 마음도 묶어 두어서는 안 된다고 말하고 있다.

원문

貴殿の兵法に當て申し候はゞ,太刀を打つ手に心を止めず。[60] 一切打つ手を忘れて打つて人を切れ,人に心を置くな。人も空,我も空,打つ手も打つ太刀も空と心得,空に心を取られまひぞ。鎌倉の無學禪師,大唐の亂に捕へられて,切らるゝ時に,電光影裏斬ニ春風一。といふ偈を作りたれば,太刀をば捨てて走りたると也。無學の心は,太刀をひらりと振上げたるは,稲妻の如く電光のぴかりとする間,何の心も何の念もないぞ。打つ刀も心はなし。切る人も心はなし。切らるる我も心はなし。切る人も空,太刀も空,打たるゝ我も空なれば,打つ人も人にあらず。打つ太刀も太刀にあらず。打たるゝ我も稲妻のひかりとする内に,春の空を吹く風を切る如くなり。一切止らぬ心なり。風を切つたのは,太刀に覺えもあるまいぞ。かやうに心を忘れ切つて,萬の事をするが,上手の位なり。舞を舞へば,手に扇を取り,

59) 전게서, 柳生宗矩 · 渡部一郎 校注,『兵法家傳書』, 61쪽.

60) 전게서, 市川白弦, 227쪽. 太刀を打つ手に心を止めず, 市川는 마침표를 쉼표로 고쳤다.

足を踏む。其手足をよくせむ,舞を能く舞はむと思ひて,忘れきらねば,上手とは申されず候。未だ手足に心止らば,業は皆面白かるまじ。悉皆心を捨てきらずして,する所作は皆惡敷候。

번역

마음을 버려라

이를 병법에 비유해서 말하면 다음과 같다. 상대를 벨 때는 손에 칼이 있다는 사실을 잊고 베어야 한다. 즉 상대에게 마음을 두면 안 된다는 것이다. 사람에게도, 자신에게도, 베는 손에도, 공空에도 그 어디에도 마음을 빼앗겨서는 안 된다.

가마쿠라鎌倉의 무학 선사無學禪師는 대당大唐의 난 때, 원나라 병사가 무학 선사를 칼로 치려는 순간 '전광영이참춘풍電光影裏斬春風'이라는 게송偈頌을 읊었다. 그러자 원나라 병사는 칼을 버리고 달아났다. 무학 선사는 어떤 마음을 가지고 있었을까? (원나라 병사의) 훌쩍 들어 올려진 칼을 보고, 번개가 번쩍 빛났다고 생각했다. 무학 선사는 그곳에는 어떤 마음도 없었다. 내려치는 칼에도 사람에게도 그리고 칼에 베이는 자신에게도 마음이 머물지 않았다. 내려치는 사람과 그 칼 그리고 칼에 베이는 자신 또한 그저 공空일 뿐이라고 생각했다. 그러므로 내려치는 사람도 사람이 아니며, 칼도 칼이 아니며, 베이는 자신도 번개가 칠 때 하늘에서 불어오는 봄바람을 베듯이 그 어디에도 머물지 않는 마음이었다. 만일 그 바람을 벴다고 하더라도 칼은 아무 것도 느끼지 못하기 때문이다.

(무학 선사는) 이처럼 모든 것에 있어서 마음을 잊어 버렸다. 춤을 출 때

부채를 든 손을 (부드럽게) 움직이려고 하거나, 발동작을 잘 하려고 의식하면 그곳에 마음이 머물게 된다. 이래서는 달인이라고 말할 수 없다. 손이니 발에 마음이 머무르면 기술을 제대로 발휘할 수 없다. 그러므로 마음을 완전히 버리지 못하면 좋은 기술을 제대로 발휘할 수 없는 것이다.

보족

무학 선사(無學禪師, 1226~1286)는 남송南宋 출신으로 가마쿠라의 제8대 집권자인 호죠 도키무네(北條時宗, 1251~1284)의 요청으로 일본에 오게 된 임제종 승려이다. 그는 원군이 침입했을 때 온주溫州 능인사能仁寺에 몸을 피해 참선을 하고 있었다. 그때 원군 병사가 절 안으로 들어와 무학 선사를 발견하고 베려고 했다. 하지만 그는 얼굴 색 하나 바꾸지 않고 다음과 같은 게송을 읊었다.

건곤무지탁고곤乾坤無地卓孤笻
차희인공법역공且喜人空法亦空
진중대원삼척검珍重大元三尺劍
전광영이참춘풍電光影裏斬春風[61]

하늘을 봐도 땅을 봐도 지팡이 한 자루 세울 곳이 없구나!
기쁘게도 사람도 법도 모두 공空과 같다네.
진귀하게도 3척의 큰 검이 보인다.
전광의 그림자처럼 네가 나를 베도,

61) 전게서, 鎌田茂雄, 『禪の心劍の極意 澤庵の「不動智神妙錄」に學ぶ』, 147~148쪽.

봄바람을 벤 것에 지나지 않구나!

게송을 들은 원군 병사는 들어 올린 칼을 내리지 못해 놀라서 달아나고 말았다는 이야기이다. 강철과 같이 강한 마음을 어떻게 칼로 벨 수 있겠는가? 이 이야기를 통해 다쿠앙은 그 어디에도 얽매이지 않는 마음의 중요성을 설하고 있다.

원문

求放心

と申すは,孟子が申したるにて候。放れたる心を尋ね求めて,我身へ返せと申す心にて候。たとへば,犬猫鶏など放れて餘所へ行けば,尋ね求めて我家に返す如く,心は身の主なるを,悪敷道へ行く心が逃げるを,何とて求めて返さぬぞと也。尤も斯くなるべき義なり。然るに又邵康節と云ふものは,心要放と申し候。はらりと替り申し候。斯く申したる心持は,心を執へつめて置いては勞れ,猫のやうにて,身が働かれねば,物に心が止らず,染ぬやうに能く使ひなして,捨置いて何所へなりとも追放せと云ふ義なり。物に心が染み止るによつて,染すな止らすな,我身へ求め返せと云ふは,初心稽古の位なり。蓮の泥に染ぬが如くなれ。泥にありても苦しからず。よく磨きたる水晶の玉は,泥の内に入つても染ぬやうに心をなして,行き度き所にやれ。心を引きつめては不自由なるぞ。心を引きしめて置くも,初心の時の事よ。一期其分では,上段は終に取られずして,下段にて果るなり。

번역

풀어 놓은 마음을 다시 되돌려 놓아라

맹자孟子는 방심을 구하라고 말했다. 이는 풀어 놓은 마음을 찾고 구해서 다시 (원래) 자신의 몸으로 돌려놓으라는 말이다. 예를 들어, 사람들은 개나 고양이, 닭 등이 달아나 다른 곳으로 가면, 찾아 나서서 다시 데리고 온다. 이와 같이 몸의 주인인 마음이 다른 곳으로 가 버렸다면 다시 원래 장소로 데려다 놓아야 하지 않을까? 이는 당연한 일이다.

그런데, 소강절(邵康節, 1011~1077)[62]은 (오히려) 마음을 놓을 필요가 있다고 말했다. 이는 (맹자의) 가르침과 상반되는 것이다. 소강절이 이렇게 말한 이유는 마음을 묶어 두면, 사육당하는 고양이처럼 자유롭게 움직일 수 없기 때문이다. 그는 마음이 대상에 머물지 않도록, 또한 마음이 어떤 것에 집착하지 않도록 자유자재로 다룰 수 있게 되면, 마음을 오히려 내버려두라고 말한다. 이는 대상에 마음이 물들어 그곳에 머물기 때문에 마음을 물들게 하거나 머물게 하지 말고 자신의 몸으로 돌려놓으라고 말하는 것이다. 하지만 이는 초심자의 수행 단계이다. 연꽃은 진흙 속에 있지만, 연꽃은 진흙에 물들지 않았다. 또한 잘 닦은 수정은 진흙 속에 넣어도 진흙에 물들지 않는다. 마음도 이와 같이 (자유자재로 다룰 수 있게 되면) 가고 싶은 곳으로 가도록 내버려 두는 것이 좋다.

마음을 다잡아 두면 자유롭지 않게 된다. 마음을 다잡아 두는 것은 아

62) 철학사전편찬위원회, 『철학사전』, 중원문화, 2009. 중국 북송 때의 유학자. 하남(河南) 출신인 그는 이정지(李挺之)에게 도가(道家)의 도서선천상수(圖書先天象數)의 학을 배워 상수(象數)를 원리로 하는 관념론적이고 신비적인 수리(數理) 학설을 세웠다. 그의 주장은 황당무계하고 지나치게 관념론적이었지만 그의 인식 방법은 후세의 실학자들에 의해 과학적 인식 방법으로 발전되었다.

직 초심자의 단계이다. (수련하는 자가) 한 평생 이와 같다면 끝까지 높은 단계의 경지에 도달할 수 없다. 이러한 자는 평생 초심자의 단계에 머물러 있을 뿐이다.

보족

야규 무네노리의 『병법가전서』 '살인도상殺人刀上'에도 이와 거의 비슷한 내용이 있다. 이를 보면 무네노리가 다쿠앙의 영향을 많이 받았다는 것을 알 수 있다.

心を放ちかけてやれば,行さきにとゞまる程に,心をとゞめぬ様に,あとへちやく/＼とかへしかへせと教ゆるは初重の修行也。一太刀うつて,うつた所に心のとゞまるを,わが身へもとめかへせと教ゆる也。後重には,心を放ちかけて,行き度き所へやれと也。はなしかけてやりても,とまらぬ心になして,心を放すなり。放心々を具せよとは,心を放すこゝろをもて,心を綱を付けて常に引きて居ては,不自由なぞ。放しかけてやりても,とまらぬ心を放心々と云ふ。此放心々を具すれば,自由がはたらかるゝ也。綱をとらへて居ては不自由也。犬猫も,はなしがひこそよけれ。つなぎ猫,つなぎ犬は,かはれぬ物也。[63]

마음을 놓아두면 마음이 움직인 그 곳에 머무르기에 그렇게 되지 않도록 재빨리 원래대로 돌려놓으라는 것은 수행의 초보 단계에서 말하는 것이다. (검술에서는) 칼을 한 번 사용하면 마음이 그 곳에 머무르지 않도

63) 전게서, 柳生宗矩 · 渡部一郎 校注, 『兵法家傳書』, 60~61쪽.

록 자신에게 돌려놓으라고 가르친다. 높은 단계에 이르면 마음을 자유롭게 놓아두고, 가고 싶은 곳으로 가게 한다. 마음을 놓아두면서도 마음이 간 곳에 머무르지 않게 한다. 이를 방심放心이라고 부른다. 하지만 이는 마치 마음을 줄로 묶어 놓은 것과 같아서 자유롭지 않다. 마음을 놓아두더라도 마음이 간 곳에 머무르지 않도록 구비해 두면, 자유롭게 움직일 수 있다. 그러므로 마음을 줄로 묶어 두는 것은 개나 고양이를 키울 때 하는 것이다. 고양이나 개를 줄로 묶어 두어서는 제대로 키울 수 없다.

원문

稽古の時は,孟子が謂う求其放心と申す心持能く候。至極の時は, 邵康節が心要放と申すにて候。中峯和尚[64]の語に,具放心とあり。此意は卽ち,邵康節が心をば放さんことを要せよと云ひたると一つにて,放心を求めよ,引きとどめて一所に置くなと申す義にて候。又具不退轉と云ふ。是も中峯和尚[65]の言葉なり。退轉せずに替はらぬ心を持てと云ふ義なり。人たゞ一度二度は能く行けども,又つかれて常に無い裡に退轉せぬやうなる心を持てと申す事にて候。

번역

마음을 풀어 놓아라

64) 전게서, 市川白弦, 230쪽. 市川는 中峰和尚으로 고쳤다. 중봉 화상은 원나라 때 임제종 양기파(楊岐派)의 선승이었다. 그의 정토(淨土)신앙은 서역, 일본, 고려에도 큰 영향을 주었다.

65) 전게서, 231쪽. 市川는 中峰和尚으로 고쳤다.

수행할 때는 맹자가 말한 것처럼 방심放心을 구할 필요가 있지만, 수행이 그 지극에 도달하면 소강절邵康節이 말하듯이 오히려 마음을 놓아두어야 한다.

중봉 화상中峰和尙의 말에 '방심放心을 갖추어라'라는 가르침이 있다. 이는 소강절의 '마음을 놓는 것이 중요하다'는 말과 같은 뜻이다. 즉 마음을 붙잡아 두지 말고 놓아두라는 뜻이다. 또한 중봉 화상은 '퇴전(수행을 게을리 하여 아랫자리로 떨어짐)하지 않도록 조심하라'고 말한다. 이는 퇴전하지 않도록 조심하고 또 조심하라는 뜻이다. 인간은 한두 번은 그럭저럭 잘 해내지만, 피곤하고 지치면 평상시의 것이 제대로 되지 않는다. 그러므로 퇴전退轉하지 않는 마음을 가지라고 하는 것이다.

보족

중봉 화상(中峰和尙, 1263~1323)의 말은 『병법가전서』 '살인도상殺人刀上'에도 인용되고 있다. 야규 무네노리는 방심을 두 종류로 나누어 설명하고 있다.

中峯和尙云く, 放心を具せよ。

右の語に付きて,初重・後重あり。心を放ちかけてやれば,行さきにとゞまる程に,心をとゞめぬ様に,あとへちやく／＼とかへしかへせと教ゆるは初重の修行也。一太刀うつて,うつた所に心のとゞまるを,わが身へもとめかへせと教ゆる也。後重には,心を放ちかけて,行き度き所へやれと也。はなしかけてやりても,とまらぬ心になして,心を放すなり。放心々を具せよとは,心を放すこゝろをもて,心を綱を付けて常に引きて居ては,不自由なぞ。放しかけてやりてもとまらぬ心を放心々と云ふ。此放心々を具すれば,自由がはたらかるゝ也。[66]

중봉 화상은 놓아둔 마음을 가지라고 말한다. 이 말을 이해하려면 초보 단계와 높은 단계의 차이를 알아야 한다. 마음을 놓아두면 마음은 그 간 곳에 머무르게 된다. 그러므로 그렇게 되지 않도록 재빨리 원래의 위치로 돌려놓는 것은 초보 단계의 수행이다. (병법에서는) 칼을 한 번 휘두르고 나서 그곳에 마음이 머물지 않도록 자기 쪽으로 재빨리 돌려놓으라고 가르친다. 하지만 높은 단계에 도달하면 마음을 자유롭게 놓아두고 가고 싶은 곳으로 가게 한다. 놓아두어도 간 곳에 두지 않고 마음을 놓아둔다. 이를 방심의 마음이라고 부른다. 마음을 항상 줄로 묶어 두면 자유롭지 않다. 마음을 놓아두어도 머물지 않는 방심의 마음을 갖추고 있다면 원하는 대로 자유롭게 움직일 수 있을 것이다.

원문

急水上打毬子,念々不停留
と申す事の候。急にたきつて流るゝ水の上へ,手毬を投せば,浪にのつて,ぱつぱと止らぬ事を申す義なり。

번역

급류에 던져진 공처럼

66) 전게서, 柳生宗矩 · 渡部一郎 校注, 『兵法家傳書』, 60~61쪽. 살인도(殺人刀)에 나오는 내용이다.

급수상타구자 염염불정류急水上打毬子 念々不停留

급류에 던져진 공은 멈추지 않는다는 말이 있다. 급류에 공을 던지면 어떻게 될까? 공은 급물살을 타며 (물속에서) 솟아오르거나 (물속으로) 끌려 들어가면서 잠시도 멈추지 않는다. 이는 마음이 한 순간도 머무르지 않는 것의 중요성을 의미하는 것이다.

보족

야규 무네노리도 『병법가전서』 「활인검상活人劍上」에서 비슷한 말을 하고 있다.

水車はめぐるが常なり.めぐらずば,常にたがうたものなり。[67]

물레방아는 돌아가는 것이 당연하다. 돌아가지 않으면 이상한 것이다.

한겨울에도 물레방아가 얼지 않고 계속 돌아갈 수 있는 이유는 물레방아가 멈추지 않고 움직이기 때문이다. 이는 우리의 마음과 신체도 마찬가지이다. 즉 마음과 신체 수련을 게을리 해서는 안 된다는 말이다. 이것이 바로 다쿠앙이 말하는 사리일체의 경지이다. 사事 즉 기술 수련, 몸 만들기뿐만 아니라, 리理 즉 마음 수행, 정신 단련도 같이 병행해야 한다는 말이다.

67) 전게서, 鎌田茂雄, 『禪の心劍の極意 澤庵の「不動智神妙錄」に學ぶ』, 155쪽. 활인검(活人劍)에 나오는 내용이다.

원문

前後際斷
と申す事の候。前の心をすてず,又今の心を跡へ殘すが悪敷候なり。前と今との間をば,きつてのけよと云ふ心なり。是を前後の際を切て放せと云ふ義なり。心をとゞめぬ義なり。

번역

지금 바로 이 자리에

전후제단前後際斷
"전후의 경계를 끊어라"는 말이 있다. 즉 이전 마음을 버리지 못하고, 지금 마음을 나중에까지 남겨서는 안 된다는 말이다. 그러므로 이전 마음과 지금 마음 사이를 끊어야 한다. 이전 마음은 지금 마음에 걸림돌이 될 뿐이다. 그러므로 이전 마음을 잘라 버리고 마음을 어디에도 머무르게 하지 말라.

보족

수행이란 뒤로 미루어서는 안 되고, 지금 바로 이 자리에서 실천으로 옮겨야 하는 것이다. 우리는 '내일부터' '다음부터'라는 말을 자주 한다. 지금 바로 이 자리에서 당장 실천에 옮기고, 할 때는 마음과 목숨과 힘을 다하여 행하는 사람만이 자신이 원하는 바를 이룰 수 있을 것이다.

원문

水焦上,火酒雲

「武藏野はけふはなやきぞ若草の,妻もこもれり我もこもれり」。此歌の心を,誰か「白雲のむすはば消せん朝顔の花」。

번역

모든 일에 혼신을 다하라

수초상 화주운水焦上 火酒雲68)

“무사시노武藏野를 불태우지 마세요. 풀숲에 남편과 제가 숨어 있습니다.” 라는 노래가 있는데, 어떤 이가 다음과 같은 시가를 지었다. “하얀 하운夏雲이 뭉게뭉게 피어오를 무렵에는 나팔꽃은 이미 시들어 버린다.”

보족

이는 『이세물어伊勢物語』 제12단에 나오는 이야기이다. 내용은 다음과 같다.

옛날에 한 남자가 남의 집 딸을 데리고 무사시노武藏野에 숨어들었다가 행정관에게 붙잡혔다. 남자는 여자를 풀숲에 숨겨두었다. 지나가던 사람이 들판에 도둑이 숨었다고 생각해 불을 지르려고 하자, 여자는 풀숲에 남편

68) 출전 미상.

이 있으니 제발 불을 지르지 말라고 애원했다. 결국 여자도 붙잡혔다.[69]

인생은 한 번밖에 없는 것이다. 매순간을 마지막이라고 생각하고 사는 사람은 모든 일에 혼신을 다해 살 것이다. 다쿠앙은 만사에 있어서 마음과 목숨과 힘을 다하여 임할 것을 강조하고 있다.

원문

內々存寄候事,御諫可ニ申入一候由,愚案如可に存候得共,折節幸と存じ及レ見候處,あらまし書付進し申候。

貴殿事,兵法に於て,古今無雙の達人故,當時官位俸祿,世の聞えも美々敷候。此大厚恩を寐ても覺ても忘るゝことなく,旦夕恩を報じ,忠を盡さんことをのみ思ひたまふべし。忠を盡すといふは,先づ我心を正しく,身を治め,毛頭君に二心なく,人を恨み,咎めず。日々出仕怠らず。一家に於ては父母に能く孝を盡し,夫婦の間少しも猥になく。禮儀正しく妾婦を愛せず。色の道を絶ち。[70] 父母の間おごそかに道を以てし。[71] 下を使ふに,私のへだてなく。善人を用ゐ近付け。我足らざる所を諫め。御國の政を正敷し。[72] 不善人を遠ざくる樣にするときは,善人は日々に進み,不善人もおのづから主人の善を好む所に化せられ,惡を去り善に遷るなり。如レ此君

69) 전게서, 市川白弦, 232쪽. 『이세물어(伊勢物語)』는 헤이안(平安) 초기에 성립된 노래로 구성된 이야기 책이다. 작자와 정확한 성립연대를 알 수 없다.

70) 전게서, 市川白弦, 233쪽. 色の道を絶ち, 市川는 마침표를 쉼표로 고쳤다.

71) 전게서, 233쪽. 父母の間おごそかに道を以てし, 市川는 마침표를 쉼표로 고쳤다.

72) 전게서, 233쪽. 下を使ふに,私のへだてなく,善人を用ゐ近付け,我足らざる所を諫め,御國の政を正敷し, 마침표를 쉼표로 고쳤다.

臣上下善人にして,欲薄く,奢を止むる時は,國に寶滿ちて,民も豊に治り,子の親をしたしみ,手足の上を救ふが如くならば,國は自ら平に成るべし。是れ忠の初なり。

번역

2. 무네노리에게 보내는 간언서諫言書

충忠을 다하라

마음속으로 생각해 온 것을 간언諫言할 좋은 기회라고 여겨 이렇게 적습니다.

당신(야규 무네노리)은 병법에 있어서는 고금무쌍古今無雙의 달인이라 할 수 있습니다. 지금은 (도쿠카와 막부의 주요) 관직을 제수받고 세간으로부터 좋은 평판도 받고 있습니다. 이러한 후대에 대한 은혜를 자나깨나 늘 잊지 말고, 아침저녁으로 은혜를 갚고 충忠을 다할 것만을 생각해야 할 것입니다.

충忠을 다한다는 것은 무엇일까요? 먼저 자신의 마음을 바르게 하고 항상 몸을 삼가야 할 것입니다. 나아가 군주를 배반해서는 안 되고, 사람을 원망하거나 비난해서도 안 됩니다. 또한 매일 해야 할 일을 게을리 해서도 안 됩니다. (가정에서는) 부모에게 효도하고 부부 사이에도 예의를 지키며 깨끗해야 할 것입니다. 즉 다른 여자를 사랑하거나 색정에 빠져서는 안 됩니다. 그리고 (집에서는) 아버지로서의 위엄을 가지고 정도正道를 따라서 살아야 할 것입니다.

또한 아랫사람을 다룰 때는 개인적인 감정으로 차별해서는 안 되며, 선한 사람을 중용해야 합니다. 자신의 부족한 점을 스스로 경계해 정치를 바르게 하고, 선하지 않은 사람을 멀리한다면 선한 마음을 가진 사람들은 날로 발전하고 선하지 않은 마음을 가진 사람들도 자연히 올바른 것을 좋아하는 윗사람에게 감화될 것입니다. 그리고 악을 멀리하고 선으로 돌아설 것입니다.

이처럼 군주와 윗사람, 아랫사람이 올바르게 되어 사리사욕과 교만함을 버린다면 그 나라와 백성이 풍요로워질 것입니다. 이것이 바로 내(다쿠앙)가 생각하는 바른 정치입니다. 즉 자식이 부모를 따르고, 아랫사람이 윗사람의 손발처럼 일한다면 그 나라는 자연히 평화롭게 되지 않겠습니까? 이것이 바로 내가 생각하는 충忠의 시작입니다.

보족

『부동지신묘록』은 1638년경 다쿠앙이 무네노리에게 준 서간이다.[73] 오늘날 원본은 존재하지 않고 사본들만이 남아 있다. 사본들은 크게 두 가지로 분류된다. 하나는 본서에서 사용한 호소카와가장판細川家藏版이고, 다른 하나는 제국도서관구장판帝國圖書館旧版版이다. 호소카와가장판에는 무네노리에게 전하는 간언諫言이 붙어 있지만, 제국도서관구장판에는 간언이 붙어 있지 않다.[74] 다쿠앙이 야규 무네노리의 선스승이었기에 이와 같은 진심 어린 충고가 가능했을 것이다.

73) 전게서, 泉田宗健, 377쪽.

74) 今村嘉雄, 『武藝随筆』(日本武道大系 第九卷), 同朋舍出版, 1982, 60쪽.

원문

この金鐵の二心なき兵を,以下様々の御時御用に立てたらば,千萬人を遣ふとも心のまゝなるべし。則ち先に云ふ所の,千手觀音の一心正しげれば,千の手皆用に立つが如く,貴殿の兵術の心正しければ,一心の働自在にして,數千人の敵をも一劒に隨へるが如し。是れ大忠にあらずや。其心正しき時は,外より人の知る事もあらず。一念發る所に善と惡との二つあり,其善惡二つの本を考へて,善をなし惡をせざれば,心自ら正直なり。惡と知り止めざるは,我好む所の痛あるゆゑなり。或は色を好むか,奢氣隨にするか,いかさま心に好む所の働きある故に,善人ありとも我氣に合はざれば,善事を用ひず。無智なれども,一旦我氣に合へば登し用ひ,好むゆゑに,善人はありても用ゐざれば,無きが如し。然れば幾千人ありとても,自然の時,主人の用に立つ物は一人も不レ可レ有レ之。彼の一旦氣に入りたる無智若輩の惡人は,元より心正しからざる者故,事に臨んで一命を捨てんと思ふ事,努々不レ可レ有。心正しからざるものゝ,主の用に立ちたる事は,往昔より不二承及一ところなり。

번역

천 명의 적도 단 칼에

이처럼 강철같이 충실한 군사兵를 길러 여러 방면에 활용한다면 천만의 군사를 얻는 것과 같습니다. 이는 (앞서 말한) 천수관음과 같은 것입니다. 천수관음의 마음이 올바르면 천 개의 손을 자유롭게 사용할 수 있듯이,

당신(무네노리)의 병술의 마음이 올바르다면 당신은 검을 자유자재로 사용할 수 있게 될 것이고, 수천 명의 적이 있다 하더라도 단 칼에 베어버릴 수 있을 것입니다. 이것이야 말로 충忠이 아니겠습니까?

그 마음이 옳은지 아닌지는 겉으로는 알 수 없습니다. 마음이 움직일 때야 비로소 선과 악이 나타납니다. 그러므로 선악의 근본인 마음을 보고 악을 버리고 선을 취한다면 마음은 자연히 올바르게 될 것입니다.

악한 것이라는 것을 알면서도 그만두지 못하는 것은 그것을 좋아하는 병 때문입니다. 그런 사람은 색을 좋아하고 교만하고 방자하며 남을 속이기를 좋아하기에, 혹 선한 사람이 충고를 해도 자기 마음에 들지 않으면 들으려 하지 않습니다. 이처럼 무지한 사람은 일단 자기 마음에 들면 등용해 애지중지하기에 주위에 선한 사람이 있다고 해도 눈에 보이지 않습니다.

이러한 경우에는 천 명의 군사가 있다 하더라도, 중요한 일이 있을 때는 도움이 되지 않을 것입니다. 한 번 마음에 든 무지하고 젊은 악인은 본래 비뚤어진 자이기에 중대한 일이 있을 때 목숨을 버리려고 하지 않을 것입니다. 마음이 올바르지 않은 자가 그 주인에게 도움이 되었다는 이야기를 들어 본 적이 없습니다.

원문

貴殿の弟子を御取立て被レ成にも箇様の事有レ之由,苦々敷存じ候。是れ皆一片の數寄好む所より,其病にひかれ,惡に落入るを知らざるなり。人は知らぬと思へども,微より明かなるなしとて,我心に知れば,天地鬼神萬民も知るなり。如レ是して國を保つ,誠に危き事にあらずや。然らば大不忠なりとこそ存じ候へ。たとへば我一人,いかに矢猛に主人に忠を盡さんと思ふとも,一家の人和せず,柳生谷一郷の民背きなば,何事も皆相違仕るべし。總て人の善し惡しきを知らんと思はゞ,其愛し用ゐらるゝ臣下,又は親み交る友達を以て知ると云へり。主人善なれば其近臣皆善人なり。主人正しからざれば,臣下友達皆正しからず。然らば諸人みななみし,隣國是を侮るなり。善なるときは,諸人親むとは此等の事なり。國は善人を以て寶とすと云へり。よく/\御體認なさるべし。

번역

나라의 보물

당신(무네노리)이 제자를 발탁할 때도 이와 같은 경우가 있기에 (나의 간언이) 몹시 불쾌하게 여겨질 지도 모르겠습니다. 사람들은 자신의 취향이라는 병벽病癖에 이끌려 자신이 악에 떨어지는 것을 모릅니다. 그러므로 자기 자신을 잘 파악하고 있으면, 천지의 귀신이 다가와도 (자기를 속이고자 하는) 사람이 다가와도 알 수 있을 것입니다.

이러한 마음으로 어떻게 나라를 지킬 수 있겠습니까? 이는 큰 불충이 됨을 잊지 말았으면 좋겠습니다. 자신은 혼신을 다해 충忠을 실천하고자 하더라도 만일 가족이 화합하지 않고, 야규 집안사람들이 모두 등을 돌린다면 만사가 뒤틀리고 말 것입니다.

그 사람이 옳은 사람인지 옳지 않은 사람인지 알려면 그가 신뢰하는 가신이나 친하게 지내는 친구를 보면 됩니다. 군주가 옳다면 그 주위에 있는 신하들도 옳은 사람들이 모일 것입니다. 반대로 군주가 옳지 않다면 신하나 친구도 옳지 않은 사람들이 모일 것입니다. 그렇게 되면 사람들은 군주를 업신여기고 이웃 나라에서도 깔보게 될 것입니다. 군주와 신하가 올바르면 백성 또한 올바르다는 말은 바로 이와 같은 까닭입니다. 그러므로 나라에 있어서 올바른 마음을 가진 자는 보물과 같습니다. 잘 생각해 보시기를 바랍니다.

보족

이 내용은 교토의 히에잔比叡山을 연 사이쵸(最澄, 767~823) 대사의 말을 인용한 부분이다.[75] 사이쵸 대사의 말은 다음과 같다.

國寶とは何物ぞ。寶とは道心なり。道心有るの人を名けて國寶となす。かかるがゆえに古人の言く。「徑寸十枚,是れ國寶に非ず。一隅を照らす,此れ卽ち國寶なり」と。[76]

나라의 보물이란 무엇인가? 보물이란 도道를 구하는 마음이다. 그러므로 도를 구하는 사람을 나라의 보물이라 할 수 있다. 옛 사람이 "직경 일촌一寸의 구슬 10개가 어떻게 나라의 보물이 되겠는가? 도를 구하는 마음을 가지고 세상의 한 구석을 밝히는 사람이 바로 나라의 보물이다."라고 말하지 않았던가?

75) 전게서, 鎌田茂雄, 『禪の心劍の極意 澤庵の「不動智神妙錄」に學ぶ』, 182쪽.

76) 전게서, 181쪽. 이는 『산가학생이(山家學生貳)』에 나오는 말이다.

원문

人の知る所に於て,私の不義を去り,小人を遠げ,賢を好む事を,急に成され候はば,いよ／＼國の政正しく,御忠臣第一たるべく候。就中御賢息御行跡の事,親の身正しからずして,子の悪しきを責むること逆なり。先づ貴殿の身を正しく成され,其上にて御異見も成され候はば,自ら正しくなり,御舎弟內膳殿も,兄の行跡にならひ,正しかるべければ,父子ともに善人となり。目出度かるべし。取ると捨つるとは,義を以てすると云へり。唯今寵臣たるにより,諸大名より賄を厚くし,欲に義を忘れ候事,努々不レ可レ有候。貴殿亂舞を好み,自身の能に奢り,諸大名衆へ押て參られ,能を勸められ候事,偏に病と存じ候なり。上の唱は猿樂の樣に申し候由。また挨拶のよき大名をば,御前に於てもつよく御取成しなさるゝ由,重ねて能く／＼御思案可レ然歟。歌に「心こそ心迷はす心なれ,心に心心ゆるすな」。

번역

마음을 조심하라

개인적인 감정으로 인한 불의를 바로잡고, 악한 자를 멀리하며 현명한 자를 등용한다면, 그 나라의 정치는 바로 잡히고 (이를 실천하는 자는) 그 누구보다 충신이 될 것입니다.

이제 아드님(야규 미츠요시)의 품행에 대해서 간언을 드리려고 합니다. 부모의 품행이 바르지 않은데, 어떻게 아들의 악행을 질책할 수 있겠습니까? 이는 순서가 뒤바뀐 것입니다. 먼저 부모가 몸가짐을 바르게 하고 나서 자식에게 충고를 하는 것이 순서입니다. 그러면 자식도 자연스럽게 그 소행을 고칠 것입니다. 그리고 동생인 무네후유宗冬도 형(미츠요시)의 품행을 본받아 바르게 될 것이고, 결국 아버지와 아들들이 함께 선인善人이 되지 않겠습니까?

"사람을 뽑을 때도 버릴 때도 의義를 가지고 하라."는 말이 있습니다. 지금 당신(무네노리)은 주군의 총애를 받고 있어, 여러 다이묘大名들에게 많은 뇌물을 받아 욕심에 눈이 어두워져 있습니다. (총애를 받을수록) 의義를 잊어서는 안 될 것입니다.

당신(무네노리)은 난무亂舞를 즐겨 자신의 능력에 우쭐해져서 여러 다이묘들의 집을 불쑥 방문해 능력(검술)을 보인다고 들었습니다. 이는 병이라고 생각합니다. 게다가 당신은 윗사람의 시가詩歌를 사루가쿠猿樂라고 깎아내리고, 아첨을 잘하는 다이묘를 쇼군將軍 앞에서 칭찬한다고 들었습니다. 자주 자신을 돌아보고 반성해야 할 것입니다. "자신의 마음만큼 자신을 미혹시키는 것은 없다. 마음이라는 것을 조심해야 한다."라는 노래도 있지 않습니까? 자신을 잘 성찰하시기 바랍니다.

보족

이 편지에 등장하는 야규 미츠요시(柳生三嚴, 1607~1650)는 야규 무네노리의 장남이다. 어릴 때 이름이 쥬베에十兵衛였던 관계로 통상 야규 쥬베에라 불리는 인물이다. 쥬베에는 어릴 적부터 검술에 상당한 재능을 보여, 그가 청년이 되었을 무렵에는 아버지 무네노리에게 뒤지지 않는 실력을 갖추게 되었다. 이에 무네노리는 아들을 더욱 강하게 키우고 싶었다. 아들을 세자世子의 연습 상대로 내세워 무네노리 자신처럼 아들을 출세시키고 싶었던 것이다.

어느 날 연습을 심하게 시키다가 무네노리는 그만 아들 미츠요시의 한 쪽 눈을 찌르고 말았다. 이 사건은 결국 장남의 성격을 삐뚤어지게 만들었다. 쥬베에는 아버지를 원망했고, 아버지에 대한 반감으로 사람들에게 무리한 행동을 일삼았다.[77] 다쿠앙은 쥬베에가 비뚤어지게 된 것은 결국 아버지의 책임이라고 질책하고 있다. 부모는 자연스럽게 자식에게 기대를 걸게 마련이다. 요즘 아들 바보, 딸 바보라는 말을 자주 듣는다. 다쿠앙은 부모의 지나친 기대로 자식을 망치게 되어서는 안 된다고 충고하고 있다. 이는 오늘을 사는 우리들도 깊이 생각하고 반성해야 할 부분이다.

77) 전게서, 183~184쪽. 미츠요시는 후에 『츠키노쇼(月之抄)』(1642)라는 저서를 남겼으며, 에도 초기의 유명한 검호로 이름을 날렸다. 쥬베에를 주인공으로 하는 담화, 전기, 소설 등이 많이 쓰여졌다.

끝맺음 말

필자는 일본 대학에서 체육을 가르치고 있다. 전공은 검도이다. 필자가 체육교육(무도 포함) 에 있어서 마음의 중요성에 관심을 가지게 된 계기가 있다.

어느 날 필자가 일본 H 시에 있는 검도장에 갔을 때의 일이다. 검도장에는 H 현에서 가장 강하다고 소문난 선수의 모습이 보였다. 필자는 뛰어난 실력을 가진 선수와 대련을 할 수 있다는 생각에 정말 기뻤다. 필자는 순서를 기다려 그에게 대련稽古을 청했다.

대련이 시작되자 상대는 진짜 시합처럼 인정사정없이 필자를 몰아붙이기 시작했다. 그의 기세에 눌려 겁을 먹어버린 필자는 맞고 찔리지 않으려고 필사적으로 방어할 수밖에 없었다. 이리저리 피하는 필자가 싫었던지, 그는 시합에서 쳐서는 안 되는 귀 부분을 죽도로 강하게 내려쳤다. 순간 귀가 멍하고 아무것도 들리지 않았다. 그 때였다. 그는 필자의 발을 걸어 넘어뜨리고 바닥에 쓰러진 필자의 머리와 목을 사정없이 가격加擊하고 찔러댔다. 주위에는 8단 선생님을 비롯하여 여러 명의 고단자들이 지켜보고 있었지만, 아무도 그를 말리지 않았다. 결국 그는 검도장 바닥에 쓰러져 있는 필자를 두고, 도중에 혼자서 검도장을 떠나고 말았다. 왜 주위 사람들은 그를 말리지 않았을까? 왜 그는 그렇게 감정적으로 나온 것일까? 필자는 쓸쓸하게 집으로 돌아가면서 많은 생각을 하게 되었다.

일반적으로 사회에서 운동선수들의 인격에 대한 평가는 대체로 호의적이다. 많은 사람들은 운동을 하면 인사를 잘하게 되고, 사회성이 발전된다고 생각한다. 하지만 이러한 사고방식에는 큰 오해가 포함되어 있다. 즉 운동을 하면 인격도 저절로 발전한다는 식의 잘못된 논리가 밑바탕에 깔려 있다는 것이다. 몇 해 전, 서울대학교 사범대학 체육교육과 초빙으로 체육교육과 학생들을 대상으로 일본의 무도사상에 대해 강연을 한 적이 있다. 이 때 최의창 교수님이 필자에게 선물해 준 저서 『가지 않은 길-인문적 스포츠교육론 서설』과 『코칭이란 무엇인가?-인문적 스포츠 코칭론 탐구』는 많은 생각을 하게 만들었다. 집에 돌아와 교수님의 저서를 열자 '많은 가르침 부탁드립니다'라는 글귀가 눈에 들어오면서 자상한 교수님의 얼굴이 떠올랐다. 서울대학교 교수님들은 인생에서 실패한 적이 없어서 교만한 사람들이 많을 것이라는 선입견을 가지고 있었다. 서울대학교 교수님들과 학생들을 여러번 만나면서, 필자의 생각이 편견에 지나지 않았다는 사실을 알게 되었다. 편견과 선입견에 사로잡혀 있던 나 자신이 참 부끄러웠다.

최의창 교수님은 오늘날 체육 가르치기의 문제점이 지나친 경험위주의 주먹구구식, 권위주의적 체육지도로부터 기인한다고 보고, 이로 인해 기술은 뛰어나지만 인성은 부족한 체육지도자들이 난무하고, 금메달은 목에 걸었지만 삶의 의미와 목적에 대해서는 아무 것도 얻지 못한 스포츠 전문인이 만연하다고 지적하고 있다. 이를 해결하기 위한 방안의 하나로 '인문적 스포츠론'을 제안하고 있다.

필자는 무도를 전공하는 일본의 대학생선수(유도, 검도) 60명을 대상으로 무도전서를 읽은 경험이 있는지 실태조사를 한 적이 있다. 결과는 놀랍게도 92퍼센트 이상이 전혀 읽은 적이 없다고 대답했다. 다쿠앙도 말하고 있듯이 인성理은 기술事을 열심히 연마한다고 저절로 형성되는 것이 아니다. 태권도, 택견, 유도, 검도, 합기도 등 무도(무예)를 하는 학생들이 예의가 바르다고 하지만, 예의는 마음으로부터 우러나오는 것이어야 한다. 형식적인 예의는 오히려 그 사람을 위선자로 만들 수 있다. 이는 교육에 있어서 가장 경계해야 할 부분이다. 다른 종목에 대한 존경과 예의, 약자에 대한 배려와 연민의 마음이 없다면 그 자가 습득한 무노는 하나의 기술에 지나지 않을 것이다. 이 책이 운동을 하는 모든 이들에게 마음수련의 소중함을 생각하는 작은 계기가 되기를 바란다.

현대인들은 많은 스트레스 속에서 살아가고 있다. 필자 또한 이 부분에서 자유롭지 못하다. 오늘날 우리들은 치열한 경쟁사회 속에서 시간, 돈, 일, 정보 등에 압박을 받으면서 살고 있다. 또한 이로 인해 생기는 불만과 불안으로 고통받고 있다. 우리는 우리를 속박하는 모든 것들로부터 어떻게 자유로워질 수 있을까? 모든 것은 마음과 기氣에 달려 있다. 이는 우리 모두가 잘 아는 진리이다. 다쿠앙의 『부동지신묘록』은 일차적으로는 운동선수들에게 도움이 되는 내용이지만, 스트레스, 근심, 걱정, 불안을 가지고 살아가는 우리들에게도 시사하는 바가 크다고 생각한다.

不動智神妙錄(원문)[78]

無明住地煩惱

無明とは,明になしと申す文字にて候.迷を申し候.住地とは,止る位と申す文字にて候.佛法修行に,五十二位と申す事の候.その五十二位の內に,物每に心の止る所を,住地と申し候.住は止ると申す義理にて候.止ると申すは,何事に付ても其事に心を止るを申し候.貴殿の兵法にて申し候はゝ,向ふより切太刀を一目見て,其儘にそこにて合はんと思へは,向ふの太刀に其儘に心か止りて,手前の働か拔け候て,向ふの人にきられ候.是れを止ると申し候.打太刀を見る事は見れども,そこに心をとめず,向ふの打太刀に拍子合せて,打たうとも思はず,思案分別を殘さず,振上る太刀を見るや否や,心を卒度止めず,其まゝ付入て,向ふの太刀にとりつかは,我をきらんとする刀を,我か方へもぎとりて,却て向ふを切る刀となるべく候.禪宗には是を還把ニ鎗頭一倒刺レ人來ると申し候.鎗はほこにて候.人の持ちたる刀を我か方へもぎ取りて.還て相手を切ると申す心に候.貴殿の無刀と仰せられ候事にて候.向ふから打つとも,吾から討つとも,打つ人にも打つ太刀にも,程にも拍子にも,卒度も心を止めれば,手前の働は皆拔け候て,人にきられ何レ申候.敵に我身を置けば,敵に心をとられ候間,我身にも心を置くべからず.我か身に心を引きしめて置くも,初心の間,習入り候時の事なるべし.太刀に心をとられ候.拍子合に心を置けば,拍子合に心をとられ候.我太刀に心を置けば,我太刀に心をとられ候.これ皆心のとまりで,手前拔殼になり申し候.貴殿御覺え何レ有候.佛法と引當て申すにて候.佛法には,此止る心を迷と申し候.故

---

78) 澤菴和尚全集刊行會 編,『澤菴和尚全集』1, 澤菴和尚全集刊行會, 1928, 1~27쪽.

に無明住地煩惱と申すことにて候.

諸佛不動智

と申す事。不動とは,うごかずといふ文字にて候。智は智慧の智にて候。不動と申し候ても,石か木かのやうに,無性なる義理にてはなく候。向ふへも,左へも,右へも,十方八方へ,心は動き度きやうに動きながら,卒度も止らぬ心を,不動智と申し候。不動明王と申して,右の手に劍を握り,左の手に縄を取りて,齒を喰出し,目を怒らし,佛法を妨けん惡魔を,降伏せんとて突立て居られ候姿も,あの様なるが。何國の世界にもかくれて居られ候にてはなし。容をば,佛法守護の形につくり,體をば,この不動智を體として,衆生に見せたるにて候。一向の凡夫は,怖れをなして佛法に仇をなさじと思ひ。悟に近き人は,不動智を表したる所を悟りて,一切の迷を晴らし,即ち不動智を明めて,此身則ち不動明王程に,此心法をよく執行したる人は,惡魔もいやまさぬぞと,知らせん爲めの不動明王にて候。
然れば不動明王と申すも,人の一心の動かぬ所を申し候。又身を動轉せぬことにて候。動轉せぬとは,物毎に留らぬ事にて候。物一目見て,其心を止めぬを不動と申し候。なぜなれば,物に心が止り候へば,いろ／＼の分別が胸に候間,胸のうちにいろ／＼に動き候。止れは止る心は動きても動かぬにて候。譬へば十人して一太刀づゝ我へ太刀を入るゝも,一太刀を受流して, 跡に心を止めず,跡を捨て跡を拾ひ候はゞ,十人ながらへ働を缺かさぬにて候。十人十度心は働けども,一人にも心を止めずば,次第に取合ひて働は缺け申間敷候。若し又一人の前に心が止り候はゞ,一人の打太刀をば受流すべけれども,二人めの時は,手前の働抜け可レ申候。千手觀音とて手が千御入り候はゞ,弓を取る手に心が止らば,九百九十九の手は皆用に立ち申す間敷。一所に心を止めぬにより,手が皆用に立つなり。觀音とて身一つに千の手が何しに可レ有候。不動智が開け候へば,身に手が千有りても,皆用に立つと云う事を,人に示さんが爲めに,作りたる容にて候。假令一本の木に向ふて,其内の赤き葉一つ見て居れば,残りの葉は見えぬなり。葉ひとつに目をかけずして,一本の木に何心もなく打ち向ひ候へば,數多の葉残らず目に見え候,葉一つに心をとられ候はゞ,残りの葉は見えず。一つに心を止めねば,百千の葉みな見え申し候。是を得心したる人は,即ち千手千眼の觀音にて候。然るを一向の凡夫は,唯一筋に,身一つに千の手,千の眼が御座して難レ有と信じ候。又なまものじりなる人は,身一つに千の眼が,何しにあるらん,虚言よ。破り譏る也。今少し能く知れば,凡夫の信ずるにても破るにてもなく,道理の上にて尊信し,佛法はよく一物にして其理を顯す事にて候。諸道ともに斯様のものにて候。神道は別して其道と見及び候。有の儘に思ふも凡夫,又打破れば猶悪し。其内に道理有る事にて候。此道,彼道さまぐに候へども,極所は落着候。扨初心の地より修行して不動智の位に至れば,立歸て住地の初心の位へ落つべき子細御入り候。貴殿の兵法にて何申候。初心は身に持つ太刀の構も何も知らぬものなれば,身に心の止る事もなし。人が打ち候へは,つひ取合ふばかりにて,何の心もなし。然る處にさまぐの事を習ひ,身に持つ太刀の取様,心の置所,いろいろの事を教へぬれば,色々の處に心が止り,人を打たんとすれば,兎や角して殊の外不自由なる事,日を重ね年月をかさね,稽古をするに從ひ,後は身の構も太刀の取様も,皆心のなくなりて,唯最初の,何もしらず習はぬ時の,心の様になる也。是れ初と終と同じやうになる心持にて,一から十までかぞへまはせば。一と十と隣になり申し候。調子なども,一の初の低き一をかぞへて上無と申す高き調子へ行き候へば,一の下と一の上とは隣りに候。
一,壹越。二,斷金。三,平調。四,勝絶。五,下無。六,雙調。七,鳧鐘。八,つくせき。九,蠻(打けい)。十,盤涉。十一, 神仙。十二,上無
づゝと高きと, づゝと低きは似たるものになり申し候。佛法もづゝとたけ候へは, 佛とも法とも知らぬ人のやうに,人の見なす程の,飾も何もなくなるものにて候。故に初の住地の,無明と煩惱と,後の不動智とが一つに成りて,智慧働の分は失せて,無心無念の位に落着申し候。至極の位に至り候えば。手足身が覺え候て,心は一切入らぬ位になる物にて候。鎌倉の佛國國師の歌にも,「一心ありてもるとなけれど小山田に,いたづらならぬかゝしなりけり」。皆此歌の如くにて候。山田のかゝしとて,人形を作りて弓矢を持せておく也。鳥獸は是を見て逃る也。此人形に一切心なけれども,鹿がおじてにづれば,用がかなふ程に,いたづらならぬ也。萬の道に至り至る人の所作のたとへ也。手足身の働斗にて,心がそつともとゝまらずして,心がいづくに有るともしれずして,無念無心にて山田のかかしの位にゆくものなり。一向の愚痴の凡夫は,初から智慧なき程に,萬に出ぬなり。又づゝとたけ至りたる智慧は,早ちかへ處入によりて一切出ぬなり。また物知りなるによつて,智慧が頭へ出で申し候て,をかくし候。今時分の出家の作法ども,嘸をかくし何二思召一候。御耻かしく候。
理之修行。事之修行。と申す事の候。理とは右に申上候如く,至りては何も取あはず。唯一心の捨やうにて候。段々右に書付け候如くにて候。然れども,事の修行を不レ仕候えば,道理ばかり胸に有りて,身も手も不レ働候。事之修行と申し候は,貴殿の兵法にてなれば,身構の五箇に一字の,さま／＼の習事にて候。理を知りても,事の自由に働かねばならず候。身に

持つ太刀の取まはし能く候ても,理の極り候所の闇く候ては,相成間敷候。事理の二つは,車の輪の如くなるべく候。

間不レ容レ髪

と申す事の候。貴殿の兵法にたとへて可レ申候。間とは,物を二つかさね合ふたる間へは,髪筋も入らぬと申す義にて候。たとへば,手をはたと打つに,其儘はつしと聲が出で候。打つ手の間へ, 髪筋の入程の間もなく聲が出で候。手を打つて後に, 聲が思案して間を置いて出で申すにては無く候。打つと其儘,音が出で候。人の打ち申したる太刀に心が止り候えば。間が出來候。其間に手前の働が抜け候。向ふの打つ太刀と,我働との間へは, 髪筋も入らず候程ならば。人の太刀は我太刀たるべく候。禪の間答には,此心ある事にて候。佛法にては,此止りて物に心の残ることを嫌ひ申し候。故に止るを煩悩と申し候。たてきつたる早川へも,玉を流す様に乗つて,どつと流れて少しも止る心なきを尊び候。

石火之機

と申す事の候。是も前の心持にて候。石をハタと打つや否や,光が出で,打つと其まゝ出る火なれば,間も透間もなき事して候。是も心の止るべき間のなき事を申し候。早き事とばかり心得候へば,悪敷候。心を物に止め間敷と云ふが詮にて候。早きにも心の止らぬ所を詮に申し候。心が止れば,我心を人にとられ申し候。早くせんと思ひ設けて早くせば,思ひ設ける心に,又心を奪はれ候。西行の歌集に「世をいとふ人とし聞けはかりの宿に,心止むなど思ふはかりぞ」と申す歌は,江口の遊女のよしみ歌なり。心とむなと思ふはかりぞと云ふ下句の引合せは,兵法の至極に當り可レ申候。心をとどめぬが肝要にて候。禪宗にて,如何是佛と問ひ候はゞ,拳をさしあぐべし。如何が佛法の極意と問はゞ,其聲未だ絶たざるに,一枝の梅花となりとも,庭前の柏樹子となりとも答ふべし。其答話の善惡を選ぶにてはなし。止らぬ心を尊ぶなり。止らぬ心は,色にも香にも移らぬ也。此移らぬ心の體を神とも祝ひ, 佛とも尊び, 禪心とも,極意とも,申候へども,思案して後に云ひ出し候へば,金言妙句にても,住地煩惱にて候。石火の機と申すも,ひかりとする電光のはやきを申し候。たとへば右衛門とよびかくると,あつと答ふるを,不動智と申し候。右衛門と呼びかけられて,何の用にてか有る可きなどゝ思案して,跡に何の用か抔いふ心は, 住地煩惱にて候。止りて物に動かされ,迷はさるゝ心を所住煩惱とて,凡夫にて候。又右衛門と呼ばれて,をつと答ふるは,諸佛智なり。佛と衆生と二つ無く。神と人と二つ無く候。此心の如くなるを, 神とも佛とも申し候。神道,歌道,儒道とて,道多く候へども,皆この一心の明なる所を申し候。言葉にて心を講釋したぶんにては,この一心,人と我身にありて,晝夜善事惡事とも,業により,家を離れ國を亡し,其身の程々にしたがひ,善し惡しともに,心の業にて候へども,此心を如何やうなるものぞと,悟り明むる人なく候て,皆心にて惑され候。世の中に,心も知らぬ人は何レ有候。能く明め候人は,稀にも有りがたく見及び候。たまたま明め知る事も,また行ひ候事成り難く,此一心を能く說くとて,心を明めたるにてはあるまじく候。水の事を講釋致し候とても,口はぬれ不レ申候。火を能く說くとも, 口は熱からず。誠の水, 誠の火に觸れてならでは知れぬもの也。書を講釋したるまでにては,知れ不レ申候。食物をよく說くとても,ひだるき事は直り不レ申候。說く人の分にては知れ申す間敷候。世の中に,佛道も儒道も心を說き候得共,其說く如く,其人の身持なく候心は,明に知らぬ物にて候。人々我身にある一心本來を篤と極め悟り候はねば不レ明候。又參學したる人の心が明かならぬは，參學する人も多く候へども,それにもよらず候.參學したる人,心持皆々惡敷候。此一心の明めやうは,深く工夫の上より出で可レ申候。

心の置所

心を何處に置かうぞ。敵の身の働に心を置けば,敵の身の働に心を取らるゝなり。敵の太刀に心を置けば,敵の太刀に心を取らるゝなり。敵を切らんと思ふ所に心を置けば，敵を切らんと思ふ所に心を取らるゝなり。我太刀に心を置けば,我太刀に心を取らるゝなり。われ切られじと思ふ所に心を置けば，切られじと思ふ所に心を取らるゝなり。人の構に心を置けば,人の構に心を取らるゝなり。兎角心の置所はないと言ふ。或人間ふ,我心を兎角餘所へやれば,心の行く所に志を取止めて，敵に負けるほどに,我心を臍の下に押込めて餘所にやらずして,敵の働により轉化せよと云ふ。尤も左もあるべき事なり。然れども佛法の向上の段より見れば，臍の下に押込めて餘所へやらぬと云ふは,段が卑きし,向上にあらず。修行稽古の時の位なり。敬の字の位なり。又は孟子の放心を求めよと云ひたる位なり。上りたる向上の段にてはなし。敬の字の心持なり。放心の事は,別書に記し進じ可レ有二御覽一候.臍の下に押込んで餘所へやるまじきとすれば,やるまじと思ふ心に,心を取られて,先の用かけ,殊の外不自由になるなり。

或人問ふて云ふは,心を臍の下に押込んで働かぬも,不自由にして用が缺けば,我身の内にして何處にか心を何レ置ぞや。答へて曰く,右の手に置けば,右の手に取られて身の用缺けるなり。心を眼に置けば，眼に取られて,身の用缺け申し候。右の足に心を置けば, 右の足に心を取られて, 身の用缺けるなり。何處なりとも,一所に心を置けば, 餘の方の用は皆缺けるなり。然らば則ち心を何處に置くべきぞ。我答へて曰く, 何處にも置かねば,我身に一ぱいに行きわたりて,全體に延びひろごりてある程に,手の入る時は,手の用を叶へ。足の入る時は,足の用を叶へ。目の入る時は,目の用を叶へ。其入る所々に行きわたりてある程に,其入る所々の用を叶ふるなり。萬一もし一所に定めて心を置くならば,一所に取られて用は缺くべきなり。思案すれば思案に取らるゝ程に,思案をも分別をも残さず,心をば總身に捨て置き, 所々止めずして,其所々に在て用をば外さず叶ふべし。

心を一所に置けば,偏に落ると云ふなり。偏とは一方に片付きたる事を云ふなり。正とは何處へも行き渡つたる事なり。正心とは總身へ心を伸べて,一方へ付かぬを言ふなり。心の一處に片付きて,一方缺けるを偏心と申すなり。偏を嫌ひ申し候。萬事にかたまりたるは, 偏に落るとて,道に嫌ひ申す事なり。何處に置かうとて,思ひなければ,心は全體に伸びひろごりて行き渡りて有るものなり。心をば何處にも置かずして。敵の働によりて,當座々々,心を其所々にて可二用心一歟。總身に渡つてあれば,手の入る時には手にある心を遣ふべし。足の入る時には足にある心を遣ふべし。一所に定めて置きたらば,其置きたる所より引出し遣らんとする程に,其處に止りて用が拔け申し候。心を繫ぎ猫のやうにして, 餘處にやるまいとて,我身に引止めて置けば,我身に心を取らるゝなり。身の内に捨て置けば, 餘處へは行かぬものなり。唯一所に止めぬ工夫,是れ皆修業なり。心をばいつこにもとめぬが,眼なり,肝要なり。いつこにも置かねば,いつこにもあるぞ。心を外へやりたる時も,心を一方に置けば,九方は缺けるなり。心を一方に置かざれば,十方にあるぞ。

本心妄心

と申す事の候。本心と申すは一所に留らず,全身全體に延びひろごりたる心にて候。妄心は何ぞ思ひつめて一所に固り候心にて,本心が一所に固り集りて,妄心と申すものに成り申し候。本心は失せ候と,所々の用が缺ける程に,失はね様にするが專一なり。たとへば本心は水の如く一所に留らず。妄心は氷の如くにて,氷にては手も頭も洗はれ不レ申候。氷を解かして水と爲し,何所へも流れるやうにして,手足をも何をも洗ふべし。心一所に固り一事に留り候へば,氷固りて自由に使はれ申さず,氷にて手足の洗はれぬ如くにて候。心を溶かして總身へ水の延びるやうに用ゐ,其所に遣りたきまゝに遣りて使ひ候。是を本心と申し候。

有心之心,無心之心

と申す事の候。有心の心と申すは妄心と同事にて, 有心とはあるこゝろと讀む文字にて,何事にても一方へ思ひ詰る所なり。心に思ふ事ありて分別思案が生ずる程に, 有心の心と申し候。無心の心と申すは,右の本心と同事にて, 固り定りたる事なく, 分別も思案も何も無き時の心, 總身にのびひろごりて, 全體に行き渡る心を無心と申す也。どつこにも置かぬ心なり。石か木かのやうにてはなし。留る所なきを無心と申す也。留れば心に物があり, 留る所なければ心に何もなし。心に何もなきを無心の心と申し,又は無心無念とも申し候。

此無心の心に能くなりぬれば,一事に止らず,一事に缺けず,常に水の湛えたるやうにして,此身に在りて,用の向ふ時出て叶ふなり。一所に定り留りたる心は,自由に働かぬなり。車の輪も堅からぬにより廻るなり。一所につまりたれば廻るまじきなり。心も一時に定れば働かぬものなり。心中に何ぞ思ふ事あれば,人の云ふ事をも聞きながら聞まざるなり,思ふ事に心が止るゆゑなり。心が其思ふ事に在りて一方へかたより, 一方へかたよれば,物を聞けども聞えず,見れども見えざるなり。是れ心に物ある故なり。あるとは,思ふ事があるなり。此有る物を去りぬれば,心無心にして,唯用の時ばかり働きて,其用に當る。此心にある物を去らんと思ふ心が,又心中に有る物になる。思はざれば,獨り去りて自ら無心となるなり。常に心にかくすれば,何時となく,後は獨り其位へ行くなり。急にやらんとすれば,行かぬものなり。古歌に「思はしと思ふも物を思ふなり,思はじとだに思はしやきみ。」

水上打ニ胡蘆子一,捺着即轉

胡蘆子を捺着するとは,手を以て押すなり。瓢を水へ投げて押せば,ひよつと脇へ退き。何としても一所に止らぬものなり。至りたる人の心は,卒度も物に止らぬ事なり。水の上の瓢を押すが如くなり。

應無所住而生其心

此文字を讀み候へば,をうむしよじうじじやうごしん,と讀み候。萬の業をするに,せうと思ふ心が生ずれば,其する事に心が止るなり。然る間止る所なくして心を生ずべしとなり。心の生ずる所に生せざれば,手も行かず。行けばそこに止る心を生じて,其事をしながら止る事なきを,諸道の名人と申すなり。此止る心から執着の心起り,輪廻も是れより起り,此止る心,生死のきずなと成り申し候。花紅葉を見て, 花紅葉を見る心は生じながら,其所に止らぬを詮と致し候。慈圓の歌に「柴の戸に匂はん花もさもあらばあれ,ながめにけりな恨めしの世や」。花は無心に匂ひぬるを,我は心を花にとゞめて,ながめけるよと,身の是れにそみたる心が恨めしと也。見るとも聞くとも,一所に心を止めぬを,至極とする事にて候。敬の字をば,主一無適と註を致し候て,心を一所に定めて, 餘所へ心をやらず。後に抜いて切るとも,切る方へ心をやらぬが肝要の事にて候。殊に主君杯に御意を承る事,敬の字の心眼たるべし。佛法にも, 敬の字の心有り, 敬白の鐘とて,鐘を三つ鳴して手を合せ敬白す。先づ佛と唱へ上げる此敬白の心, 主一無適,一心不亂,同義にて候。然れども佛法にては, 敬の字の心は,至極の所にては無く候。我心をとられ, 亂さぬやうにとて,習ひ入る修行稽古の法にて候。此稽古,年月つもりぬれば,心を何方へ追放しやりても,自由なる位に行く事にて候。右の應無所住の位は,向上至極の位にて候。敬の字の心は,心の餘所へ行くを引留めて遣るまい, 遣れば亂るゝと思ひて,卒度も油斷なく心を引きつめて置く位にて候。是は當座,心を散らさぬ一旦の事なり。常に如レ是ありては不自由なる義なり。たとへば雀の子を捕へられ候て,猫の繩を常に引きつめておいて,放さぬ位にて,我心を,猫をつれたるやうにして,不自由にしては,用が心のまゝに成る間敷候。猫によく仕付をして置いて, 繩を追放して行度き方へ遣り候て,雀と一つ,居ても捕へぬやうにするが, 應無所住而生其心の文の心にて候。我心を放捨て猫のやうに打捨て, 行度き方へ行きても,心の止らぬやうに心を用ひ候。貴殿の兵法に當て申し候はゞ,太刀を打つ手に心を止めず。一切打つ手を忘れて打つて人を切れ,人に心を置くな。人も空,我も空,打つ手も打つ太刀も空と心得,空に心を取られまひぞ。鎌倉の無學禪師,大唐の亂に捕へられて,切らるゝ時に,電光影裏斬ニ春風一。

といふ偈を作りたれば,太刀をば捨てて走りたると也。無學の心は,太刀をひらりと振上げたるは,稲妻の如く電光のぴかりとする間,何の心も何の念もないぞ。打つ刀も心はなし。切る人も心はなし。切らるる我も心はなし。切る人も空,太刀も空,打たるゝ我も空なれば,打つ人も人にあらず。打つ太刀も太刀にあらず。打たるゝ我も稲妻のひかりとする内に,春の空を吹く風を切る如くなり。一切止らぬ心なり。風を切つたのは,太刀に覺えもあるまいぞ。かやうに心を忘れ切つて,萬の事をするが,上手の位なり。舞を舞へば,手に扇を取り,足を踏む。其手足をよくせむ,舞を能く舞はむと思ひて,忘れきらねば,上手とは申されず候。未だ手足に心止らば,業は皆面白かるまじ。悉皆心を捨てきらずして,する所作は皆惡敷候。

求放心

と申すは,孟子が申したるにて候。放れたる心を尋ね求めて,我身へ返せと申す心にて候。たとへば,犬猫鶏など放れて餘所へ行けば,尋ね求めて我家に返す如く,心は身の主なるを,惡敷道へ行く心が逃げるを,何とて求めて返さぬぞと也。尤も斯くなるべき義なり。然るに又邵康節と云ふものは,心要放と申し候。はらりと替り申し候。斯く申したる心持は,心を執へつめて置いては勞れ,猫のやうにて,身が働かれねば,物に心が止らず,染ぬやうに能く使ひなして,捨置いて何所へなりとも追放せと云ふ義なり。物に心が染み止るによつて,染すな止らすな,我身へ求め返せと云ふは,初心稽古の位なり。蓮の泥に染ぬが如くなれ。泥にありても苦しからず。よく磨きたる水晶の玉は,泥の内に入つても染ぬやうに心をなして,行き度き所にやれ。心を引きつめては不自由なるぞ。心を引きしめて置くも,初心の時の事よ。一期其分では,上段は終に取られずして,下段にて果るなり。稽古の時は,孟子が謂う求其放心と申す心持能く候。至極の時は, 邵康節が心要放と申すにて候。中峯和尚の語に,具放心とあり。此意は即ち, 邵康節が心をば放さんことを要せよと云ひたると一つにて,放心を求めよ,引きとどめて一所に置くなと申す義にて候。又具不退轉と云ふ。是も中峯和尚の言葉なり。退轉せずに替はらぬ心を持てと云ふ義なり。人たゞ一度二度は能く行けども,又つかれて常に無い裡に退轉せぬやうなる心を持てと申す事にて候。

急水上打毬子,念々不停留

と申す事の候。急にたきつて流るゝ水の上へ,手毬を投せば,浪にのつて,ぱつぱと止らぬ事を申す義なり。

前後際斷

と申す事の候。前の心をすてず,又今の心を跡へ残すが惡敷候なり。前と今との間をば,きつてのけよと云ふ心なり。是を前後の際を切て放せと云ふ義なり。心をとゞめぬ義なり。

水焦上,火酒雲

「武藏野はけふはなやきぞ若草の,妻もこもれり我もこもれり」。此歌の心を,誰か「白雲のむすははば消せん朝顔の花」。

内々存寄候事,御諌可ニ申入一候由,愚案如可に存候得共,折節幸と存じ及レ見候處,あらまし書付進し申候。

貴殿事,兵法に於て,古今無雙の達人故,當時官位俸祿,世の聞えも美々敷候。此大厚恩を寐ても覺ても忘るゝことなく,旦夕恩を報じ,忠を盡さんことをのみ思ひたまふべし。忠を盡すといふは,先づ我心を正しく,身を治め,毛頭君に二心なく,人を恨み,咎めず。日々出仕怠らず。一家に於ては父母に能く孝を盡し,夫婦の間少しも猥になく。禮儀正しく妾婦を愛せず。色の道を絶ち。父母の間おごそかに道を以てし。下を使ふに,私のへだてなく。善人を用ゐ近付け。我足らざる所を諫め。御國の政を正敷し。不善人を遠ざくる様にするときは,善人は日々に進み,不善人もおのづから主人の善を好む所に化せられ,惡を去り善に遷るなり。如レ此君臣上下善人にして,欲薄く,奢を止むる時は,國に寶滿ちて,民も豊に治り,子の親をしたしみ,手足の上を救ふが如くならば,國は自ら平に成るべし。是れ忠の初なり。この金鐵の二心なき兵を,以下様々の御時御用に立てたらば,千萬人を遣ふとも心のまゝなるべし。則ち先に云ふ所の,千手觀音の一心正しげれば,千の手皆用に立つが如く,貴殿の兵術の心正しければ,一心の働自在にして,數千人の敵をも一劍に隨へるが如し。是れ大忠にあらずや。其心正しき時は,外より人の知る事もあらず。一念發る所に善と惡との二つあり,其善惡二つの本を考へて,善をなし惡をせざれば,心自ら正直なり。惡と知り止めざるは,我好む所の痛あるゆゑなり。或は色を好むか,奢氣隨にするか,いかさま心に好む所の働きある故に,善人ありとも我氣に合はざれば,善事を用ひず。無智なれども,一旦我氣に合へば登し用ひ,好むゆゑに,善人はありても用ゐざれば,無きが如し。然れば幾千人ありとても,自然の時,主人の用に立つ物は一人も不レ可レ有レ之。彼の一旦氣に入りたる無智若輩の惡人は,元より心正しからざる者故,事に臨んで一命を捨てんと思ふ事,努々不レ可レ有。心正しからざるものゝ,主の用に立ちたる事は,往昔より不二承及一ところなり。

貴殿の弟子を御取立て被レ成にも箇様の事有レ之由,苦々敷存じ候。是れ皆一片の數寄好む所より,其病にひかれ,悪に落入るを知らざるなり。人は知らぬと思へども,微より明かなるなしとて,我心に知れば,天地鬼神萬民も知るなり。如レ是して國を保つ,誠に危き事にあらずや。然らば大不忠なりとこそ存じ候へ。たとへば我一人,いかに矢猛に主人に忠を盡さんと思ふとも,一家の人和せず,柳生谷一郷の民背きなば,何事も皆相違仕るべし。總て人の善し悪しきを知らんと思はゞ,其愛し用ゐらるゝ臣下,又は親み交る友達を以て知ると云へり。主人善なれば其近臣皆善人なり。主人正しからざれば,臣下友達皆正しからず。然らば諸人みなみし,隣國是を侮るなり。善なるときは,諸人親むとは此等の事なり。國は善人を以て寶とすと云へり。よく〳〵御體認なさるべし。人の知る所に於て,私の不義を去り,小人を遠げ,賢を好む事を,急に成され候はば,いよ〳〵國の政正しく,御忠臣第一たるべく候。就中御賢息御行跡の事,親の身正しからずして,子の悪しきを責むること逆なり。先づ貴殿の身を正しく成され,其上にて御異見も成され候はば,自ら正しくなり,御舎弟内膳殿も,兄の行跡にならひ,正しかるべければ,父子ともに善人となり。目出度かるべし。取ると捨つるとは,義を以てすると云へり。唯今寵臣たるにより,諸大名より賄を厚くし,欲に義を忘れ候事,努々不レ可レ有候。貴殿亂舞を好み,自身の能に奢り,諸大名衆へ押て參られ,能を勸められ候事,偏に病と存じ候なり。上の唱は猿楽の様に申し候由。また挨拶のよき大名をば,御前に於てもつよく御取成しなさるゝ由,重ねて能く〳〵御思案可レ然歟。歌に「心こそ心迷はす心なれ,心に心心ゆるすな」。

『부동지신묘록不動智神妙錄』 관련 출판 목록

서명	연대	저자/편자	출판사	내용
無明住地煩惱諸佛之不動智	1791	澤庵	藤屋善七	전문(고문)
劍法不動智神妙錄	1883	澤庵和尚	松島剛	전문(고문)
劍法不動智神妙錄	1884	澤庵和尚	薄井儀一郎	전문(고문)
膽力養成法 : 印度哲學	1894	市川文雄	穎才新誌社	전문(고문)
禪門法語集 : 校補点註	1895	山田孝道	光融館	전문(고문)
膽力養成法 : 應用哲學	1899	菅原文雄	藍外堂	전문(고문)
劍禪活務	1904	片岡寬喜	劍禪活務	일부(고문)
劍道	1915	高野佐三朗	劍道發行所	전문(고문)
劍道集義	1923	山田次郎吉	水心社	전문(고문)
澤庵和尚全集	1928	澤庵和尚全集刊行會	澤庵和尚刊行會	전문(고문)
一徳齋山田次郎吉傳	1931	故山田師範記念事業會	故山田師範記念事業會	전문(고문)
Zen and Japanese culture	1959	Daisetz T.Suzuki	Princeton University Press	전문(영어판)
日本武道全集第七巻	1967	今村嘉雄	人物往來社	전문(고문)
劍道必携	1967	廣光秀國	日本劍道新聞社	개요
武道秘傳書	1968	吉田豊	徳間書店	일부(고문, 번역)
澤庵不動智神妙錄	1970	池田諭	徳間書店	전문(고문, 번역)
日本の禪語録	1978	市川白弦	講談社	전문(고문, 번역)
禪と日本文化	1979	鈴木大拙	岩波書店	전문(고문, 해설)

서명	연대	저자/편자	출판사	내용
日本武道大系第九巻	1982	今村嘉雄	同朋舎出版	전문(고문)
禪の心　劍の極意	1986	鎌田茂雄	伯樹社	전문(고문, 번역)
Zen and Japanese culture	1988	Daisetz T.Suzuki	Tuttle Publishing	전문(영어판, 해설)
對譯 禪と日本文化	2005	鈴木大拙 · 北川 桃雄 譯	講談社インターナショナル	전문(영어판, 번역)
澤庵	2010	泉田宗健	淡交社	개요, 해설
The Unfettered Mind	2012	Takuan Sōhō, trans. William Scott Wil-son	Shambhala	전문(영어판)

참고문헌

김월운, 『전등록』, 동국역경원, 2008.

김현용·박상섭·박종진, 「고양이의 묘술猫之の妙術의 번역과 철학적 해석」, 『대한무도학회지』12(3), 2010.

김성훈 글·송회석 그림, 『Why? 루스 베네딕트 국화와 칼』, 예림당, 2014.

김정행·최종삼·김창우, 『무도론』(3쇄), 교학연구사, 2010.

게르하르트 베어·이부현 옮김, 『독일 신비주의 최고의 정신 마이스터 에크하르트』, 안티쿠스, 2009.

까르마C. C. 츠앙 지음·이찬수 옮김, 『화엄철학』, 경서원, 1998.

나영일, 『무과총요 연구』, 서울대학교출판부, 2005.

나영일·노영구·양정호·최복규, 『조선 중기 무예서 연구』, 서울대학교출판부, 2006.

박금수, 『조선의 武와 전쟁』, 지식채널, 2011.

신승윤·김주연·김중헌·류병관·임태희, 「무도학의 교과목과 교과내용 개발」, 『대한무도학회지』13(3), 2011.

안동림 역주, 『벽암록』, 현암사, 1999.

李箕永, 『金剛經』(木鐸新書), 韓國佛教研究院, 1978.

이부현, 「왜 금강경인가?-인식이론의 관점에서-」, 『韓國禪學』20, 2008.

이부현 편집 및 옮김, 『연대별로 읽는 마이스터 에크하르트 선집』, 누멘, 2009.

이부현 옮김, 『마이스터 에크하르트 독일어 논고』, 누멘, 2009.

이부현, 『마이스터 에크하르트 독일어 설교와 논고2 독일어 설교1』, 누멘, 2009.

이태신, 『체육학대사전』, 민중서관, 2000.

이상호, 「화랑세기에서 보이는 검도劍道의 해석학적 함의」, 『대한무도학회지』15, 2013.

이상호·이동건, 「검도에서의 무의식행위—Husserl의 발생론적 현상학을 중심으로—」, 『한국철학체육학회지』17(4), 2009.

잇사이 쵸잔시·김현용 번역·해설,『고양이 대학교』, 안티쿠스, 2011.

오이겐 헤리겔·정창호 역,『활쏘기의 선』, 삼우반, 2004.

유재주,『검·하』, 열림카디널, 1995.

秋月龍珉·秋月眞人 지음·慧謜 옮김,『무문관으로 배우는 선종어록 읽는 방법』, 운주사, 1996.

정달용,『중세독일 신비사상』, 분도출판사, 2007.

정은주,『육조단경, 사람의 본성이 곧 부처라는 새로운 선언』, 풀빛, 2010.

조오현 譯解,『벽암록』, 불교시대사, 2005.

진 랜드럼·양영철 역,『신화가 된 사람들 경쟁에서 이기는 10가지 법칙』, 말글빛냄, 2007.

차동엽,『무지개 원리』, 동이, 2007.

최의창,『가지 않은 길: 인문적 스포츠교육론 서설』, 무지개사, 2006.

최의창,『코칭이란 무엇인가?: 인문적 스포츠 코칭론 탐구』, 레인보우북스, 2006.

철학사전편찬위원회,『철학사전』, 중원문화, 2009.

현각,『선학강의』, 보명BOOKS, 2008.

Daisetz T. Suzuki, Zen and Japanese culture, Tuttle Publishing, 1988.

Daisetz T. Suzuki, Der westliche und der östliche Weg(Mysticism:Christian und Buddhist, 1957), Frankfurt a.M., 1960. Ullsteinb cher 299.

Eiko Hanaoka, Zen and Christianity From the Standpoint of Absolute Nothingness, Maruzen Kyoto Publication Service Center, 2008.

Garma C. C. Chang, The Buddhist Teaching of Totality, London and Aylesbury Compton Printing, 1972.

Graham Priest, Phiosophy and Sport: The Martial Arts nad Buddhist Philosopy, The Royal Institute of Philosophy and the contributors, 2013.

Henrich Dumoulin, trans.James w. Heisig and Paul knitter, Zen Buddhism:A history, vol.2, World Wsidom, 2005.

Issai Chozanshi, trans. William Scott Wilson. The Demon's sermon on the

Martial arts and other tales, Kodansha International, 2006.

Jun, T. W. Body-mind Connection in Korea Athletic Eminence, 日本コチング學會第24回大會, 大會プログレハ·予稿集, 2013.

Kawagoe T., Suzuki M., Nishiguchi S., Abe N., Otsuka Y., Nakai R., Yamada M., Yoshikawa S., and Sekiyama K., Brain activation during visual working memory correlates with behavioral mobility performance in older adults, Frontiers in Aging Neuroscience, 2015.

Kim, H. Y and Watanabe, K. H., The origin of coaching in Bud in the light of a martial arts book of Secrets:Focusing on "Ittosai Sensei Kenpousyo", 1st Asia-Pacific Conference on Coaching ScienceProceeding, 2014.

Kurt Meinel, Bewegungslehre：Versuch einer therie der Sportlichen Bewegungunter Pädagogischem aspect, Volk und Wissen Volkseigener Verlag Berlin, 1960.

Takuan Sōhō, trans. William Scott Wilson, The Unfettered Mind:Writings from a Zen master to a master swordsman, Shambhala, 2012.

Seuse, Heinrich, Das Buch der Wahrheit：mittelhochdeutsch-deutsch = Daz buechli der warheit, Kritischhrsg. Von Loris Sturlese und Rüdiger Blumrich. Mit einer Einl. Von Loris Sturlese. Übers. Von Rüdiger Blumrich. -Hamburg:Meiner, 1993.

阿部忍, 「不動智神妙錄の現代的意義について」, 『體育學研究』3(1), 1958.

阿部忍, 「不動智神妙錄の現代的意義について」, 『體育學研究』3(1), 1970.

Alexander Bennett, 「グローバル時代の武道」, 『武道論集』Ⅲ, 國際武道大學武道·スポツ研究所, 2012.

Alexander Bennett, 「現代武道が國際ステージで果たす役割」, 『國學院大學人間開發學研究』 第3號, 國學院大學人間開發學會, 2012.

Alexander Bennett, 『日本の教育に武道を21世紀に心氣體を鍛える』, 明治書店, 2005.

ベネディクト著·角田安正 譯, 『菊と刀』, 光文社, 2008.

Eugen Herrigel 著·稲富榮次郎·上田武 譯,『弓と禪』, 福村出版, 1981.

Eugen Herrigel·柴田治三郎,『日本の弓術』, 岩波書店, 1982.

花岡永子,『キリスト教と佛教をめぐって 根源的いのちの現成としての「禪」』, ノンブル社, 2010.

花岡永子,『自己と世界の問題―絶對無の視点から―』, 現代圖書, 2005.

平川彰·梶山雄一·高崎直道,『華嚴思想』(講座 大乘佛教), 春秋社, 1996.

廣光秀國,『劍道必携』, 日本劍道新聞社, 1967.

藤根井和夫,『歷史への招待』4, 日本放送出版協會, 1980.

藤根井和夫,『歷史への招待』30, 日本放送出版協會, 1984.

藤堂良明·村田直樹·和田哲也,「直心流柔術から直信流柔道への變遷(その1)―流名について―」,『武道學研究』20(2), 1987.

藤堂良明,「直心流柔術から直信流柔道への變遷(その2)―道の思想について―」,『武道學研究』, 21(2), 1988.

藤原審爾他,『不滅求道劍』(日本の劍豪二), 旺文社, 1895.

市川文雄,『膽力養成法:印度哲學』, 穎才新誌社, 1894.

市川白弦,『日本の禪語録 第十三卷』, 講談社, 1978.

市村操一,『トップアスリーツのための心理學』, 同文書院, 1993.

今村嘉雄,『剣術』2(日本武道大系 第2巻), 同朋舍, 1982.

今村嘉雄·中林信二·石岡久夫·老松信一·藤川誠勝,『武道の歷史』(日本武道体系 第十巻), 同朋舍出版, 1982.

入江克己,『日本ファシズム下の體育史想』, 不昧堂出版, 1986.

樺山紘一·木村靖二·窪添慶文·湯川武,『クロニック世界全史』, 講談社, 1994.

鎌田茂雄,『華嚴哲學の根本的立場』, 法藏館, 1960.

鎌田茂雄,『五輪書』, 講談社, 1986.

鎌田茂雄,『禪の心 劍の極意』, 伯樹社, 1986.

鎌田茂雄,『禪と武道』(叢書 禪と日本文化6), ぺりかん社, 1997.

鎌田茂雄,『いのちの探究』, 日本放送出版協會, 2000.

鎌田茂雄,『華嚴の思想』, 講談社, 2003.

鎌田茂雄·田村圓澄,『韓國と日本の佛教文化』(古代の日本と韓國 10) 學生社, 1989.

菅野覺明,『武道道の逆襲』, 講談社, 2000.

勝部真長,『山岡鉄舟の武士道』(第七版), 角川文庫, 2012.

川崎幸夫,『エックハルトとゾイゼ—ドイツ神秘主義研究—』(研究叢刊 4), 關西大學東西學術研究所, 1986.

輕米克尊,「直心影流に關する研究」, 筑波大學大學院人間綜合科學研究科體育科學(博士論文), 2013.

金炫勇,「韓國劍道ナショナルチーム選手の劍道に對する意識—韓國劍道大學選手比較—」,『廣島大學大學院教育學研究科紀要』第59號, 2010.

金炫勇, 韓國青年の劍道に對する意識に關する一考察:男女比較を中心に」,『武道學研究』第45卷(1), 2012.

金炫勇·草間益良夫,「韓國の青年における劍道の捉え方に關する研究:劍道の經驗度による比較から」,『廣島體育學研究』第37卷, 2011.

金炫勇·松尾千秋,「一刀齊先生劍法書における威勢に關する一考察—異體·同體及び體·用の關係に着目して—」,『廣島大學大學院教育學研究科紀要第二部』61, 2012.

金炫勇·矢野下美智子,「武道における「事理一致」に關する一考察:華厳宗思想に着目して」,『廣島文化學園短期大學紀要』47, 2014.

金炫勇·박상섭,「一刀齊先生劍法書に關する考察:基本概念と著述動機を中心に」,『대한무도학회지』14(2), 2012.

金炫勇,「韓國における劍道の導入期に關する一考察」,『武道學研究』第46卷(2), 2014.

金炫勇,「一刀齊先生劍法書を讀む」,『廣島國際大學綜合教育センター紀要』, 2016.

木村直司 編譯·監修,『ドイツ神秘思想』(中世思想原典集成 16), 平凡社, 2001.

大保木輝雄,「武藝における氣論に關する諸問題」,『武道學研究』15(2), 1982.

大保木輝雄,「武藝における氣に關する諸問題—身體論的視座から—」,『武道學研究』16(3), 1984.

大保木輝雄,『劍道事典―技術と文化の歴史―』, 島津書房, 1994.

小池喜明,『葉隱』(學術文庫), 講談社, 2005.

故山田師範記念事業會 編,『一德齊山田次郎吉傳』, 故山田師範記念事業會, 1931.

桑田忠親他,『日本の劍豪 一―亂世飛天劍』, 旺文社, 1894.

岬龍一郎,『新裝普及版 いま゛なぜ「武士道」か』, 至知出版社, 2004.

宮本武蔵·渡部一郎 校注,『五輪書』, 岩波書店, 1985.

中村民雄,「武士の身體：日本の場合」,『體育史硏究』20, 2003.

中村元,『華嚴思想』, 東京書籍, 2003.

中村元,『楞伽經』, 東京書籍, 2003.

中村元 編集,『華嚴思想』, 法藏館, 1960.

羅永一,「武士の身體：韓國の場合」,『體育史硏究』20, 2003.

中山善樹,『エックハルト ラテン語著作集』, 知泉書館, 2008.

西谷啓治,『禪と文化』(新裝版 講座 禪 第五卷), 筑摩書房, 1968.

長田彰文,『古代から近代まで』(朝鮮半島がわかる本①), かもがわ出版, 2015.

新渡戸稲造,『修養』(第七刷), たちばな出版, 2002.

新渡戸稲造·山本博文 譯,『現代語 譯 武士道』, 筑摩書房, 2010.

小川忠太郎,『劍と禪』(人間禪叢書 第8編), 人間禪出版部, 2010(改訂版).

大熊廣明,「シンポジウム「アジアの身體―日韓武士の比較―：身體の歷史(その3)の概要」,『體育史硏究』20, 2003.

ルース·ベネディクト著·長谷川松治 譯,『菊と刀』, 講談社, 2005.

笹間良彦,『圖說 日本武道辭典』, 柏書房, 1982.

酒井利信,「「不動智神妙録」にみられる心法論関係用語に關する一考察」,『武道學硏究』28, 1995.

酒井利信,「劍道の現狀とグローバル化」,『スキージャーナル』, 2009.

関幸彦,『武道の誕生』, 講談社, 2013.

曾我部晉哉,「ポーランド共和國の教育システムと武道教育」,『武道學硏究』48(1), 2015.

菅原文雄,『膽力養成法:應用禪學』, 藍外堂, 1899.

杉原隆,『運動指導の心理學』, 大修館書店, 2008.

杉本厚夫,『體育教育を學ぶ人のために』, 世界思想社, 2001.

杉山重利,『武道論 十五講』, 不昧堂出版, 2002.

鈴木大拙·北川桃雄 譯,『禪と日本文化』第21刷改版(岩波新書), 岩波書店, 1964.

朱熹·佐土原藩,『中庸 全』(新刻改正), 1870.

玉城康四郎,『華嚴入門』(新裝版), 春秋社, 2003.

竹村牧男,『華厳とは何か』, 春秋社, 2004.

澤庵和尙, 藤屋善七,『無明住地煩惱諸佛之不動智』, 1791.

澤庵和尙,『劍法不動智神妙錄』, 松島社, 1883.

澤庵和尙, 薄井儀一郎,『劍法不動智神妙錄』, 1884.

天理大學體育學部,『武道宗教』, 天理大學體育學部, 2006.

爪生津隆眞,『龍樹 空の論理と菩薩の道』, 大法輪閣, 2004.

山田考道,『禪門法語集』, 廣融館, 1895.

柳生宗矩·渡辺一郎 校注,『兵法家傳書』(岩波文庫), 岩波書店, 2003(16쇄).

吉田豊,『武道秘傳書』, 徳間書店, 1968.

上田閑照,『Meister Eckhart エックハルト』(學術文庫), 講談社, 1998.

魚住孝志,『宮本武蔵』(岩波新書), 岩波書店, 2008.

湯浅晃,『武道傳書を讀む』, 日本武道館, 2001.

樺山紘一·木村靖二·窪添慶文·湯川武,『クロニック世界全史』, 講談社, 1994

井上俊,『武道の誕生』, 吉川弘文館, 2004.

全國教育系大學劍道聯盟,『教育劍道の科學』, 大修館書店, 2004.

찾아보기

ㅅ

ㅇ

ㅈ

스포츠 인문학

발행일 | 초판 1쇄 2016년 5월 20일

지은이 | 김현용
펴낸이 | 고진숙
펴낸곳 | 안티쿠스
책임편집 | 김종만
북디자인 | 배경태
CTP출력·인쇄 | 천일문화사
제본 | 대흥제책
물류 | 문화유통북스
출판등록 | 제300-2010-58호(2010년 4월 21일)
주소 | 03020 서울시 종로구 자하문로 266, 612호
전화 | 02-379-8883, 723-1835
팩스 | 02-379-8874
이메일 | mbook2004@naver.com

ISBN 978-89-92801-36-2 03690